실전
자동머신러닝

Azure, AWS와 GCP에서
구현하는 다양한 AutoML

실전 자동머신러닝

아드난 마수드 지음
이기홍 옮김

에이콘

누구나 인생에서 어떤 일이 있어도 잊지 못하는 순간이 있을 것이다. 내게 있어 그 순간은 아드난 마수드 박사를 처음 만난 때였다. 테크 콘퍼런스나 직장 행사가 아닌 우리 아이들이 모두 참석한 교회 학교 행사에서 마주쳤다. 마수드 박사는 자기 소개를 한 다음 내 직업을 물었다. 보통 업무 분야 외에 이야기를 나누는 대부분의 사람들이 내가 하는 일을 제대로 이해하지 못하기 때문에 통상 낯설게 대답한다. 그러나 내가 데이터로 작업한다고 말하자 박사의 눈이 빛났다. 마수드 박사는 내게 오랫동안 들어본 적이 없는 가장 불명확한 머신러닝과 딥러닝 알고리듬에 대해 점점 더 깊이 있는 질문을 던졌다. 나와 같은 열정을 가진 사람이 있다는 사실을 알고 매우 기뻤다.

마수드 박사는 빠르게 성장하고 있으며 종종 오해받기도 하는 자동머신러닝 분야에 열정을 쏟고 있다. 마이크로소프트에서 일하는 데이터 과학자로서 나는 조직 책임자들로부터 자동머신러닝으로 인해 데이터 과학 전문 지식이 필요 없게 될 것이라는 말을 자주 듣는다. 이는 사실이 아니며, 자동머신러닝이 특성 엔지니어링, 데이터 전처리, 모델 훈련 및 모델 선택을 위한 "블랙박스" 또는 "일률적인" 접근법으로 간주돼서는 안 된다. 오히려 자동머신러닝은 데이터 과학, 머신러닝, 인공지능의 전반적인 장점을 빼앗아가는 업무와 관련된 시간과 비용을 줄이는 데 도움을 줄 수 있다.

이 책을 읽고 있다면, 현재와 미래의 모든 프로젝트에 자동머신러닝이 적용되는 이점을 당신이 이제 막 이해하기 시작했다는 뜻이기도 하다.

이 책을 통해 마이크로소프트 애저, 아마존 웹 서비스, 구글 클라우드 플랫폼이 제공하는 클라우드 솔루션뿐만 아니라 오픈소스 패키지와 함께 AutoML을 활용하는 실무 전문 지식을 얻을 수 있다. 숙련된 데이터 과학자, 초보 데이터 과학자, 데이터 엔지니어, ML 엔지니어, 데브옵스 엔지니어, 데이터 분석가라면 AutoML을 통해 머신러닝 여행의 다음 단계로 도약할 수 있을 것이다.

아메드 세리프Ahmed Sherif
마이크로소트프의 클라우드 솔루션 설계자(AI와 분석 도구)

아드난 마수드 Adnan Masood

미국 스탠퍼드대학교 AI 랩 객원학자, 소프트웨어 엔지니어, 마이크로소프트 MVP Most Vauable Professional 이자 마이크로소프트 지역 인공지능 담당 이사다. UST Global의 AI 및 머신러닝 수석 설계자로, 스탠퍼드 AI Lab 및 MIT CSAIL과 협업하고 있으며 다양한 비즈니스와 제품, 이니셔티브에 영향을 미치는 비즈니스 가치와 통찰력을 제공할 수 있는 인공지능 솔루션을 개발하는 데이터 과학자 및 엔지니어 팀을 이끌고 있다.

| 기술 감수자 소개 |

잠샤드 소하일^{Jamshaid Sohail}

데이터 과학, 머신러닝, 컴퓨터 비전 및 자연어 처리를 연구하며 업계에서 2년 이상의 경험이 있다. 실리콘밸리에 기반을 둔 스탠퍼드대학교가 설립한 Funnel Beam이라는 스타트업 회사에서 데이터 과학자로 일했다. 현재 Systems Limited에서 데이터 과학자로 일하고 있다. 다양한 플랫폼에서 66개 이상의 온라인 과정을 수료했다. 『Data Wrangling with Python 3.x』(Packt)를 썼으며 여러 책과 강의를 감수했다. Educative에서 데이터 과학에 관한 포괄적인 과정을 개발하고 있다.

| 옮긴이 소개 |

이기홍(keerhee@gmail.com)

카네기멜론대학교에서 석사 학위를 받았고, 피츠버그대학교의 Finance Ph.D, CFA, FRM이자 금융, 투자, 경제분석전문가다. 삼성생명, HSBC, 새마을금고중앙회, 한국투자공사 등과 같은 국내 유수의 금융기관, 금융 공기업에서 자산 운용 포트폴리오 매니저로 근무했으며 현재 딥러닝과 강화학습을 금융에 접목시켜 이를 전파하고 저변을 확대하는 것을 보람으로 삼고 있다. 저서로는 『엑셀VBA로 쉽게 배우는 금융공학 프로그래밍』(한빛미디어, 2009)이 있으며, 번역서로는 『포트폴리오 성공 운용』(미래에셋투자교육연구소, 2010), 『딥러닝 부트캠프 with 케라스』(길벗, 2017), 『프로그래머를 위한 기초해석학』(길벗, 2018)과 에이콘출판사에서 출간한 『실용 최적화 알고리듬』(2020), 『초과 수익을 찾아서 2/e』(2020), 『자산운용을 위한 금융 머신러닝』(2021), 『실전 알고리듬 트레이딩 배우기』(2021), 『존 헐의 비즈니스 금융 머신러닝 2/e』(2021), 『퀀트 투자를 위한 머신러닝·딥러닝 알고리듬 트레이딩 2/e』(2021), 『자동머신러닝』(2021), 『금융 머신러닝』(2022) 등이 있다. 누구나 자유롭게 머신러닝과 딥러닝을 자신의 연구나 업무에 적용해 활용하는 그날이 오기를 바라며 매진하고 있다.

│ 옮긴이의 말 │

이 책은 『자동머신러닝』(에이콘, 2021)을 기술적인 구현 측면에서 보완하는 책이다. 애저^{Azure}, AWS와 GCP의 3대 클라우드 서비스의 다양한 AutoML 구현 방법을 설명한다. AutoML은 머신러닝/딥러닝의 민주화를 위한 강력한 개념이며, 이를 추구하는 과정에서 단순한 자동화를 넘어서는 머신러닝의 혁신을 유도한다. 또한 최첨단 이론들을 머신러닝의 초보자, 심지어 모르는 사람들조차도 짧은 시간에 업무에 용이하게 적용할 수 있도록 돕는 멋진 개념이며, 연구자 및 개발자로 하여금 연구와 개발에 집중할 수 있도록 한다. 머신러닝의 자동화 노력은 앞으로 머신러닝이 사람들의 일상생활에 더욱 밀착 적용될 것으로 믿어 의심치 않는다.

이 책에 나오는 개념을 더 깊이 탐구하고 싶은 사람들은 이론에 초점을 맞춘 『자동머신러닝』을 참고하기를 바란다. AutoML 시리즈가 나올 수 있도록 물심양면으로 지원해주신 권성준 사장님과 조유나 과장님께 진심으로 감사드린다.

| 차례 |

1부 — 자동머신러닝 소개

2부 ― 클라우드 플랫폼을 이용한 AutoML

3부 — 자동머신러닝 응용

| 들어가며 |

모든 머신러닝 엔지니어는 하이퍼파라미터가 있는 시스템을 다룬다. 자동머신러닝 AutoML에서 가장 기본적인 작업은 이러한 하이퍼파라미터를 자동으로 설정해 성능을 최적화하는 것이다. 최신 심층 신경망은 구조, 규제화 및 최적화를 위한 광범위한 하이퍼파라미터를 갖고 있으며, 사용자를 효과적으로 지정해 시간과 노력을 절약할 수 있다.

이 책에서는 자동화된 특성 공학, 모델 및 하이퍼파라미터 튜닝, 그래디언트 기반 접근법 등의 기본 기술을 검토한다. 오픈소스 도구에서 이러한 기술을 구현하는 다양한 방법을 살펴보게 될 것이다. 다음으로 엔터프라이즈급 도구에 집중해 마이크로소프트 Azure, AWS Amazon Web Services, 구글 클라우드 플랫폼GCP의 다양한 AutoML 구현 방법을 알아본다. 진행하면서 AutoML을 활용한 머신러닝 모델을 구축해 클라우드 AutoML 플랫폼의 기능을 살펴보고, 머신러닝 개발 수명주기와 관련된 시간이 많이 걸리고 반복적인 작업을 자동화해 정확한 모델을 개발하는 방법을 알아본다.

이 책을 마치면 정확성과 생산성을 높이고 상호 운용성을 보장하며 특성 공학 작업을 최소화하는 AutoML 모델을 구축하고 배포할 수 있을 것이다.

▌ 이 책의 대상 독자

오픈소스 도구, 마이크로소프트 애저 자동머신러닝, AWS, 구글 클라우드 플랫폼에서 제공하는 기능을 사용해 머신러닝 모델을 자동으로 구축하고자 하는 사람들뿐 아니라 시민 데이터 과학자, 머신러닝 개발자, AI 애호가에게도 이 책이 유용할 것이다.

16

▎ 이 책이 다루는 주제

1장, '자동머신러닝 개요' 초보자를 위한 확실한 개요를 제공하고 숙련된 머신러닝 실무자를 위한 참조 역할을 함으로써 AutoML 방법에 대한 자세한 개요를 제시한다. 머신러닝 개발 수명주기로 시작해 AutoML이 해결하는 하이퍼파라미터 최적화 문제를 살펴본다.

2장, '자동머신러닝, 알고리듬, 기법' 시민 데이터 과학자는 광범위한 경험 없이도 AI 솔루션을 구축할 수 있다. 자동 특성 공학^{AutoFE}, 자동 모델 및 하이퍼파라미터 학습^{AutoMHL}, 자동 딥러닝^{AutoDL}의 세 가지 범주 측면에서 AutoML의 현재 개발을 검토한다. 베이지안 최적화, 강화 학습, 진화 알고리듬 및 그레이디언트 기반 접근법을 포함해 이 세 가지 범주에서 채택된 최첨단 기술이 제시된다. 널리 사용되는 AutoML 프레임워크를 요약하고 AutoML의 현재 당면 과제로 마무리한다.

3장, '오픈소스 툴과 라이브러리를 이용한 자동머신러닝' 예측 모델의 아이디어화, 개념화, 개발 및 배포의 전체 수명주기를 자동화하는 AutoML OSS$^{Open Source Software}$ 도구 및 라이브러리에 관해 설명한다. 이러한 도구는 데이터 준비에서 모델 교육, 검증 및 배포에 이르기까지 거의 사람의 개입 없이 모든 작업을 수행한다. 3장에서는 TPOT, AutoKeras, Auto-Sklearn을 포함한 주요 OSS 툴에 관해 살펴본다. Featuretools, H2O AutoML, Auto-PyTorch, Microsoft NNI 및 Amazon AutoGluon은 이러한 각 라이브러리에서 사용되는 다양한 가치 제안과 접근 방식을 이해하는 데 도움이 된다.

4장, 'Azure 머신러닝으로 시작하기' Windows Azure 플랫폼 및 서비스의 강력한 기능을 사용해 엔드투엔드 머신러닝 생애 주기를 가속화하는 데 도움이 되는 Azure 머신러닝을 다룬다. 개발자와 데이터 과학자가 머신러닝 모델을 좀 더 빠르게 구축, 교육 및 배포할 수 있도록 지원하는 모델을 구축하고 배포하기 위해 엔터프라이즈급 머신러닝 서비스를 시작하는 방법을 살핀다. 가령 AutoML 솔루션을 구축하고 배포할 수 있는 기반을 마련할 것이다.

5장, '마이크로소프트 Azure를 이용한 자동머신러닝' Azure 머신러닝 스택을 사용해 모델 개발의 시간 소모적이고 반복적인 작업을 자동화하고 Azure AutoML을 사용해 회귀, 분류, 시계열 분석과 같은 작업을 수행하는 방법에 대해 자세히 살펴본다. 5장에서는 Azure AutoML을 사용해 최적의 파라미터를 찾고 최적의 모델을 찾기 위해 하이퍼파라미터 튜닝을 수행한다.

6장, 'AWS를 이용한 머신러닝' 아마존 세이지메이커 스튜디오, 아마존 세이지메이커 오토파일럿, 아마존 세이지메이커 진실, 아마존 세이지메이커 네오와 함께 AWS가 제공하는 다른 AI 서비스와 프레임워크를 다룬다. 하이퍼스케일러(클라우드 오퍼링)뿐만 아니라 AWS는 가장 광범위하고 심층적인 머신러닝 서비스 및 지원 클라우드 인프라를 제공해 머신러닝을 모든 개발자, 데이터 과학자 및 전문가가 사용할 수 있도록 한다. AWS는 머신러닝 모델을 빠르게 구축, 훈련, 배포할 수 있는 머신러닝 서비스, AI 서비스, 딥러닝 프레임워크, 학습 도구를 제공한다.

7장, '아마존 세이지메이커 오토파일럿으로 자동머신러닝 실행하기' 세이지메이커 오토파일럿을 사용해 여러 후보를 실행해 데이터 사전 처리 단계, 머신러닝 알고리듬 및 하이퍼파라미터의 최적 조합을 알아낸다. 7장에서는 실시간 엔드포인트 또는 배치 처리에 쉽게 배포할 수 있도록 추론 파이프라인 훈련에 대한 실용적이고, 예시적인 개요를 제공한다.

8장, '구글 클라우드 플랫폼을 이용한 머신러닝' 구글의 AI 및 머신러닝 오퍼링에 대해 살펴본다. 구글 클라우드는 신뢰할 수 있고 확장 가능한 플랫폼에서 혁신적인 머신러닝 제품과 서비스를 제공한다. 이들 서비스에는 AI 허브, 시각·언어·대화·구조화 데이터 서비스 등 AI 빌딩블록, AI 플랫폼 등이 포함된다. 8장에서는 이러한 오퍼링에 익숙해지고 AI 플랫폼이 개발자가 TensorFlow, TPU 및 TFX 도구와 같은 최첨단 Google AI 기술에 액세스할 수 있는 휴대용 머신러닝 파이프라인인 Kubeflow를 어떻게 지원하는지 이해하게 될 것이다.

9장, '구글 클라우드 플랫폼을 이용한 자동머신러닝' 최소한의 노력과 머신러닝 전문 지식으로 맞춤형 비즈니스별 머신러닝 모델을 교육하는 방법을 소개한다. 실습 사례와 코드 워크스루를 통해 Google Cloud AutoML 플랫폼을 탐색해 데이터 과학이나 프로그래밍에 대한 지식 없이도 자연어, 비전, 비정형 데이터, 언어 번역 및 비디오 인텔리전스 분야의 맞춤형 딥러닝 모델을 만들 것이다.

10장, '엔터프라이즈 AutoML' 예측 모델 및 성능 비교뿐만 아니라 데이터 분석을 포함하는 완전 자동화된 보고서를 생성해 데이터 과학을 자동화하는 시스템으로 기업 환경에서 AutoML을 제공한다. AutoML의 독특한 특징은 결과에 대한 자연어 설명을 제공해 머신러닝의 비전문가에게 적합하다는 것이다. 실질적인 문제를 이상 없이 수행하고 최선의 접근법을 결정하는 방법에 대해 논의하면서 MLOps 파이프라인의 운영화를 알아본다. 실제 당면 과제에 대한 아이디어와 개념을 자세히 설명하고 이러한 문제를 해결하기 위한 로드맵을 제공한다.

▎ 이 책의 활용 방법

이 책은 AutoML을 소개하는 내용으로, 데이터 과학, 머신러닝, 딥러닝 방법론을 어느 정도 알고 있다면 AutoML이 기존 방법보다 어떻게 향상할 수 있는지 이해하는 데 도움이 될 것이다.

이 책에서 다룬 소프트웨어/하드웨어	OS 요구 사양
Python 3	윈도우, 맥 OS X, 또는 리눅스(어떤 종류도 무방)
주피터 노트북/아나콘다	
최신 웹 브라우저(크롬 또는 엣지 선호)	

▌ 컬러 이미지 다운로드

이 책에 사용된 스크린샷/다이아그램의 컬러 이미지가 있는 PDF 파일을 제공한다. https://static.packt-cdn.com/downloads/9781800567689_ColorImages.pdf에서 다운로드할 수 있다.

▌ 편집 규약

이 책에는 여러 텍스트 규칙이 사용된다.

텍스트의 코드: 텍스트, 데이터베이스 테이블 이름, 파일 이름, 파일 확장명, 경로 이름, 더미 URL은 코드 단어를 나타낸다. 예를 들어, "autopilot_customer_churn 노트북을 열어라."

코드 블록은 다음과 같이 설정된다.

```
[37]: import sagemaker
      prefix =
      sess   = sagemaker.Session()
      uri = sess.upload_data(path=          , key_prefix=prefix)
      print(uri)

      s3://sagemaker-us-east-1-385578370913/sagemaker/automlbook-bankds/input/automl-train.csv
```

볼드체: 화면에 표시되는 새 용어, 중요한 단어를 나타낸다. 메뉴나 대화 상자의 단어는 텍스트에 다음과 같이 표시된다. 예를 들어, "Amazon SageMaker Studio에서 **Python 3** 버튼을 클릭해 데이터 과학 노트북을 시작하라."

> **팁 또는 참고**
> 이와 같이 나타낸다.

▌독자 의견

독자들의 의견은 언제나 환영한다.

저작권 침해: 인터넷에서 어떤 형태로든 팩트출판사 서적의 불법 복제물을 발견하면 해당 주소나 웹 사이트의 이름을 알려주길 바란다. 의심되는 불법 복제물의 링크를 copyright@packtpub.com으로 보내주면 된다.

정오표: 내용을 정확하게 전달하고자 최선을 다했지만, 오류가 있을 수 있다. 이 책에서 문제점을 발견했다면 출판사로 알려주길 바란다. www.packtpub.com/submiterrata 에서 책 제목을 선택하고 Errata Submission Form 링크를 클릭한 후 세부 사항을 입력하면 된다. 한국어판의 정오표는 에이콘출판사의 도서정보 페이지 http://www.acornpub.co.kr/book/automated-ml에서 찾아볼 수 있다.

문의: 저자에게 문의하려면 questions@packtpub.com으로 이메일을 보내주길 바란다. 한국어판에 관한 질문은 옮긴이의 이메일이나 에이콘출판사 편집 팀(editor@acornpub.co.kr)에 문의해주길 바란다.

에이콘출판의 기틀을 마련하신 故 정완재 선생님 (1935-2004)

자동머신러닝 소개

1부에서는 자동머신러닝의 지형, 장단점, 오픈소스 툴과 라이브러리를 사용해 적용할 수 있는 방법에 관해 자세히 소개한다. 1부에서는 자동머신러닝 기법이 다양하고 유사한 문제를 해결하기 위해 라이브러리마다 취하는 접근법이 다르다는 것을 실습 예제를 통해 이해하게 될 것이다.

1부는 다음 장으로 구성된다.

- 1장, 자동머신러닝 개요
- 2장, 자동머신러닝, 알고리듬, 기법
- 3장, 오픈소스 툴과 라이브러리를 이용한 자동머신러닝

자동머신러닝 개요

"모든 모델이 잘못됐지만 일부는 유용하다."

– 조지 에드워드 펠럼 박스^{George Edward Pelham Box}, 왕립학회 회원

"머신러닝의 성배 중 하나는 특성 공학 프로세스를 점점 더 자동화하는 것이다."

– 페드로 도밍고스^{Pedro Domingos}, 머신러닝에 관해 알아야 할 몇 가지 유용한 정보

1장에서는 자동머신러닝^{AutoML}과 관련된 개념, 도구 및 기법을 간략히 설명한다. 초보자를 위한 탄탄한 개요와 숙련된 ML 실무자를 위한 참조 자료가 될 것이다. 먼저 ML 개발 수명 주기를 소개하고 제품 생태계와 이를 통해 해결되는 데이터 과학 문제를 살펴본 후 특성 선택, 신경망 구조 탐색 및 하이퍼파라미터 최적화를 살펴본다.

오늘날 우리는 디지털 빵가루가 당신의 독서 관심사뿐만 아니라 당신이 먹는 장소, 가장 좋아하는 친구, 이다음에 쇼핑할 장소, 당신이 다음 약속에 나타날지 여부, 누구에게 투표할지를 알려주는 세상에 살고 있다. 오늘날과 같은 빅데이터 시대에 원시 데이터는 정보가 돼 이른바 지혜에 대한 지식과 통찰력을 쌓는 데 도움이 된다.

인공지능AI과 ML 및 딥러닝의 기본 구현으로 은유적으로 건초더미에서 바늘을 찾을 수 있을 뿐만 아니라 이러한 대규모 데이터 스트림의 기본 동향, 계절성 및 패턴을 파악해 더 나은 예측을 할 수 있다. 이 책에서 AI와 ML에서 새롭게 부상하고 있는 주요 기술 중 하나인 자동ML 혹은 AutoML이라고 부르는 기술을 살펴보고자 한다.

1장에서는 다음 내용을 살펴본다.

- ML 개발 수명 주기
- 자동화된 ML
- 자동화된 ML 작동 방식
- 데이터 과학의 민주화
- 자동화된 ML 생태계(오픈소스 및 상업)
- 자동화된 ML 과제 및 제한 사항

▌ 머신러닝 개발 수명 주기

자동ML을 소개하기 전에 먼저 ML 실험을 운영화하고, 프로덕션으로 확장하는 방법을 정의해야 한다. Hello-World 응용과 주피터 노트북 미신리닝 작업works-on-my-machine-in-my-Jupyter-notebook류의 프로젝트를 넘어서려면, 기업은 강력하고 안정적이며 반복 가능한 모델 개발 및 구축 프로세스를 적절히 구축해야 한다. SDLC(소프트웨어 개발 수명 주기)와 마찬가지로 ML 또는 데이터 과학 수명 주기도 다단계 반복 프로세스다.

수명 주기에는 문제 정의 및 분석 프로세스, 가설 구축(탐구적 데이터 분석^{EDA}을 수행하지 않는 한), 비즈니스 결과 척도 선택, 데이터 탐구 및 준비, ML 모델 구축 및 생성, ML 모델 훈련, 평가 및 배포와 피드백 유지 등 여러 단계가 포함된다.

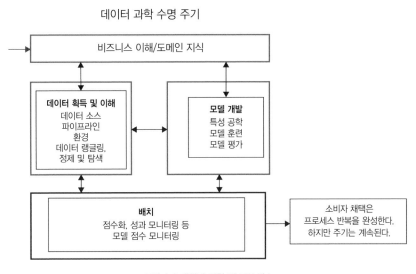

그림 1.1 데이터 과학 팀 프로세스

성공적인 데이터 과학 팀은 문제 설명과 가설을 준비하고 데이터를 사전 처리하며 주제 전문가^{SME, Subject Matter Experts}와 올바른 모델군의 입력을 기반으로 데이터에서 적절한 특성을 선택하고 모델 하이퍼파라미터, 결과 및 결과 척도를 최적화하고 최종적으로 모델을 세부 조정할 수 있는 분야를 가진다. 너무 많은 일이 관련된 것 같지만 데이터 과학 팀의 프로세스는 데이터 과학자가 데이터, 모델 버전 관리 및 드리프트가 잘 다뤄지고 있는지 확인해야 하는 반복 프로세스라는 점을 기억하라. 또한 데이터 과학자들은 모델의 성능이 잘 모니터되고 있는지 보장하기 위한 가드레일도 설치해야 한다. 이를 더욱 흥미롭게 하기 위해 챔피언 경연 대회와 A/B 실험이 프로덕션에서 자주 일어나고 있다(최상의 모델이 우승하기를 바라면서).

이처럼 복잡하고 다면적인 환경에서 데이터 과학자는 최대한의 도움을 받을 수 있다. 자동머신러닝은 데이터 과학자가 중요한 사항에 집중할 수 있도록 일상적인 작업, 반복 작업 및 지능적으로 효율성이 떨어지는 작업을 처리하겠다는 약속과 함께 도움의 손길을 뻗는다.

█ 자동머신러닝

"특정 작업을 수행하기 위해 특정 인구 통계 그룹의 구성원 몇 명을 취해야 하는가?"

"유한 수: 과제를 수행하는 사람은 한 명이고 나머지 구성원은 문제의 그룹에 정형화된 방식으로 행동한다." 〈여기에 당신의 번쩍이는 유머 삽입〉

이것이 바로 메타 유머다. 계량적^{quantitatively} 성향의 사람에게는 계속되는 웃음을 야기하는 최고의 유머 유형이다. 유사하게 자동화된 머신러닝은 학습하는 법을 학습하는 것으로 알려진 메타러닝의 한 종류로, 자동화 원리를 자신에게 적용해 통찰력을 얻는 프로세스를 더욱 빠르고 우아하게 만들 수 있다는 개념이다.

자동화된 ML은 특정 자동화 기술을 적용해 모델의 개발 수명 주기를 단축하는 접근법이자 기본 기술이다. 자동화된 ML을 통해 시민 데이터 과학자와 도메인 전문가가 ML 모델을 교육하고 ML 문제에 대한 최적의 솔루션을 구축할 수 있다. 이는 최적의 모델 또는 특정 문제에 적합한 모델의 앙상블을 찾기 위한 높은 수준의 추상화를 제공한다. 구조 탐색$^{architecture\ search}$ 및 하이퍼파라미터 최적화$^{hyperparameter\ optimization}$를 비롯한 특성 공학$^{feature\ engineering}$의 일상적이고 반복적인 작업을 자동화해 데이터 과학자를 지원한다. 다음 다이어그램은 자동화된 ML의 생태계를 나타낸다.

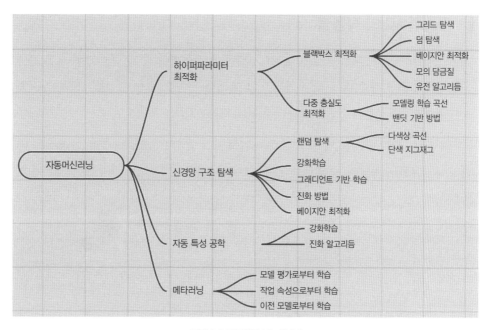

그림 1.2 자동화된 ML 생태계

특성 공학, 구조 탐색 및 하이퍼파라미터 최적화와 같은 세 가지 핵심 영역은 AI 및 ML
의 민주화에 대한 가장 큰 가능성을 가지고 있다. 데이터셋에서 도메인별 사용 가능한 특
성을 찾는 자동화된 특성 공학 기법에는 확장/축소, 계층적 조직 변환, 메타러닝 및 강화
학습이 포함된다. 구조 탐색(신경망 구조 탐색이라고도 알려짐)에 대해서는 진화 알고리듬,
로컬 검색, 메타러닝, 강화학습, 전이학습, 네트워크 모피즘, 연속적 최적화가 채택된다.

마지막으로 하이퍼파라미터 최적화가 있는데, 이는 모델 외부에서 올바른 유형의 파라미
터를 찾는 예술과 과학이다. 여기에는 베이지안 최적화, 진화 알고리듬, 립시츠 함수, 로
컬 탐색, 메타러닝, 입자 군집 최적화, 랜덤 탐색 및 전이 학습을 포함한 다양한 기법이
사용된다.

다음 절에서는 자동ML의 세 가지 핵심 영역에 관해 자세히 설명한다. 2장에서는 코드와
함께 몇 가지 예를 살펴볼 것이다. 이제 특성 공학, 구조 탐색 및 하이퍼파라미터 최적화
를 통해 자동화된 ML이 실제로 어떻게 작동하는지 자세히 살펴보자.

▮ 자동화 ML의 작동법

대규모 데이터셋에서 패턴을 찾을 때 ML 기법이 잘 작동한다. 현재 수백 개의 다른 사용 사례 중에서 이상 현상 탐지, 고객 세분화, 고객 이탈 분석, 수요 예측, 예측 유지 보수 및 가격 최적화에 대해 이러한 기법을 사용한다.

일반적인 ML 수명 주기는 데이터 수집, 데이터 랭글링[1], 파이프라인 관리, 모델 재훈련 및 모델 배포로 구성되며, 이 과정에서 데이터 전처리는 일반적으로 가장 많은 시간이 소요된다.

데이터에서 의미 있는 특성을 추출한 다음 이를 사용해 올바른 알고리듬을 찾고 파라미터를 조정하는 과정도 시간이 많이 소요된다.

여기서 구축하려는 바로 그것을 사용해 이 프로세스를 자동화할 수 있을까(메타러닝)? 즉, ML을 자동화할까? 이것이 바로 3D 프린터를 사용해 3D 프린터를 프린트하려는 누군가로부터 시작된 방법이다.

전형적인 데이터 과학 워크플로우는 비즈니스 문제에서 시작해 가설을 입증하거나 기존 데이터에서 새로운 패턴을 발견하는 데 사용된다. 이는 데이터를 필요로 한다. 데이터를 정제하고 전처리해야 하며 이는 전체 시간의 거의 80%에 달하는 엄청나게 많은 시간이 소요된다. "데이터 멍잉munging" 즉 랭글링wrangling[2]이 필요한데 이는 데이터 정제, 중복 제거, 이상치 분석 및 제거, 변환, 매핑, 구조화, 증강이 포함한다. 본질적으로 이 다루기 힘든 원시의 실제 데이터를 길들이고 분석 및 모델링을 위해 원하는 길들여진 형식으로 만들어, 의미 있는 통찰력을 얻는다.

다음으로 우리는 특성을 선택하고 엔지니어링해야 한다. 즉, 어떤 특성이 유용한지 파악한 다음, 이러한 특성의 중요성과 유효성에 대해 SME(도메인 전문가)와 브레인스토밍하고 협력해야 한다. 이러한 특성이 모델과 어떻게 작동하는지 확인하고 기술적 및 비즈니스

---

1   데이터 전처리로 생각해도 큰 무리가 없다. – 옮긴이
2   데이터를 이리저리 핸들링한다는 뜻으로 원 데이터를 다른 형태로 전환하거나 매핑하는 과정이다. – 옮긴이

적 관점에서 적합성을 확인하며, 필요에 따라 이러한 특성을 개선하는 것도 특성 공학 프로세스의 중요한 부분이다. 비록 특성 공학 파이프라인의 가장 강조되지 않은 부분이지만, SME에 대한 피드백 루프는 종종 매우 중요하다. 모델의 투명성은 명확한 특성에서 비롯된다. 인종이나 성별과 같은 특징이 대출 상환 성향 모델과 관련해 더 높은 정확도를 제공한다고 해서 이들을 사용하는 것이 좋은 아이디어라는 의미는 아니다. 실제로 SME는 여러분이 의도적이 아니라면 이는 끔찍한 생각이며, 더 의미 있고 덜 성차별적이고 덜 인종차별적이며 덜 외국인 혐오적인 특징을 찾아야 한다고 말할 것이다. 이에 관한 자세한 내용은 운영화^{operationalization}에 대해 논의하는 10장, '기업에서의 AutoML'에서 다룰 것이다.

"모델군의 선택"이라는 작업이 마치 리얼리티 쇼처럼 들리지만, 이는 데이터 과학자와 ML 엔지니어가 일상 업무의 일부로 수행하는 일이다. 모델 선택은 당면한 데이터를 가장 잘 설명한 모델을 선택하는 작업이다. 여기에는 후보 모델 집합에서 ML 모델을 선택하는 과정이 관련된다. 자동화된 ML을 통해 이 문제를 해결할 수 있다.

하이퍼파라미터

하이퍼파라미터에 관해 많이 듣게 되므로 하이퍼파라미터가 무엇인지 이해해야 한다.

각 모델에는 자체의 내부 및 외부 파라미터가 있다. 내부 파라미터(모델 파라미터 또는 단순히 파라미터라고도 함)는 모델에 내재된 파라미터이며, 외부 파라미터 또는 하이퍼파라미터는 학습률 및 반복 시행 수 등 모델 자체의 "외부"에 있는 것들이다. 직관적인 예로 단순성으로 유명한 비지도 군집화^{clustering} 알고리듬인 k−평균^{k-means}을 들 수 있다.

k−평균의 k는 필요한 군집 수를 나타내며, 에폭(〈닥터 후〉 쇼가 에픽 쇼라고 할 때의 에픽과 유사하게 발음되는)은 훈련 데이터에 대해 수행되는 패스의 수를 지정하는 데 사용된다. 이들 모두 하이퍼파라미터의 예다. 즉, 모델 자체에서 고유하지 않은 파라미터다. 이와 유사하게 신경망 훈련을 위한 학습률, 서포트 벡터 머신을 위한 C와 시그마, 트리의 리프 수 k

또는 깊이, 행렬 요인 분해$^{matrix factorization}$의 잠재 요인의 수 그리고 심층 신경망의 은닉층의 수 등 모든 것이 하이퍼파라미터의 예다.

적절한 하이퍼파라미터를 선택하는 것을 모델 튜닝이라고 하는데, 여기서 마술이 일어난다. ML 부족 민속에는 이러한 이해하기 어려운 숫자는 "튜닝은 과학이라기보다는 예술에 가깝다"와 "모델 튜닝은 흑마술과 같다"와 같은 속담이 업계에 새로 온 사람들을 좌절시키는 경향이 있을 정도로 "성가스러운 파라미터$^{nuisance parameter}$"로 낙인돼왔다. 자동 ML은 올바른 하이퍼파라미터를 선택하도록 지원함으로써 이러한 인식을 변화시킨다. 자세한 내용은 나중에 알아보자. 자동ML은 시민 데이터 과학자$^{citizen data scientists}$가 ML 모델을 구축, 훈련 및 배포할 수 있도록 해, 현상 유지를 파괴할 수 있다.

> **참고**
>
> 일부에서는 '시민 데이터 과학자'라는 용어를 비전문가들을 위한 완곡어라고 생각하지만, SME(도메인 전문가)와 분석에 대해 궁금해하는 사람들이 가장 중요한 사람들의 일부다. 다른 사람들이 여러분에게 달리 말하지 못하게 하라.

결론적으로 모델의 올바른 앙상블부터 데이터 전처리, 올바른 특성과 모델군 선택, 모델 하이퍼파라미터 선택 및 최적화, 결과 평가에 이르기까지 자동ML은 이러한 과제를 프로그래밍 방식으로 해결할 수 있는 알고리듬 솔루션을 제공한다.

자동머신러닝의 필요성

이 책을 쓴 최근에 OpenAI의 GPT-3 모델이 발표됐으며 1,750억 개의 놀라운 파라미터를 보유하고 있다. 빅데이터와 기하급수적으로 증가하는 특성을 포함하는 모델 복잡성으로 인해 이제는 이러한 파라미터를 조정할 수 있을 뿐만 아니라 이들 전설적인 노브를 조정하기 위해 정교하고 반복 가능한 절차도 마련해야 한다. 이러한 복잡성으로 인해 시민 데이터 과학자, 비즈니스 분야 전문가 및 도메인 전문가에 대한 접근성이 떨어진다.

이는 고용 안정처럼 들릴 수도 있지만 비즈니스나 분야의 장기적인 성공에는 좋지 않다.

또한 이는 단순히 하이퍼파라미터에 관한 것이 아니라 모델의 복잡성이 증가함에 따라 전체 파이프라인과 결과의 재현성이 점점 더 어려워져 AI 민주화가 지연되고 있다.

▌ 데이터 과학의 민주화

데이터 과학자의 수요가 높은 것은 전혀 놀라운 일이 아니다. 2018년 8월 LinkedIn Workspace Report에 따르면 미국 전역에서 151,000개 이상의 데이터 과학자 일자리가 채워지지 않은 것으로 나타나고 있다(https://economicgraph.linkedin.com/resources/linkedin-workforce-report-august-2018). 이러한 수요와 공급의 격차로 인해 수학, 통계, 컴퓨터 과학 그리고 관련 계량 분야에서 정식으로 훈련받지 않은 사람들이 예측 모델을 설계, 개발, 사용할 수 있게 하는 AI의 민주화라는 개념이 인기를 끌고 있다. SME, 도메인 SME, 비즈니스 임원 또는 프로그램 관리자가 시민 데이터 과학자로 효과적으로 일할 수 있는지에 대한 찬반의 논쟁이 있다. 나는 이것을 본질에 도달하지 않는 추상적 논쟁이라고 생각한다. 기업이 시기적절하게 의미 있는 실행 가능한 통찰력을 얻으려면 원시 데이터를 통찰력으로 그리고 작업에 대한 통찰력을 얻기 위한 프로세스를 가속화하는 것 외에 다른 방법이 없다. 분석 분야를 경험해본 사람이라면 누구나 분명히 알 수 있다. 따라서 시민 데이터 과학자들이 효과적으로 일을 수행하게 될 것이다.

다른 곳에서의 고지 사항과 주의 사항이 모두 그렇듯이 자동ML이 전설적인 은색 총알(만능)은 아니다. 그러나 모델 선택 및 하이퍼파라미터 최적화를 위한 자동화된 방법에는 비전문가 및 시민 데이터 과학자가 고품질 ML 모델을 훈련, 테스트 및 배포할 수 있다는 가능성이 있다. 자동화된 ML을 둘러싼 툴이 형성되고 있으며, 참여도를 높여 이 격차가 줄일 수 있기를 바란다. 이제 자동화된 ML에 관한 몇 가지 통념을 살펴보고, 이를 타파하도록 하겠다.

자동머신러닝 신화의 타파

달 착륙과 마찬가지로 자동화된 ML에 관한 한 이를 둘러싼 몇 가지 음모론과 신화가 있다. 몇 가지 밝혀진 사실을 살펴보자.

신화 #1: 데이터 과학자의 종말

자동화된 ML과 관련해 가장 자주 묻는 질문 중 하나는 "자동화된 ML이 데이터 과학자의 업무를 없애는 요소가 될 것인가?"이다.

짧게 대답하면 빠른 시일 내에 할 수 없다는 것이고, 길게 대답하면 언제나 그렇듯이 좀 더 성가시고 지루하다는 것이다.

앞에서 설명한 것처럼 데이터 과학 수명 주기에는 도메인 전문 지식과 주제에 대한 통찰력이 중요한 몇 가지 중요한 부분이 있다. 데이터 과학자는 기업과 협력해 가설을 세우고, 결과를 분석하고, 비즈니스에 영향을 미칠 수 있는 실행 가능한 통찰력을 결정한다. 데이터 과학에서 일상적이고 반복 가능한 작업을 자동화하는 작업이 통찰력 발견이라는 인지적으로 어려운 작업을 벗어나게 하지 않는다. 데이터 과학자가 데이터를 살펴보고 특성을 정리하는 데 몇 시간을 소비하는 대신 기본 비즈니스에 대해 자세히 알아볼 수 있도록 한다. 다양한 실제 데이터 과학 응용 분야에는 인간의 전담 지도뿐만 아니라, 이러한 통찰력에서 나온 세분화된 행동이 원하는 결과를 반영하도록 도메인 전문가들의 꾸준한 시선이 필요하다.

제안된 접근법 중 하나로 도리스 준린 리Doris Jun-Lin Lee 등에 의해 쓰여진 "A Human-in-the-Loop(HITL) Perspective on AutoML: Milestones and the RoadAutoML에 대한 루프 내의 인간 관점: 이정표와 앞길"은 인간을 루프에 유지한다는 개념에 기초한다. HITL은 데이터 과학 워크플로우에서 사용자 주도user-driven, 크루즈 컨트롤cruise control 및 오토파일럿autopilot의 세 가지 자동화 수준을 제안한다. 성숙도 곡선을 통과하고 특정 모델의 신뢰도가 높아지면 사용자 주도 흐름이 크루즈 컨트롤로 이동하고 결국 오토파일럿 단계로 이동한다. 자동화된

ML은 인재 풀을 구축해 다양한 분야의 전문 지식을 활용함으로써 인간의 참여를 통해 데이터 과학 수명 주기의 여러 단계에서 도움을 줄 수 있다.

신화 #2: 자동머신러닝은 단지 토이 문제만을 풀 수 있다

자동화된 ML의 회의론자들이 자주 제기하는 주장이다. 이는 데이터 과학 분야에서 잘 정의되고 통제된 토이 문제를 해결하는데만 사용할 수 있으며 실제 시나리오에서는 좋지 않다는 것이다.

현실은 정반대다. 하지만 데이터셋을 가져다가 자동화된 ML 모델에 넣으면 의미 있는 통찰력을 얻을 수 있다는 잘못된 가정으로 인해 혼란이 발생하는 것 같다. 자동ML에 대한 과대 광고를 믿는다면, 자동ML은 복잡한 데이터를 살펴보고, 마법과 같은 정리를 수행하고, 대상 변수를 포함한 모든 중요한 특성을 파악하고, 올바른 모델을 찾고, 하이퍼파라미터를 조정하는 마법의 파이프라인을 구축할 수 있을 것이다.

큰소리로 말하면 우스꽝스럽게 들리지만, 이것이 바로 세심하게 조작된 자동ML 제품 데모에서 볼 수 있는 것이다. 그다음에는 자동ML 서비스의 실제 가치를 떨어뜨리는 정반대의 효과를 가져오는 과대 광고 사이클이 나타난다. 자동ML을 구동하는 기술적 접근법은 견고하며, 이러한 이론과 기술에 생명을 불어넣는 학문적 엄격함은 AI 및 ML의 다른 영역과 같다.

향후 장에서는 구글 클라우드 플랫폼, AWS 및 Azure를 비롯해 자동ML의 이점을 누리는 몇 가지 하이퍼스케일[3] 플랫폼의 예를 살펴본다. 이러한 평가를 통해 실제 자동ML은 Kaggle 챔피언십에서 더 나은 정확도를 추구하는 데 그치지 않고, 업계에 큰 지각변동을 줄 것이라고 믿는다.

---

3 하이퍼스케일은 분산된 컴퓨팅 환경을 최대 수천 개의 서버로 확장할 수 있는 완전한 하드웨어 및 시설의 조합을 나타낸다. – 옮긴이

▌자동머신러닝 생태계

자동ML은 빠르게 성장하는 분야다. 상용화와는 거리가 멀다는 점을 지적하는 것은 거의 불필요한 느낌이다. 기존 프레임워크는 지속적으로 발전하고 새로운 제품과 플랫폼이 주류가 되고 있다. 2장에서는 이러한 프레임워크와 라이브러리에 관해 자세히 설명한다. 지금부터 자세한 내용을 살펴보기 전에 자동화된 ML 생태계를 알아볼 수 있도록 광범위하게 소개한다.

▌오픈소스 플랫폼과 도구

이 절에서는 사용 가능한 몇 가지 오픈소스 자동ML 플랫폼 및 툴을 간략하게 살펴본다. 3장, '오픈소스 툴과 라이브러리를 이용한 자동머신러닝'에서 이러한 플랫폼에 관해 자세히 알아본다.

마이크로소프트 NNI

마이크로소프트 NNI^{Neural Network Intelligence}는 자동ML 수명 주기의 세 가지 핵심 영역인 자동 특성 공학, 구조 탐색(신경망 구조 탐색 또는 NAS라고도 함) 및 하이퍼파라미터 튜닝^{HPI}을 처리하는 오픈소스 플랫폼이다. 또한 이 툴킷은 AWS를 통해 KubeFlow, Azure ML, DL Workspace(DLTS) 및 Kubernetes를 통해 모델 압축 기능과 운영화 기능을 제공한다.

툴킷은 깃허브에서 다운로드할 수 있다. https://github.com/Microsoft/nni

Auto-sklearn

사이킷런^{Scikit-learn}(sklearn이라고도 함)은 파이썬^{Python} 개발을 위한 인기 있는 ML 라이브러리다. 이 생태계에 속해 있으며 Feurer 등의 효율적이고 강력한 자동ML을 기반으로 하는 오토사이킷런^{auto-sklearn}은 베이지안 최적화, 메타러닝 및 앙상블 구성을 사용해 알고리듬 선택 및 하이퍼파라미터 조정을 수행하는 자동화된 ML 툴킷이다.

툴킷은 깃허브에서 다운로드할 수 있다. https://github.com/automl/auto-sklearn

Auto-Weka

웨카^{Weka}는 Waikato Environment for Knowledge Analysis의 줄임말이며, 데이터 분석 및 예측 모델링을 위한 시각화 툴과 알고리듬을 제공하는 오픈소스 ML 라이브러리다. 오토웨카^{Auto-Weka}는 오토사이킷런과 유사하지만 Weka를 기반으로 구축됐으며 모델 선택, 하이퍼파라미터 최적화 등을 위한 논문에 설명된 접근법을 구현한다.

개발자들은 오토웨카가 단순히 학습 알고리듬을 선택하고 하이퍼파라미터를 별도로 설정하는 것 이상의 것을 달성한다고 묘사한다. 대신 완전히 자동화된 접근법을 구현한다. 저자는 오토웨카가 "응용에 적합한 하이퍼파라미터 설정"을 통해 "전문가가 아닌 사용자가 ML 알고리듬을 더욱 효과적으로 식별할 수 있도록 지원"하는 것, 즉 SME를 위한 민주화를 목적으로 한다고 설명한다.

툴킷은 깃허브에서 다운로드할 수 있다. https://github.com/automl/autoweka

auto-Keras

케라스^{keras}는 가장 널리 사용되는 딥러닝 프레임워크 중 하나이며 텐서플로 2.0^{TensorFlow 2.0} 생태계의 핵심 요소다. Jin 등의 논문에 기초한 오토케라스^{Auto-Keras}는 "네트워크 모피즘을 통한 효율적인 신경망 구조 탐색을 위한 새로운 방법이며, 베이지안 최적화를 가능하게 한다"고 제안한다. 이는 "트리 구조 공간에서 획득함수를 최적화하기 위한 신경망 커널과 알고리듬을 설계함으로써" 신경망 구조 탐색을 돕는다. 오토케라스는 베이지안 최적화를 통한 이러한 딥러닝 구조 탐색의 구현이다.

툴킷은 깃허브에서 다운로드할 수 있다. https://github.com/jhfjhfj1/autokeras

TPOT

Tree-based Pipeline Optimization Tool, 줄여서 TPOT는 펜실베이니아대학교의 Computational Genetics Lab의 제품이다. TPOT는 파이썬으로 작성된 자동ML 도구다. 유전자 프로그래밍을 통해 ML 파이프라인을 구축하고 최적화하는 것을 돕는다. 사이킷런을 기반으로 구축된 TPOT는 "수천 개의 가능한 파이프라인을 탐색해 최적의 파이프라인을 찾는 것"을 통해 특성 선택, 전처리, 구축, 모델 선택 및 파라미터 최적화를 자동화할 수 있도록 돕는다. 이는 학습 곡선이 작은 여러 툴킷 중 하나일 뿐이다.

툴킷은 깃허브에서 다운로드할 수 있다. https://github.com/EpistasisLab/tpot

Ludwig – 코드 없는 AutoML 툴박스

Uber의 자동ML 도구인 Ludwig는 ML 모델의 실험, 테스트 및 교육에 사용되는 오픈소스 딥러닝 도구 상자다. 텐서플로를 기반으로 구축된 Ludwig를 통해 사용자는 모델 베이스라인을 생성하고 다양한 신경망 구조 및 모델을 사용해 자동ML 스타일 실험을 수행할 수 있다. 최신 릴리스(작성 당시)에서 Ludwig는 CometML과 통합되며 BERT 텍스트 인코더를 지원한다.

툴킷은 깃허브에서 다운로드할 수 있다. https://github.com/uber/Ludwig

AutoGluon: 딥러닝을 위한 AutoML 툴킷

AWS Labs의 딥러닝을 위한 AutoML 툴킷 ML의 민주화를 염두에 두고 AutoGluon은 "이미지, 텍스트 또는 테이블 데이터를 아우르는 실제 애플리케이션과 딥러닝에 중점을 두고 사용하기 쉽고 확장하기 쉬운 AutoML"을 지원하도록 개발됐다. AWS의 자동ML 전략의 필수 요소인 AutoGluon을 통해 전문 데이터 과학자와 전문 데이터 과학자는 손쉽게 딥러닝 모델과 엔드 투 엔드 솔루션을 구축할 수 있다. 다른 자동ML 툴킷과 마찬가지로 AutoGluon은 신경망 구조 탐색, 모델 선택 및 맞춤형 모델 개선을 제공한다.

툴킷은 깃허브에서 다운로드할 수 있다. https://github.com/awslabs/autogluon

Featuretools

Featuretools는 딥 특성 합성^{deep feature sythesis}을 통해 자동화된 특성 공학을 지원하는 우수한 파이썬 프레임워크다. 특성 공학은 매우 미묘한 특성 때문에 어려운 문제다. 하지만 이 오픈소스 툴킷은 뛰어난 타임스탬프 처리 기능과 재사용 가능한 특성 기본함수를 갖추고 있어 특성 조합을 구축 및 추출하고 어떤 영향을 미치는지 살펴보는 데 사용할 수 있는 우수한 프레임워크를 제공한다.

툴킷은 깃허브에서 다운로드할 수 있다. https://github.com/FeatureLabs/FeatureTools/

H2O AutoML

H2O의 AutoML은 R, 파이썬 및 스칼라^{Scala}의 API를 통해 H2O 상용 제품의 오픈소스 버전을 제공한다.

이는 자동ML 알고리듬을 위한 오픈소스 분산 구현(멀티 코어 및 멀티 노드)이며 그리드 및 랜덤 탐색을 혼합해 기본 데이터 준비를 지원한다.

▌ 상업적 도구와 플랫폼

이제 자동ML에 사용되는 상용 툴 및 플랫폼에 대해 살펴본다.

DataRobot

DataRobot은 자동ML을 위한 전용 플랫폼이다. 자동ML 분야의 선두주자 중 하나인

DataRobot은 "AI를 확작성을 가지고 구축, 배포 및 유지 관리하는 엔드-투-엔드 프로세스를 자동화"한다고 주장한다. DataRobot의 모델 저장소^{repository}에는 데이터 과학자를 위한 독점 알고리듬 및 접근법 뿐 아니라 오픈소스도 포함돼 있으며, 비즈니스 결과에 초점을 맞춘다. DataRobot의 제품은 클라우드 및 사내 구현에 모두 사용할 수 있다.

플랫폼은 https://www.datarobot.com/platform/에서 확인할 수 있다.

구글 클라우드 AutoML

구글 클라우드 컴퓨팅 플랫폼에 통합된 구글 클라우드 AutoML 제품은 최소한의 노력과 ML 전문성을 통해 고품질 사용자 지정 ML 모델을 교육하는 것을 목표로 한다. 구글 클라우드 AutoML은 구조화된 데이터 분석을 위한 AutoML Vision(영상), AutoML Video Intelligence(비디오), AutoML Natural Language(자연어), AutoML Translation(번역) 및 AutoML Table(테이블)을 제공한다. 8장, '구글 클라우드 플랫폼을 이용한 머신러닝'과 9장, '구글 클라우드 플랫폼을 이용한 자동머신러닝'에서 이에 관해 자세히 알아본다.

구글 클라우드 AutoML은 https://cloud.google.com/automl에서 액세스할 수 있다.

아마존 세이지메이커 오토파일럿

AWS는 AI와 ML에 관한 다양한 기능을 제공한다. 세이지메이커 오트파일럿^{SageMaker Autopilot}은 이러한 제품 중 하나이며 AWS 생태계의 일부로 "자동으로 모델을 구축, 훈련 및 튜닝"하는 데 도움이 된다. 세이지메이커 오토파일럿은 자동 특성 공학, 모델 및 알고리듬 선택, 모델 튜닝, 배포 및 성과에 따른 순위 매기기를 포함하는 엔드-투-엔드 수명주기의 자동ML을 제공한다. AWS 세이지메이커 오토파일럿은 6장, 'AWS를 이용한 머신러닝'과 7장, '아마존 세이지메이커 오토파일럿으로 자동 머신러닝 실행하기'에서 다룰 것이다.

아마존 세이지메이커 오토파일럿은 https://aws.amazon.com/sagemaker/autopilot/ 에서 확인할 수 있다.

Azure 자동ML

마이크로소프트 Azure는 자동ML 기능을 제공해 데이터 과학자가 신속하고 규모에 맞는 ML 모델을 구축할 수 있도록 돕는다. 이 플랫폼은 결측치 대체, 변환 및 인코딩, 고차원 범주 수 처리와 분산 없는 특성의 제거와 같은 자동화된 특성 공학 기능을 제공한다. Azure의 자동ML은 또한 시계열 예측, 알고리듬 선택, 하이퍼파라미터 튜닝, 모델 편향를 제어하기 위한 가드레일, 랭킹 및 점수를 위한 모델 리더보드도 지원한다. Azure ML 및 AutoML 제품에 관해서는 4장, 'Azure 머신러닝으로 시작하기'와 5장, '마이크로소프트 애저를 이용한 자동머신러닝'에서 살펴볼 것이다.

Azure의 자동ML 서비스는 https://azure.microsoft.com/ko-kr/free/machine-learning/에서 액세스할 수 있다.

H2O 드라이버리스 AI

H2O의 오픈소스 제품은 이전의 '오픈소스 플랫폼과 도구' 절에서 논의했다. H2O 드라이버리스 AI^H2O Driverless AI의 상용 제품은 자동ML 플랫폼으로 특성 공학, 구조 탐색 및 파이프라인 생성 요구를 충족한다. "당신 자신의 요리법을 가져와라^Bring Your Own Recipe" 기능은 (지금은 다른 벤더에 의해 사용되고 있지만) 고유하며 사용자 지정 알고리듬을 통합하는 데 사용된다. 이 상용 제품은 데이터 과학자가 최신 정보를 얻을 수 있도록 광범위한 기능과 풍부한 사용자 인터페이스를 갖추고 있다.

H2O 드라이버리스 AI는 https://www.h2o.ai/products/h2o-driverless-ai/에서 액세스할 수 있다.

이 공간에서 다른 주목할 만한 프레임워크와 툴로는 Autoxgboost, RapidMiner Auto Model, BigML, MLBox, DATAIKU 및 Salesforce Einstein(Transmogrif AI에 의해 구동됨)이 있다. 툴킷에 대한 링크는 이 책의 부록에서 확인할 수 있다. 다음 표에는 Mark Lin 의 Awesome AutoML 저장소에서 가져온 것으로, 가장 중요한 자동화 머신 학습 툴킷 과 해당 링크가 정리돼 있다.

프로젝트	유형	라이센스
Auto-Keras	NAS	Custom
AutoML Vision	NAS	Commercial
AutoML Video Intelligence	NAS	Commercial
AutoML Natural Language	NAS	Commercial
AutoML Translation	NAS	Commercial
AutoML Tables	AutoFE, HPO	Commercial
auto-sklearn	HPO	Custom
auto_ml	HPO	MIT
BayesianOptimization	HPO	MIT
comet	HPO	Commercial
DataRobot	HPO	Commercial
Driverless AI	AutoFE	Commercial
H2O AutoML	HPO	Apache-2.0
Katib	HPO	Apache-2.0
MLJAR	HPO	Commercial
NNI	HPO, NAS	MIT
TPOT	AutoFE, HPO	LGPL-3.0
TransmogrifAI	HPO	BSD-3-Clause
MLBox	AutoFE, HPO	BSD-3 License
AutoAI Watson	AutoFE, HPO	Commercial

그림 1.3 Mark Lin의 「Awesom AutoML(놀라운 자동ML)」 논문에 소개된 자동ML 프로젝트

분류 유형 열에는 라이브러리가 신경망 구조 탐색^{NAS}, 하이퍼파라미터 최적화^{HPO} 및 자 동 특성 공학^{AutoFE}을 지원하는지 여부가 명시돼 있다.

자동ML의 미래

업계가 자동ML을 둘러싼 분야에 상당한 투자를 함에 따라 자동ML은 곧 기업들의 데 이터 과학 워크플로우의 중요한 부분이 될 것이다. 귀중한 조수 역할을 하는 이 견습생 (AutoML)은 데이터 과학자와 지식 근로자가 비즈니스 문제에 집중하고 다루기 어렵고 사 소한 문제를 해결하는 데 도움이 될 것이다. 현재 초점은 자동화된 특성 공학, 구조 탐색

및 하이퍼파라미터 최적화로 제한되지만 이 자동화 프로세스를 자동화하는 데 도움이 되는 메타러닝 기법이 다른 분야에서도 도입될 것으로 예상된다.

AI 및 ML의 민주화 수요 증가로 인해 자동ML이 업계에서 주류가 될 것이다. 모든 주요 도구와 하이퍼스케일 플랫폼이 자동ML을 ML 제품의 본질적인 일부로 제공할 것이다. 이러한 차세대 자동ML 장착 도구를 통해 데이터 준비, 도메인 맞춤형 특성 공학, 모델 선택 및 허위 분석, 운영화^{operationalization} 4, 설명 가능성, 모니터링 및 피드백 루프 생성을 수행할 수 있다. 이를 통해 비즈니스 통찰력 및 영향 등 비즈니스에서 중요한 사항에 더욱 쉽게 집중할 수 있다.

자동ML의 문제와 한계

앞서 언급했듯이 데이터 과학자는 대체되지 않고 있으며, 현재로서는 자동ML이 일자리를 죽이는 요소가 아니다. 도구 세트와 기능이 계속 변화함에 따라 데이터 과학자의 업무는 발전할 것이다.

그 이유는 두 가지다. 첫째, 자동ML은 데이터 과학 자체를 자동화하지 않는다. 분명히 자동 특성 공학, 구조 탐색, 하이퍼파라미터 최적화 또는 여러 실험의 병렬 실행의 수행하는 시간을 절약한다. 그러나 데이터 과학 수명 주기에는 쉽게 자동화할 수 없는 다양한 필수 부분이 있으므로 자동ML의 현재 상태를 제공한다.

두 번째 중요한 이유는 데이터 과학자가 되는 것이 동질적인 역할이 아니기 때문이다. 데이터 과학자와 관련된 역량과 책임은 업계와 조직에 따라 다르다. 자동ML을 통해 데이터 과학을 민주화하는 대신 소위 주니어 데이터 과학자가 자동화된 특성 공학 기능의 도움을 받아 데이터 멍잉 및 랭글링 실행 속도를 높일 수 있다. 한편 수석 엔지니어는 더 나

---

4 운영화 프로세스라고도 부르는데, 민주화와 제품화가 결합된 것이라고 말할 수 있다. IT 툴을 필요로 하는 곳에서 더 빨리 이용할 수 있도록 만드는 것이다. 즉 사전에 품질 수준을 맞추고 조건에 맞도록 준비해 바로 소비할 수 있도록 만드는 것을 말한다. – 옮긴이

은 KPI 척도를 설계하고 모델의 성능을 향상시킴으로써 비즈니스 결과를 개선하는 데 더 많은 시간을 할애할 수 있다. 이를 통해 모든 계층의 데이터 과학 실무자는 비즈니스 영역에 익숙해지고 교차 관심사를 탐색할 수 있다. 또한 선임 데이터 과학자는 모델 및 데이터 품질과 드리프트[5]를 모니터링하고 버전 관리, 감사성, 통제 구조, 계보 및 기타 MLOps$^{Machine Learning Operations}$,머신러닝 운영 관련 문제를 해결할 책임이 있다.

모델의 설명 가능성과 투명성을 통해 근본적인 편향을 해결하는 것 또한 전 세계 규제 산업의 중요한 구성 요소다. 매우 주관적인 특성으로 인해 현재 툴셋에서 이 문제를 자동으로 해결할 수 있는 기능이 제한돼 있다. 이 경우 사회적으로 인식되는 데이터 과학자가 알고리듬 편향의 영구화를 막을 수 있는 엄청난 가치를 제공할 수 있다.

기업을 위한 입문 지침

축하한다! 졸지 않고 첫 장까지 거의 다 왔다. 이 자동ML이 매우 유용하게 들리겠지만 우리 회사에서 어떻게 이를 사용할 수 있을까? 여기 몇 가지 알려줄 것이 있다.

먼저 이 책의 나머지 부분을 읽고 개념, 기술, 툴 및 플랫폼을 숙지하라. 데이터 과학 툴킷에서 자동ML은 데이터 과학자를 대체하지 않으므로 이러한 환경을 이해하고 이를 이해하는 것이 중요하다.

둘째, 기업 전반에서 분석을 처리할 때 자동ML을 민주화 툴로 사용한다. 툴에 익숙해지고, 지침을 제공하고, 데이터 과학 워크플로우에서 자동화를 위한 경로를 차트화할 수 있도록 팀을 위한 교육 계획 수립하라.

마지막으로, 특성셋의 양이 많으므로 기업 프레임워크를 적용하기 선에 개방형 소스 스택을 사용해 작은 스텝부터 시작하라. 이러한 방식으로 확장하면 자동화 요구 사항을 파악하고 비교 쇼핑을 할 시간을 확보할 수 있다.

---

5   시간에 따른 데이터 품질 저하 - 옮긴이

요약

ML 개발 수명 주기 및 자동ML과 그 작동 방식을 설명했다. 자동ML의 필요성에 관한 사례를 구축하면서 데이터 과학의 민주화를 논의했고, 자동ML을 둘러싼 통념을 풀었으며, 자동화된 ML 생태계에 관한 자세한 설명을 제공했다. 그런 다음 오픈소스 툴을 검토한 후 상업 환경을 살펴봤다. 마지막으로 자동ML의 미래에 대해 논의하고, ML의 당면 과제와 제한 사항을 알아보고, 기업에서 시작하는 방법에 대한 몇 가지 지침을 알아봤다.

2장에서는 자동ML을 가능하게 하는 데 사용되는 기술, 기법 및 도구를 알아본다. 1장이 자동ML에 대한 기본 지식을 소개하고 논의했던 주제에 대해 더욱 심도 있게 탐구할 수 있도록 충분한 기초를 제공했기를 바란다.

참고문헌

1장에서 다룬 주제에 관한 자세한 내용을 위해서 다음과 같은 권장 도서와 링크를 참조하라.

- 『자동머신러닝』(에이콘, 2021), The Springer Series on Challenges in ML
- 『Hands-On Automated ML』(Packt, 2018)
- Auto XGBoost: https://github.com/ja-thomas/autoxgboost
- RapidMiner: https://rapidminer.com/products/auto-model/
- BigML: https://bigml.com/
- MLJar: https://mljar.com/
- MLBOX: https://github.com/AxeldeRomblay/MLBox
- DataIKU: https://www.dataiku.com/
- Awesome-AutoML-Papers by Mark Lin: https://github.com/hibayesian/awesome-automl-papers

- Auto-WEKA 2.0: Automatic model selection and hyperparameter optimization in WEKA: https://www.cs.ubc.ca/labs/beta/Projects/autoweka/

- Auto-Keras: An Efficient Neural Architecture Search System: https://arxiv.org/pdf/1806.10282.pdf

- A Human-in-the-loop Perspective on AutoML: Milestones and the Road ahead. Doris Jung-Lin Lee et al.: dorisjunglinlee.com/files/MILE.pdf

- What is Data Wrangling and Why Does it Take So Long? by Mike Thurber: https://www.elderresearch.com/blog/what-is-data-wrangling

- Efficient and Robust Automated ML: http://papers.nips.cc/paper/5872-efficient-and-robust-automated-machine-learning.pdf

- LinkedIn Workforce Report: https://economicgraph.linkedin.com/resources/linkedin-workforce-report-august-2018

자동머신러닝, 알고리듬, 기법

"머신지능은 인류가 만들어야 할 마지막 발명품이다."

– 닉 보스트롬Nick Bostrom

"항상 인공지능의 핵심은 표현representation이었다."

– 제프 호킨스Jeff Hawkins

"지금까지 인공지능의 가장 큰 위험은
사람들이 너무 일찍 이해한다고 결론을 내린다는 것이다."

– 엘리저 유드코프스키Eliezer Yudkowsky

자동화를 자동화하는 것은 훌륭한 선의 메타 아이디어 중 하나처럼 들리지만, 어려움 없이 이뤄지지 않는다. 1장에서는 머신러닝 개발 수명 주기 및 정의된 자동ML에 대해 간략하게 설명했다.

2장에서는 자동ML을 가능하게 하는 데 사용되는 기법, 기술, 도구를 살펴본다. 여기서는 AutoML의 실제 작동 방식, 자동화된 특성 공학의 알고리듬과 기법, 자동화된 모델 및 하이퍼파라미터 튜닝, 자동화된 딥러닝을 살펴본다. 메타러닝뿐만 아니라 베이지안 최적화, 강화학습, 진화 알고리듬 및 그래디언트 기반 접근법을 포함한 최첨단 기법을 배우게 될 것이다.

2장에서는 다음 주제들을 다룬다.

- 자동화된 ML – 뚜껑 열기
- 자동화된 특성 공학
- 하이퍼파라미터 최적화
- 신경망 구조 탐색

▌ 자동화된 ML – 뚜껑 열기

크게 단순화하면 다음 워크플로우에서 보듯이 일반적인 ML 파이프라인은 데이터 정제, 특성 선택, 전처리, 모델 개발, 배포 및 소비로 구성된다.

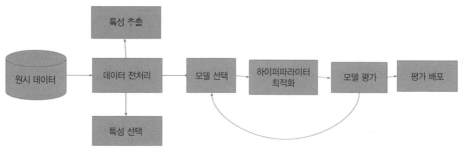

그림 2.1 ML 수명 주기

자동ML의 목표는 시민 데이터 과학자가 액세스할 수 있도록 이 파이프라인의 단계를 단순화하고 민주화하는 것이다. 원래 자동화된 ML 커뮤니티의 주요 초점은 모델 선택 및 하이퍼파라미터 튜닝이었다. 즉, 작업에 가장 적합한 모델과 문제에 가장 적합한 파라미터를 찾는 것이었다. 그러나 최근 들어 다음 다이어그램과 같이 전체 파이프라인을 포함하도록 변경됐다.

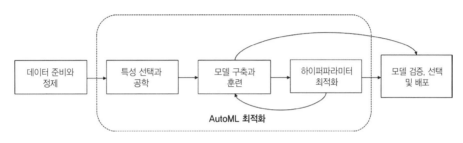

그림 2.2 Warning 등의 단순화된 AutoML 파이프라인

메타러닝, 즉 학습하는 법의 학습 개념은 자동ML 환경에서 가장 중요한 주제다. 메타러닝 기법은 학습 알고리듬, 유사한 작업 및 이전 모델의 하이퍼파라미터와 구조를 관찰함으로써 최적의 하이퍼파라미터와 구조를 학습하는 데 사용된다. 학습 작업 유사도, 활성 테스트, 대리 모델 전이, 베이지안 최적화 및 스태킹과 같은 기법을 사용해 유사한 과제에 기반한 자동ML 파이프라인 개선을 위한 메타 특성을 학습한다. 기본적으로 웜 스타트$^{warm\ start}$다. 자동ML 파이프라인 기능은 배치 시 종료되지 않는다. 드리프트를 방지하고 및 일관성을 유지하기 위해 예측을 지속적으로 모니터링하기 위한 반복 피드백 루프가 필요하다. 이 피드백 루프를 통해 예측 결과 분포가 비즈니스 척도와 일치하는지 여부와 하드웨어 리소스 사용량의 측면에서 이상 징후가 있는지를 확인할 수 있다. 운영 측면에서 맞춤형 오류 로그를 포함한 오류 및 경고 로그는 자동화된 방식으로 감사 및 모니터링된다. 이러한 모든 모범 사례는 개념 드리프트, 모델 드리프트 또는 데이터 드리프트가 예측에 큰 피해를 줄 수 있는 훈련 주기에도 적용된다. 매수자 위험 부담$^{caveat\ emptor}$ 경고를 주의하라.

이제 2장과 앞으로의 장에서 볼 수 있는 주요 자동ML 용어에 관해 살펴본다.

자동ML 용어의 분류 체계

자동ML에 처음 접하는 경우 가장 큰 과제 중 하나는 업계 전문 용어를 숙지하는 것이다. 즉, 많은 수의 새로운 용어 또는 겹치는 용어가 자동ML 환경을 탐색하는 사람들을 압도하고 단념시킬 수 있다. 그러므로 이 책에서는 깊이를 잃지 않으면서 가능한 한 단순화하고 일반화하려고 노력한다. 이 책과 다른 자동ML 문헌에서는 자동 특성 공학, 자동 하이퍼파라미터 튜닝 및 자동 신경망 구조 탐색 방법 등 세 가지 핵심 영역에 중점을 두고 있음을 반복적으로 확인할 수 있다.

자동 특성 공학은 특성 추출, 선택, 생성 또는 구축으로 추가로 분류된다. 자동화된 하이퍼파라미터 튜닝 또는 특정 모델에 대한 하이퍼파라미터 학습이 모델 자체 학습과 함께 번들로 제공돼 더 큰 신경망 구조 탐색 영역의 일부가 된다. 이 접근법은 완전 모델 선택FMS, Full Model Selection 또는 알고리듬 선택과 하이퍼파라미터 최적화의 결합CASH, Combined Algorithm Selection and Hyperparmeter optimization 문제로 알려져 있다. 신경망 구조 탐색NAS, Neural Architecture Search은 자동 딥러닝AutoDL 또는 단순히 구조 탐색이라고도 한다. 다음 다이어그램에서는 데이터 준비, 특성 공학, 모델 생성 및 평가가 하위 범주와 함께 대규모 ML 파이프라인의 일부가 되는 방법을 간략히 설명한다.

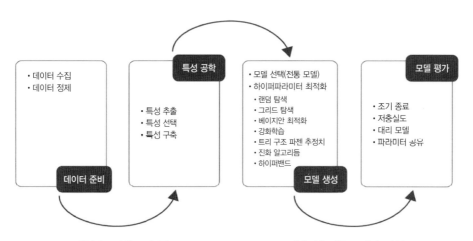

그림 2.3 He 등(2019)의 "state-of-the-art AutoML survey"에 나온 자동ML 파이프라인

50

자동화 ML의 세 가지 핵심 원칙을 수행하는 데 사용되는 기법에는 몇 가지 공통점이 있다. 베이지안 최적화, 강화학습, 진화 알고리듬, 그래디언트를 사용하지 않는 접근법 및 그래디언트 기반 접근법은 다음 다이어그램에 나타낸 것과 같이 거의 모든 다른 영역에서 사용된다.

	베이지안 최적화	강화학습	진화 알고리듬	그래디언트 기반 접근법	프레임워크
증강 특성 공학		FeatureRL	특성 공학용 GP (유전 프로그래밍)		FeatureTools
자동 모델과 하이퍼파라미터 탐색	TPE (트리 기반 파젠 추정기) SMAC (일반적 알고리듬 설정을 위한 순차적 모델 기반 최적화) Auto-SKLearn FABOLAS (대규모 데이터셋에서 머신러닝 하이퍼파라미터의 빠른 베이지안 최적화) BOHB (규모 확장 가능한 강건하고 효율적인 하이퍼파라미터 최적화)	APRL (강화학습을 통한 자율 예측적 모델) Hyperband (하이퍼파라미터 최적화에 대한 혁신적인 밴딧 기반 접근법)	TPOT - 기반 파이프라인 최적화 AutoStacker - 자동 진화 계층적 머신러닝 시스템 DarwinML - 자동머신러닝용 그래프 기반 진화 알고리듬		Hyperopt - 분산 비동기적 하이퍼파라미터 최적화 SMAC (일반적 알고리듬 설정을 위한 순차적 모델 기반 최적화) TPOT - 기반 파이프라인 최적화
자동 딥러닝 또는 신경망 구조 탐색	AutoKeras NASBot	NAS (신경망 구조 탐색) NASNET (신경망 구조 탐색 네트워크) ENAS (파라미터 공유를 통한 효율적 NAS)		DARTS (미분 가능 구조 탐색) ProxylessNAS (타깃 작업과 하드웨어에 대한 직접 신경망 구조 탐색) NAONet (신경망 구조 최적화 네트워크)	AutoKeras AdaNet NNI (신경망 지능)

그림 2.4 자동ML 기법

당신이 유전 프로그래밍을 자동 특성 공학에서 사용한다고 언급할 때 누군가가 진화 계층적 ML 시스템을 하이퍼파라미터 최적화 알고리듬으로 사용한다고 하면, 당황할 수 있다. 그 이유는 강화학습, 진화 알고리듬, 그래디언트 하강 또는 랜덤 탐색과 같은 동일한 클래스의 기술을 자동ML 파이프라인의 여러 부분에 적용할 수 있기 때문이다.

그림 2.2에서부터 그림 2.4까지 제공된 정보가 ML 파이프라인, 자동ML 핵심 특성 및 이러한 세 가지 주요 특성을 달성하는 데 사용되는 기법/알고리듬 간의 관계를 이해하는 데 도움이 되기를 바란다. 2장에서 여러분이 구축할 멘탈 모델은 특히 딥러닝-기반-비트코인과-하이퍼장부를-이용한-하이퍼파라미터-최적화-제품 deep-learning-based-hyperparameter-optimization-product-with-bitcoins-and-hyperledger과 같이 마케팅에 의해 만들어진 터무니없는 용어(예! 토드[1], 당신에 대해 말하고 있다!)를 접하게 될 때 도움이 될 것이다.

다음 절의 주제는 자동ML 파이프라인의 첫 번째 기둥인 자동화된 특성 공학이다.

▌ 자동화된 특성 공학

특성 공학은 데이터셋에서 올바른 특성을 추출하고 선택하는 예술이자 과학이다. 그것은 도메인 지식과 윤리적, 사회적 관심사에 대한 이해를 필요로 하기 때문에 예술이다. 과학적 관점에서 특성의 중요성은 결과에 대한 영향과 높은 상관관계를 갖는다. 예측 모델링에서 특성의 중요성은 특성이 타깃에 얼마나 영향을 미치는지 측정하므로 거꾸로 가장 영향력이 큰 특성에 순위를 쉽게 할당할 수 있다. 다음 다이어그램은 후보 특성을 생성하고 순위를 매긴 다음 최종 특성 세트에 포함할 특정 특성을 선택해 자동화된 특성 생성 프로세스의 작동 방식을 설명한다.

---

1   Peter Todd는 유명한 비트코인 코어 개발자 겸 소프트웨어 엔지니어로 코인카이트(Coinkite)에서 일하고 있다. 비트코인 코드베이스에 대한 최상위 25 공헌자로 잘 알려져 있다. – 옮긴이

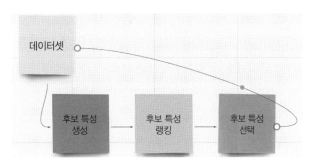

그림 2.5 반복 특성 생성 프로세스(Zoller 등의 "AutoML 프레임워크의 벤치마크와 서베이", 2020)

데이터셋에서 특성을 추출하려면 여러 값을 가진 열을 기반으로 범주형 이진 특성을 생성하고, 특성을 스케일링하고, 상관관계가 높은 특성을 제거하고, 특성 상호작용을 추가하고, 주기적 특성을 대체하며, 데이터/시간 시나리오 처리하는 것이 요구된다. 예를 들어 날짜 필드는 년, 월, 일, 계절, 주말/주말, 휴일 및 등록 기간과 같은 여러 특성을 생성한다. 데이터셋에서 특성을 추출한 후에는 희소 및 저분산 특성을 제거하고 주성분 분석 PCA과 같은 차원 축소 기법을 적용해 특성의 수를 관리할 수 있게 해야 한다. 이제 자동 ML과 동의어로 사용되던 하이퍼파라미터 최적화에 대해 알아본다. 하이퍼파라미터 최적화는 여전히 이 공간의 기본 주체다.

▌ 하이퍼파라미터 최적화

보편적 존재성 및 프레임 용이성 때문에 하이퍼파라미터 최적화는 자동ML과 동의어로 간주되기도 한다. 탐색 공간에 따라 특성을 포함할 경우 하이퍼파라미터 튜닝 및 하이퍼파라미터 학습이라고도 하며, 이러한 하이퍼파라미터 최적화를 자동 파이프라인 학습이라고도 한다. 약간 본론을 벗어나는 코멘트를 하나 하자면, 이 모든 용어들이 모델에 적합한 파라미터를 찾는 것과 같이 논문을 쓸 때는 이를 명확하게 밝혀야 한다.

하이퍼파라미터와 관련된 이러한 구조를 자세히 살펴보면서 주목해야 할 몇 가지 핵심 사항이 있다. 파라미터의 기본값들이 최적화된 것이 아니라는 것은 잘 알려져 있다. Olson 등은 NIH 논문에서 기본 파라미터 값을 사용하는 것은 거의 항상 좋지 않은 아이디어임을 입증했다. Olson은 다음과 같이 언급한다. "튜닝은 알고리듬에 따라 알고리듬의 정확도를 3~5% 향상시키기도 한다… 어떤 경우에는 파라미터 튜닝으로 CV 정확도가 50% 향상되기도 했다." 이는 Olson 등이 "교차 검증 정확도 개선 - 생물학적 정보학 문제에 ML을 적용하기 위한 데이터 주도 조언"에서 관측되고 있다. https://www.ncbi.nlm.nih.gov/pmc/articles/PMC5890912/

두 번째 중요한 점은 이러한 모델의 비교 분석이 정확도 향상으로 이어진다는 것이다. 3장에서 보듯이 전체 파이프라인(모델, 자동 특성, 하이퍼파라미터)은 최적의 정확도 트레이드 오프를 달성하는 데 모두 중요한 것이다. Olson 등의 "교차 검증 정확도 개선 - 생물학적 정보학 문제에 ML을 적용하기 위한 데이터 주도 조언"의 알고리듬 비교 분석 절의 히트맵(https://www.ncbi.nlm.nih.gov/pmc/기사/PMC5890912/)는 Olson 등이 수행한 실험을 보여준다. 165개의 데이터셋을 여러 알고리듬에 대해 사용돼 성능을 기준으로 위에서 아래로 순위를 매겼다. 이 실험의 핵심은 모든 데이터셋에서 단일 알고리듬이 최상의 성능을 발휘한다고 간주할 수 없다는 것이다. 따라서 이러한 데이터 과학 문제를 해결할 때 서로 다른 ML 알고리듬을 고려할 필요가 있다.

하이퍼파라미터에 대해 간략하게 요약해보자. 각 모델에는 내부와 외부 파라미터가 있다. 내부 파라미터 또는 모델 파라미터는 가중치 또는 예측변수 행렬과 같이 모델에 고유하며, 하이퍼파라미터로 알려져 있는 외부 파라미터는 모델의 "외부"에 있다(예: 학습률과 반복 시행 수). 예를 들어 k-평균에서 k는 필요한 군집 수를 나타내며, 에폭^{epoch}은 훈련 데이터에 대해 수행되는 패스 수를 지정하는 데 사용된다. 이 두 가지 모두 모델 자체에서 고유하지 않은 하이퍼파라미터의 예다. 마찬가지로 신경망을 훈련하기 위한 학습률, 서포트 벡터 머신^{SVM}, k개의 트리의 리프 또는 깊이, 행렬요인화의 잠재 요인, 딥신경망의 은닉층 수 등이 모두 하이퍼파라미터의 예다.

올바른 하이퍼파라미터를 찾기 위해 여러 가지 방법이 있다. 먼저 어떤 유형의 하이퍼파라미터가 있는지 살펴보자. 하이퍼파라미터는 다음과 같이 연속적일 수 있다.

- 모델의 학습률
- 은닉층 수
- 반복 시행 수
- 배치 크기

하이퍼파라미터는 연산자 유형, 활성함수 또는 알고리듬 선택과 같은 범주형일 수도 있다. 예를 들어 합성곱층$^{convolutional\ layer}$이 사용되는 경우 합성곱 커널 크기를 선택하거나, SVM에서 RBF$^{Radial\ Basis\ Function}$ 커널을 선택한 경우 커널 폭을 선택하는 등 조건부일 수도 있다. 여러 유형의 하이퍼파라미터가 있으므로 그에 따라 다양한 하이퍼파라미터 최적화 기법이 있다.

하이퍼파라미터 최적화를 위해 그리드 탐색, 랜덤 탐색, 베이지안 최적화, 진화 기법, 멀티암 밴딧 접근법 및 그래디언트 하강 기반 기법이 모두 사용된다.

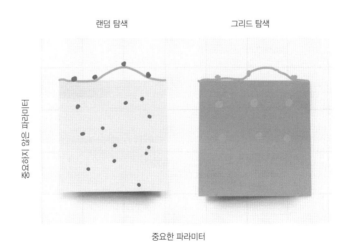

그림 2.6 그리드 탐색 및 랜덤 탐색 레이아웃(Bergstra와 Benio, JMLR 2012)

하이퍼파라미터 조정을 위한 가장 간단한 기법은 수동, 그리드 및 랜덤 탐색이다. 수동 튜닝은 이름에서 알 수 있듯이 직관과 과거의 경험에 기초한 추측을 기반으로 한다. 그리드 탐색과 랜덤 탐색은 각 조합(그리드)에 대해 또는 랜덤하게 하이퍼파라미터 집합을 선택해 최고의 성과를 내는 것을 찾을 때까지 반복 시행하는 것이기 때문에 약간 다르다. 하지만 여러분이 상상할 수 있듯이 이것은 탐색 공간이 커짐에 따라 빠르게 계산을 통제하지 못하게 될 수 있다.

또 다른 중요한 기법은 베이지안 최적화다. 베이지안 최적화는 하이퍼파라미터의 랜덤 조합에서 시작하고, 이를 사용해 대리 모델을 구성한다. 그런 다음 이 대리 모델을 사용해 다른 하이퍼파라미터 조합이 어떻게 작동할지를 예측한다. 일반적인 원칙으로, 베이지안 최적화는 과거의 성과를 이용해 미래의 값을 선택함으로써 목적함수를 최소화하는 확률 모델을 구축하며, 바로 이것이 바로 베이지안 아이디어다. 베이지안 유니버스에서 알려진 바와 같이 당신의 관찰은 당신의 신념보다 덜 중요하다.

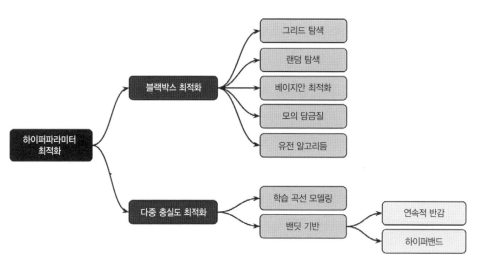

그림 2.7 하이퍼파라미터 최적화 기법의 분류 체계(Elshawi 등, 2019)

베이지안 최적화의 탐욕적greedy 특성은 탐험exploration과 활용exploitation 트레이드오프trade-off (기대 개선expected improvement), 고정 시간 평가를 할당하고, 임곗값을 설정하는 것 등에 의해 제어된다. 대리모델 함수를 최소화하기 위해 앞서 언급한 기법을 사용하는 랜덤 포레스트 대리 모델 및 그래디언트 부스팅 대리 모델과 같은 대리 모델의 변형이 있다.

하이퍼파라미터가 추가되고 돌연변이, 선택, 교차 및 튜닝되는 유전 프로그래밍(진화 알고리듬)이 가장 인기 있지만 모집단 기반 방법(메타 휴리스틱 기법 또는 샘플 방법을 이용한 최적화라고도 함) 클래스도 하이퍼파라미터 튜닝을 수행하는 데 널리 사용된다. 입자 군집^{particle} ^{swarm}은 각 반복 시행 시 설정 공간이 업데이트될 때 최적의 개별 설정으로 옮겨 간다. 반면 진화 알고리듬은 설정 공간을 유지 관리하는 방식으로 작동하며, 좀 더 작은 변화를 수행하고 개별 솔루션을 결합해 새로운 세대의 하이퍼파라미터 구성을 구축함으로써 이를 개선한다.

이제 자동ML 퍼즐의 마지막 부분인 신경망 구조 탐색을 살펴보자.

▌신경망 구조 탐색

신경망 구조 탐색^{NAS} 모델을 선택하는 것은 어려울 수 있다. 회귀 즉 수치형 값을 예측하는 경우 선형회귀, 의사 결정 트리, 랜덤 포레스트, 라쏘^{Lasso} 대 릿지^{Ridge} 회귀, k-평균 일래스틱넷$^{k-mean\ elastic\ net}$, XGBoost를 포함하는 그래디언트 부스팅$^{Gradient\ Boosting}$ 방법과 SVM 등이 있다.

분류 즉, 클래스별로 사물을 분리하는 경우 로지스틱 회귀 분석, 랜덤 포레스트, 에이다 부스트^{AdaBoost}, 그래디언트 부스트$^{Gradient\ Boost}$ 및 SVM 기반 분류기를 원하는 대로 사용할 수 있다.

신경망 구조는 원칙적으로 어떤 구조들이 사용될 수 있는지를 정의하는 탐색 공간 개념을 가지고 있다. 그런 뒤 탐색 전략을 정의해 탐험-활용 트레이드오프를 사용해 탐색하는 방법을 개략적으로 설명한다. 마지막으로, 후보 모델의 성과를 추정하는 성과 추정 전략이 있어야 한다. 이는 구조의 훈련 및 검증을 포함한다.

탐색 공간 탐색을 수행하는 몇 가지 기법이 있다. 가장 일반적인 것은 체인 구조화된 신경망chain structured neural network, 다중 분기 신경망multi-branch network, 셀 기반 탐색cell-based search, 그리고 기존 구조를 사용하는 최적화하는 접근법이다. 탐색 전략에는 랜덤 탐색, 진화 접근법, 베이지안 최적화, 강화학습 그리고 그래디언트 프리gradient-free [2] 대 DARTS Differentiable Architecture Search(미분 가능 구조 탐색)와 같은 그래디언트 기반gradient-based 최적화 접근법이 포함된다. 몬테카를로 트리 탐색Monte Carlo tree search이나 언덕 오르기hill climbing를 활용한 구조 탐색 공간을 계층적으로 탐험하는 탐색 전략이 인기를 끌고 있는 것은 더욱 우수한 구조에 빠르게 접근해 고품질의 구조를 발견하는 데 도움이 되기 때문이다. 이들은 그래디언트를 "사용하지 않는" 그래디언트 프리 방법이다. 그래디언트 기반 방법에서 연속 탐색 공간의 기본 가정은 DARTS를 용이하게 한다. 이는 기존의 강화학습이나 진화 탐색 접근법과 달리 그래디언트 하강을 사용해 탐색 공간을 탐험한다. 신경망 구조 탐색의 시각적 분류 체계는 다음 다이어그램에서 볼 수 있다.

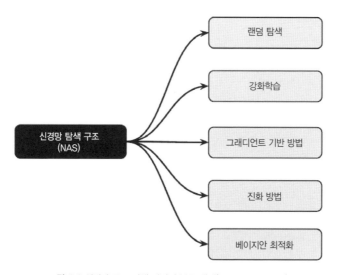

그림 2.8 신경망 구조 탐색 기법의 분류 체계(Elshawi 등, 2019)

---

2   그래디언트를 사용하지 않는 - 옮긴이

어떤 접근법이 특정 데이터셋에 가장 적합한지 평가하기 위해 성과 추정 전략^{performance} $^{estimation strategy}$은 단순한 접근법에서 (비록 최적화되기는 하지만) 더 복잡한 접근법까지의 스펙트럼을 갖는다. 추정 전략 중 가장 간단한 것은 후보 구조를 훈련하고 테스트 데이터에 대한 성과를 평가하는 것이다. 잘될 경우, 매우 좋다. 그렇지 않으면 다른 구조 조합을 사용한다. 이러한 접근법은 후보 구조의 수가 증가함에 따라 빠르게 자원 집약적이 될수 있다. 따라서 훈련 시간 단축, 부분집합 훈련, 계층당 필터 수 감소 등과 같은 낮은 충실도의 전략이 도입되며 이러한 전략들은 이외에도 많이 존재한다. 조기 종료, 다른 말로 구조의 학습 곡선을 외삽해 구조의 성과를 추정하는 것은 이러한 이러한 근사에 도움이 되는 최적화다. 훈련된 신경 구조를 모핑^{morphing}하고 모든 구조를 슈퍼그래프의 하위그래프로 처리하는 원샷 탐색 또한 효과적인 접근법이며, 원샷 구조 탐색$^{one-shot architecture}$ ^{search}으로 알려져 있다.

이러한 기법에 대한 심층적인 개요를 제공하는 자동ML과 관련해 여러 서베이가 수행됐다. 특정 기법은 잘 표현된 벤치마크 데이터, 과제 및 성공 사례와 함께 이를 다루는 책으로 발간돼 있다. 그러나 3장에서는 이러한 기법을 활용하는 라이브러리를 사용해 직접적인 실제 경험을 얻을 것이다.

▌ 요약

오늘날 기업 내 ML의 성공은 비즈니스 특화 기능과 워크플로우를 구축할 수 있는 ML 전문가에게 크게 좌우된다. 자동ML은 전문 지식 없이도 사용할 수 있는 상용 ML 방법을 제공해 ML을 자동화함으로써 이를 바꾸는 것을 목표로 한다. 자동ML의 작동 방식을 이해하려면 자동ML의 4가지 하위 필드(하이퍼파라미터 최적화, 자동 특성 공학, 신경망 구조 탐색, 메타러닝)를 검토해야 한다.

2장에서는 자동ML을 가능하게 하는 데 사용되는 기술, 기법 및 툴에 관해 설명했다. 2장에서 자동ML 기법을 소개했으며 이제 독자들이 구현 단계를 자세히 알아볼 준비가 됐기를 바란다.

3장에서는 이러한 알고리듬을 구현한 오픈소스 툴과 라이브러리를 검토해 이러한 개념을 실제로 사용하는 방법을 직접 살펴보도록 한다.

▌ 참고문헌

다음 항목에 관한 자세한 내용은 권장 리소스 및 링크를 참조하라.

- 『자동머신러닝』(에이콘, 2021), The Springer Series on Challenges in ML
- 『Hands-On Automated ML』(Packt, 2018)
- Neural Architecture Search with Reinforcement Learning: https://arxiv.org/pdf/1611.01578.pdf
- Learning Transferable Architectures for Scalable Image Recognition: https://arxiv.org/pdf/1707.07012.pdf
- Progressive Neural Architecture Search: https://arxiv.org/pdf/1712.00559.pdf
- Efficient Neural Architecture Search via Parameter Sharing: https://arxiv.org/pdf/1802.03268.pdf
- Efficient Architecture Search by Network Transformation: https://arxiv.org/pdf/1707.04873.pdf
- Network Morphism: https://arxiv.org/pdf/1603.01670.pdf
- Efficient Multi-Objective Neural Architecture Search via Lamarckian Evolution: https://arxiv.org/pdf/1804.09081.pdf
- Auto-Keras: An Efficient Neural Architecture Search System: https://arxiv.org/pdf/1806.10282.pdf
- Convolutional Neural Fabrics: https://arxiv.org/pdf/1606.02492.pdf
- DARTS: Differentiable Architecture Search: https://arxiv.org/pdf/1806.09055.pdf

- Neural Architecture Optimization: https://arxiv.org/pdf/1808.07233.pdf
- SMASH: One-Shot Model Architecture Search through HyperNetworks: https://arxiv.org/pdf/1708.05344.pdf
- DARTS in PyTorch: https://github.com/quark0/darts
- Hyperparameter Tuning Using Simulated Annealing: https://github.com/santhoshhari/simulated_annealing
- Bayesian Optimization: http://krasserm.github.io/2018/03/21/bayesian-optimization/
- Neural Architecture Search: A Survey: https://www.jmlr.org/papers/volume20/18-598/18-598.pdf
- Data-driven advice for applying ML to bioinformatics problems: https://www.ncbi.nlm.nih.gov/pmc/articles/PMC5890912/

03

오픈소스 툴과 라이브러리를
이용한 자동머신러닝

"결국 혁신이 대규모의 구조화된 노력이 아닌
소규모 그룹에서 비롯되는 경향이 있기 때문에 개인의 역량 강화는
오픈소스 운영을 가능하도록 만드는 핵심 요소다."

– 팀 오라일리Tim O'Reilly

"오픈소스에서 무언가를 잘하기 위해서는 많은 사람이
참여해야 한다고 생각한다."

– 리누스 토발즈Linus Torvalds

2장에서는 자동ML 기술, 기법과 툴을 살펴봤다. 자동 특성 공학, 자동화된 모델 및 하이퍼파라미터 조정, 자동화된 딥러닝 등 AutoML의 실제 작동 방식을 배웠다. 또한 자동ML에서 베이지안 최적화, 강화학습, 진화 알고리듬 및 다양한 그래디언트 기반 접근법을 살펴봤다.

그러나 실제 엔지니어로서 이들을 시도해 손을 더럽히기 전에는 완전히 이해한다는 만족감을 얻지 못할 수도 있다. 3장에서는 이 작업을 수행할 수 있는 매우 좋은 기회를 제공한다. AutoML OSS[Open Source Software] 툴 및 라이브러리는 예측 모델 파악, 개념화, 개발 및 구축의 전체 수명 주기를 자동화한다. 모델 훈련을 통한 데이터 준비에서 검증 및 구현에 이르기까지 이러한 툴은 거의 사람의 개입 없이 모든 작업을 수행한다.

3장에서는 TPOT, AutoKeras, auto-sklearn, Featuretools 및 Microsoft NNI를 비롯한 주요 OSS 툴을 검토해 이러한 라이브러리에서 사용되는 다양한 가치 제안과 접근법을 이해할 수 있도록 돕는다.

3장에서는 다음 내용을 다룬다.

- AutoML을 위한 오픈소스 생태계
- TPOT 소개
- Featuretools 소개
- Microsoft NNI 소개
- auto-sklearn 소개
- AutoKeras 소개

이제 시작해보자.

기술 요구 사항

3장의 기술 요구 사항은 다음과 같다.

- TPOT 설치: github.com/EpistasisLab/tpot
- Featuretools 설치: https://pypi.org/project/featuretools/
- Microsoft NNI 설치: https://github.com/microsoft/nni
- auto-sklearn 설치: https://automl.github.io/auto-sklearn/master/installation.html
- AutoKeras 설치: https://autokeras.com/install/
- MNIST 다운로드: https://www.kaggle.com/c/digit-recognizer

AutoML용 오픈소스 생태계

자동ML의 역사를 살펴보면 초기에는 하이퍼파라미터 최적화에 초점을 맞췄음이 분명하다. AutoWeka, HyperoptSkLearn, 이후 TPOT와 같은 초기 툴은 원래 모델에 가장 적합한 하이퍼파라미터를 찾기 위해 베이지안 최적화 기술을 사용하는 데 중점을 뒀다. 그러나 이러한 추세는 모델 선택을 포함하도록 좌회전했고 결국 특성 선택, 전처리, 구축 및 데이터 정제를 포함함으로 전체 파이프라인을 다 포함하게 됐다. 다음 표에는 TPOT, AutoKeras, AutoSkLearn 및 Featuretools와 함께 제공되는 몇 가지 주요 자동ML 도구와 최적화 기술, ML 작업 및 교육 프레임워크가 나와 있다.

	언어	자동ML 기법	자동 특성 추출	메타러닝	링크
AutoWeka	자바	베이지안 최적화	예	아니요	https://github.com/automl/autoweka
AutoSklearn	파이썬	베이지안 최적화	예	예	https://automl.github.io/auto-sklearn/master/
TPOT	파이썬	유전 알고리듬	예	아니요	http://epistasislab.github.io/tpot/
Hyperopt-Sklearn	파이썬	베이지안 최적화와 랜덤 탐색	예	아니요	https://github.com/hyperopt/hyperopt-sklearn
AutoStacker	파이썬	유전 알고리듬	예	아니요	https://arxiv.org/abs/1803.00684
AlphaD3M	파이썬	강화학습	예	예	https://www.cs.columbia.edu/~idrori/AlphaD3M.pdf
OBOE	파이썬	유전 알고리듬	아니요	예	https://github.com/udellgroup/oboe
PMF	파이썬	협업 필터링과 베이지안 최적화	예	예	https://github.com/rsheth80/pmf-automl

그림 3.1 자동ML 프레임워크의 특징들

3장의 여러 예에서 손글씨 숫자의 MNIST 데이터베이스를 사용한다. Scikit-Learn 데이터셋 패키지는 이미 MNIST 60,000개의 훈련 예제와 10,000개의 테스트 예제를 로딩하고 전처리했기 때문에 우리는 이를 사용할 것이다. 대부분의 데이터 과학자는 ML 애호가이며 MNIST 데이터베이스에 매우 익숙하다. MNIST 데이터베이스는 이 라이브러리 사용법을 교육하기에 매우 적합하다.

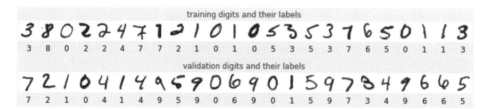

그림 3.2 MNIST의 손으로 쓴 자릿수 데이터베이스 – 시각화

앞의 이미지는 MNIST 데이터셋의 모양을 보여준다. 데이터셋은 모든 주요 ML 및 딥러닝 라이브러리의 일부로 제공되며 https://www.kaggle.com/c/digit-recognizer에서 다운로드할 수 있다.

▌ TPOT 소개

트리 기반 파이프라인 최적화 도구, 줄여서 TPOT는 펜실베이니아대학교의 컴퓨터 유전학 연구소의 제품이다. TPOT는 Python으로 작성된 자동화된 ML 도구다. 유전 프로그래밍을 이용해 ML 파이프라인을 구축하고 최적화한다. 사이킷런을 기반으로 구축된 TPOT는 "수천 개의 가능한 파이프라인을 탐색해 최적의 파이프라인을 찾음"을 통해 특성 선택, 전처리, 구축, 모델 선택 및 파라미터 최적화 프로세스를 자동화할 수 있도록 지원한다. 학습 곡선이 짧은 유일한 툴킷 중 하나다.

툴킷은 깃허브에서 다운로드할 수 있다. https://github.com/EpistasisLab/tpot

프레임워크를 설명하기 위해 최소한의 작업 예제로 시작한다. 이 예에서는 손글씨 숫자의 MNIST 데이터베이스를 사용한다.

1. 새 Colab 노트북을 만들고 pip install TPOT를 실행한다. TPOT는 명령줄에서 직접 사용하거나 Python 코드를 통해 사용할 수 있다.

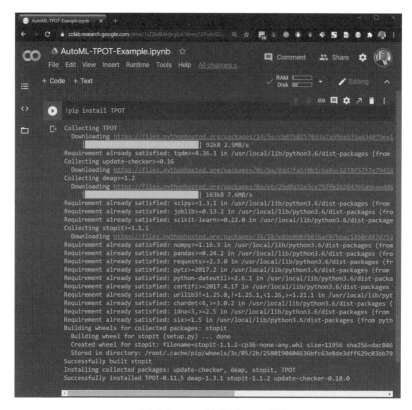

그림 3.3 Colab 노트북에서의 TPOT 설치

2. TPOTClassifier, scikit-learn 데이터셋 패키지 및 모델 선택 라이브러리 가져온다. 이들 라이브러리를 사용해 TPOT 내의 분류에 사용할 데이터를 로드할 것이다.

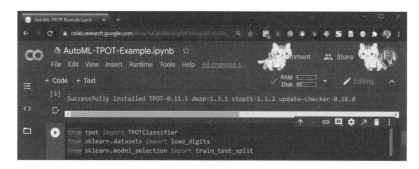

그림 3.4 AutoML TPOT 예제 – import문

3. 이제 MNIST 숫자 데이터 세트를 로드해 진행한다. 다음의 `train_test_split` 메서드는 주어진 입력의 훈련-테스트 분할을 포함하는 리스트를 반환한다. 이 경우 입력은 숫자 데이터와 숫자 타깃(레이블) 열이다. 여기서 훈련 크기는 0.75이고 테스트 크기는 0.25로, 이는 훈련과 테스트 데이터의 표준적 75-25 분할을 의미한다.

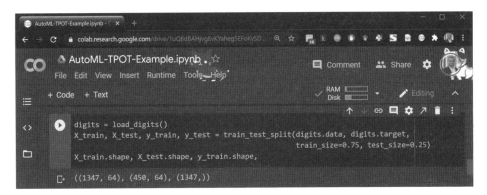

그림 3.5 AutoML TPOP 예 – 손글씨 숫자 데이터셋의 로딩

4. 일반적인 시나리오에서는 여기서 우리가 직접 모델을 선택하고 하이퍼파라미터를 할당한 다음 지정된 데이터에 적합화를 시도한다. 하지만 자동ML을 우리의 가상 비서virtual assistant로 사용하고 있으므로 TPOT가 이를 하도록 요구해보자. 사실 매우 쉽다.

   작업에 적합한 분류기를 찾으려면 `TPOTClassifier`기를 인스턴스화해야 한다. 이 클래스는 다음 스크린샷과 같이 파라미터의 범위가 매우 넓지만 세 가지 주요 파라미터, 즉 `verbosity`, `max_time_mins`와 `population_size`만 사용한다.

```
class tpot.TPOTClassifier(generations=100, population_size=100,
                          offspring_size=None, mutation_rate=0.9,
                          crossover_rate=0.1,
                          scoring='accuracy', cv=5,
                          subsample=1.0, n_jobs=1,
                          max_time_mins=None, max_eval_time_mins=5,
                          random_state=None, config_dict=None,
                          template=None,
                          warm_start=False,
                          memory=None,
                          use_dask=False,
                          periodic_checkpoint_folder=None,
                          early_stop=None,
                          verbosity=0,
                          disable_update_check=False,
                          log_file=None
                          )
```

그림 3.6 AutoML TPOT 예 – TPOTClassifier 객체 인스턴스화

Classifier로 전달되는 인수에 대한 빠른 참고 – Verbosity를 2로 설정하면 진행 표시줄과 함께 TPOT 인쇄 정보가 표시된다. max_time_mins 파라미터는 TPOT가 파이프라인을 최적화하기 위한 시간 할당(분)을 설정하는 반면 population_size 파라미터는 모든 세대에 대한 유전 프로그래밍 모집단 내의 개별 개체의 수다.

실험을 시작하면 최대 시간을 1분으로 설정한다.

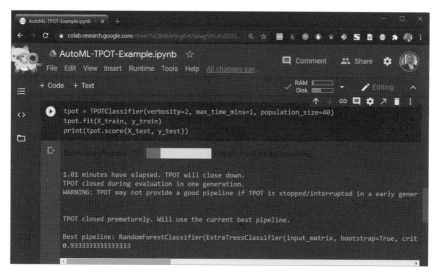

그림 3.7 AutoML TPOT 예 – TPOTClassifier의 최적화 실행

최적화 진행률이 그다지 좋지 않음을 알 수 있다. 40개체 중 9개체만이 이 세대에서 처리됐기 때문에 최적화 진행률이 단지 22%이다. 이 경우 가장 권장되는 파이프라인은 RandomForestClassifier를 기반으로 한다.

5. 이제 시간을 5분으로 늘리고 결과 파이프라인을 확인해본다. 이 시점에서 권장되는 분류자는 그래디언트 부스팅 분류기^{Gradient Boosting classifier}인 것 같다. 이는 매우 흥미롭다.

그림 3.8 AutoML TPOT 예 – TPOTClassifier 실행

6. 이번에는 시간을 15분으로 점차 늘려 나갈 것이며, 이 경우 최상의 파이프라인은 KNN^{k-nearest neighbors} 분류기에서 얻을 수 있어 보인다.

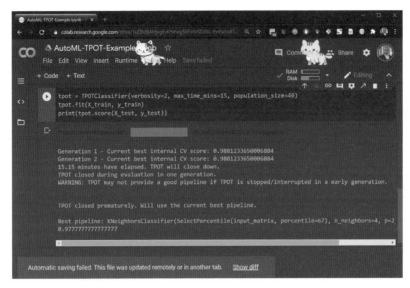

그림 3.9 AutoML TPOT 예 – TPOTClassifier 적합화를 통해 예측을 얻는다.

7. 시간을 25분으로 늘리면 알고리듬이 변경되지는 않지만 다른 하이퍼파라미터(이웃의 수)와 정확도가 증가한다

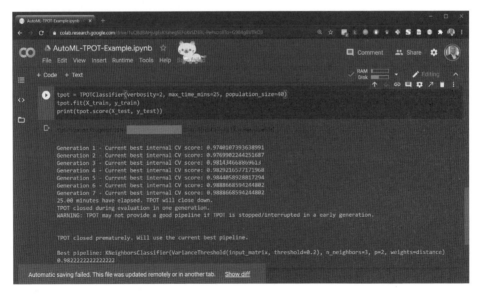

그림 3.10 AutoML TPOT 예 – 여러 세대를 실행해 점수를 얻는다.

8. 마지막으로 1시간 동안 실험을 실행해본다.

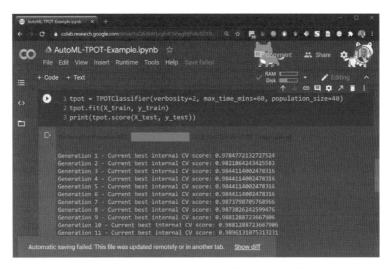

그림 3.11 AutoML TPOT 예 – TPOT 세대와 교차검증 점수

최상의 파이프라인은 재귀적 특성 제거^{recursive feature elimination} 기능을 특성 순위를
매기는 KNeighborsClassifier이다. 다른 하이퍼파라미터로는 max_features
및 n_estimators가 있으며 파이프라인 정확도는 0.98666이다.

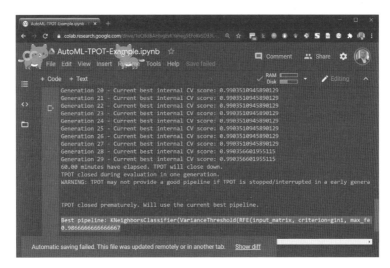

그림 3.12 AutoML TPOT 예 – 최적 파이프라인

(저자의 농담: 666이 악한 숫자로 간주되는 경우 25.8069758011이 모든 악의 근원이 된다는 것이 생각나게 한다.)

9. 관찰했으리라 생각하는데, 여러 세대에 걸쳐 TPOT에서 교차 검증^{CV}을 실행해야 했던 시간의 양과 파이프라인이 변화하고 알고리듬뿐만 아니라 하이퍼파라미터 도 진화했다. 이익도 체감하고 있다. CV 점수의 개선은 점점 더 작아져 정교한 조정이 특정 시점에서 더 이상 큰 차이를 보이지 않게 된다.

이제 export 메서드를 호출함으로써 TPOT로부터 실제 모델을 내보낸다.

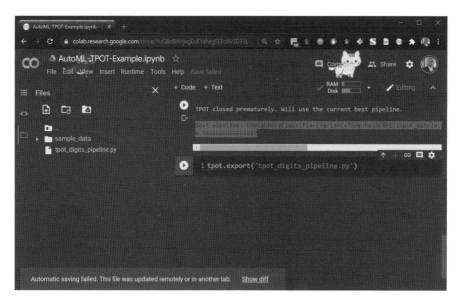

그림 3.13 AutoML TPOT 예 – 손글씨 숫자 파이프라인 탐색

일단 모델이 내보내지면, 다음 스크린샷에서 보이는 것처럼 Google Colab의 왼쪽 패널 에서 파일을 볼 수 있다.

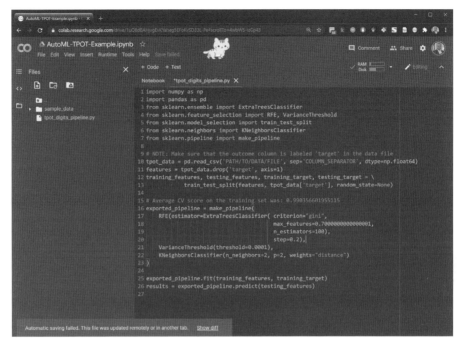

그림 3.14 AutoML TPOT 예 – TPOT 손글씨 숫자 파이프라인의 시각화

이제 이 파이프라인이 가장 잘 작동한다는 것을 알게 됐으므로 한번 사용해본다. 이미 파이프라인이 있으므로 TPOT가 더 이상 필요하지 않다.

```python
1  import numpy as np
2  import pandas as pd
3  import numpy as np
4  from sklearn.ensemble import ExtraTreesClassifier
5  from sklearn.feature_selection import RFE, VarianceThreshold
6  from sklearn.model_selection import train_test_split
7  from sklearn.neighbors import KNeighborsClassifier
8  from sklearn.pipeline import make_pipeline
9  from sklearn.datasets import load_digits
10 from sklearn.externals import joblib
11
12 exported_pipeline = make_pipeline(
13     RFE(estimator=ExtraTreesClassifier( criterion="gini",
14                                         max_features=0.7000000000000001,
15                                         n_estimators=100),
16                                         step=0.2),
17     VarianceThreshold(threshold=0.0001),
18     KNeighborsClassifier(n_neighbors=2, p=2, weights="distance")
19 )
20 best_model = exported_pipeline._final_estimator
21 print("best model:\n", best_model)
```

그림 3.15 AutoML TPOT 예 – ExtraTreesClassifier를 사용한 파이프라인 탐색

내보낸 파이프라인을 생성했으므로 데이터셋을 로딩해보자. CSV 파일에서 읽는 대신 sklearn 데이터셋을 사용해 작업 속도를 높일 수 있다. 또한 배열에서 숫자 1(target[10])을 선택했는데, 예측이 맞다는 것을 알 수 있다.

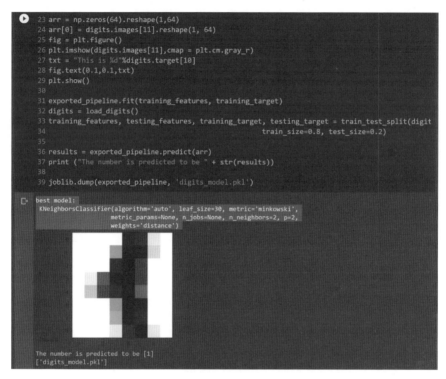

```
23 arr = np.zeros(64).reshape(1,64)
24 arr[0] = digits.images[11].reshape(1, 64)
25 fig = plt.figure()
26 plt.imshow(digits.images[11],cmap = plt.cm.gray_r)
27 txt = "This is %d"%digits.target[10]
28 fig.text(0.1,0.1,txt)
29 plt.show()
30
31 exported_pipeline.fit(training_features, training_target)
32 digits = load_digits()
33 training_features, testing_features, training_target, testing_target = train_test_split(digit
34                                       train_size=0.8, test_size=0.2)
35
36 results = exported_pipeline.predict(arr)
37 print ("The number is predicted to be " + str(results))
38
39 joblib.dump(exported_pipeline, 'digits_model.pkl')

best model:
KNeighborsClassifier(algorithm='auto', leaf_size=30, metric='minkowski',
                     metric_params=None, n_jobs=None, n_neighbors=2, p=2,
                     weights='distance')

The number is predicted to be [1]
['digits_model.pkl']
```

그림 3.16 AutoML TPOT 예 – 탐색된 파이프라인으로부터의 결과

TPOT는 이를 어떻게 수행하는가?

API 사용법을 배우려고 이 책을 산 것이 아니다. 어떤 일이 일어나고 있는지 좀 더 알고 싶을 것이다. TPOT는 유전 프로그래밍을 사용해 파이프라인의 주요 구성 요소를 자동화했다. 보는 바와 같이 다양한 접근법을 시도했으며 결국 KNN을 최고의 분류기로 사용하기로 결정했다.

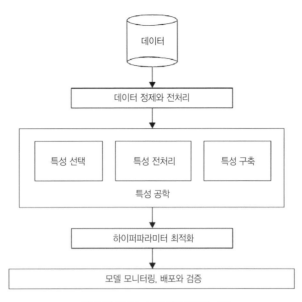

그림 3.17 TPOT 파이프라인 탐색의 개요

배후에서 TPOT는 유전 프로그래밍 구성(선택, 교차 및 돌연변이)을 사용함으로써 변환을 최적화해 분류 정확도를 극대화한다. 다음은 TPOT에서 제공하는 연산자 목록이다.

지도 분류 연산자	특성 전처리 연산자	특성 선택 연사자
의사 결정 트리, 랜덤 포레스트, XGBoost 분류기, 로지스틱 회귀 및 KNN 분류기	StandardScaler, RobustScaler, MinMaxScaler, MaxAbsScaler, RandomizedPCA, Binarizer와 PolynomialFeatures	VarianceThershold, SelectKBest, SelectPercentile, SelectFwe와 재귀적 특성 제거(RFE, Recursive Feature Elimination)
분류 연산자는 분류기의 예측을 파이프라인에 대한 분류와 함께 새로운 특성으로 저장한다.	전처리 연산자는 데이터셋을 어떤 방식으로 수정하고 수정된 데이터셋을 반환한다.	특성 선택 연산자는 어떤 기준을 사용해 데이터셋의 특성 수를 줄이고, 수정된 데이터셋을 반환한다.

그림 3.18 TPOT- ML 자동화를 위한 트리 기반 파이프라인 최적화 툴

Featuretools 소개

Featuretools는 DFS를 사용해 자동화된 특성 공학^{feature engineering}을 지원하는 우수한 파이썬 프레임워크다. 특성 공학은 매우 미묘한 특성 때문에 어려운 문제다. 하지만 이 오픈소스 툴킷은 강력한 타임스탬프 처리 기능과 재사용 가능한 특성 기본함수들을 갖추고 있어 특성과 그 영향의 조합을 구축하고 추출할 수 있는 적절한 프레임워크를 제공한다.

툴킷은 다음 깃허브에서 다운로드할 수 있다. https://github.com/FeatureLabs/FeatureTools/. 다음 단계에서는 라이브러리를 사용해 자동ML 실험을 실행하는 방법과 Featuretools를 설치하는 방법을 안내한다. 시작해보자.

1. Colab에서 Featuretools를 시작하려면 pip을 사용하해 패키지를 설치해야 한다. 이 예에서는 보스턴 주택 가격^{Boston Housing Prices} 데이터셋에 관한 특성을 만들고자 한다.

그림 3.19 Featuretools를 이용한 AutoML – Featuretools 설치하기

이 실험에서는 ML에서 널리 사용되고 잘 알려진 데이터셋인 보스턴 주택 가격 데이터셋을 사용한다. 다음은 데이터셋의 간략한 설명과 메타데이터다.

7.2.1. Boston house prices dataset

Data Set Characteristics:

Number of Instances:	506
Number of Attributes:	13 numeric/categorical predictive. Median Value (attribute 14) is usually the target.
Attribute Information (in order):	• CRIM per capita crime rate by town • ZN proportion of residential land zoned for lots over 25,000 sq.ft. • INDUS proportion of non-retail business acres per town • CHAS Charles River dummy variable (= 1 if tract bounds river; 0 otherwise) • NOX nitric oxides concentration (parts per 10 million) • RM average number of rooms per dwelling • AGE proportion of owner-occupied units built prior to 1940 • DIS weighted distances to five Boston employment centres • RAD index of accessibility to radial highways • TAX full-value property-tax rate per \$10,000 • PTRATIO pupil-teacher ratio by town • B 1000(Bk - 0.63)^2 where Bk is the proportion of blacks by town • LSTAT % lower status of the population • MEDV Median value of owner-occupied homes in \$1000's
Missing Attribute Values:	None
Creator:	Harrison, D. and Rubinfeld, D.L.

이는 UCI ML 주택 데이터셋의 복사본이다. https://archive.ics.uci.edu/ml/machine-learning-databases/housing/

그림 3.20 Featuretools를 사용한 AutoML – 보스턴 주택 가격 데이터셋

2. 보스톤 주택 가격 데이터셋은 scikit-learn 데이터셋의 일부로, 여기서 보는 바와 같이 임포트하기 매우 쉽다.

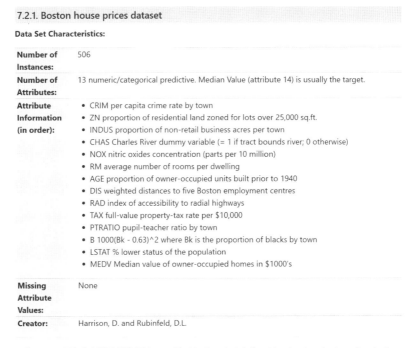

그림 3.21 Featuretools를 이용한 AutoML – Featuretools 설치하기

3. 이제 Featuretools를 사용해 특성을 구축하겠다. Featuretools는 기존 특성을 사용하는데, 상이한 연산을 이들에 적용해 새로운 특성을 구축하도록 지원한다. 여러 테이블을 연결해 관계를 구축할 수도 있다. 먼저 단일 테이블에서 작동하는 것을 살펴보자. 다음 코드는 `featuretools` DFS^Deep Feature Synthesis^ API를 사용해 개체 세트^enitity set^인 보스턴^boston^을 쉽게 생성하는 방법을 보여준다.

```
# Make an entityset and add the entity
es = ft.EntitySet(id = 'boston')
es.entity_from_dataframe(entity_id = 'data', dataframe = df,
                         make_index = True, index = 'index')

# Run deep feature synthesis with transformation primitives
feature_matrix, feature_defs = ft.dfs(entityset = es, target_entity = 'data',
                                      trans_primitives = ['add_numeric', 'multiply_numeric'])
```

그림 3.22 Featuretools를 이용한 AutoML – 데이터셋을 판다스 데이터프레임으로 로딩

4. 보스턴 테이블에 대해 설정된 featuretools 개체 세트를 생성한 후 타깃 항목을 정의하겠다. 이 경우에 단지 몇 가지 새로운 특성, 즉 기존 특성의 곱과 합만 생성할 것이다. Featuretools가 DFS를 실행하면 다음과 같은 모든 합과 곱의 특성을 갖게 된다.

```
                                      trans_primitives = ['add_numeric', 'multiply_numeric'])

feature_matrix.head()
```

index	CRIM	ZN	INDUS	CHAS	NOX	RM	AGE	DIS	RAD	TAX	PTRATIO	B	LSTAT	MEDV	AGE + B	AGE + CHAS	AGE + CRIM	AGE + DIS	AGE + INDUS	AGE + LSTAT	AGE + MEDV	AGE + NOX	AGE + PTRATIO	AGE + RAD	AGE + RM	AGE + TAX	AGE + ZN	B + CHAS	B + CRIM	B + DIS	B + INDUS
0	0.00632	18.0	2.31	0.0	0.538	6.575	65.2	4.0900	1.0	296.0	15.3	396.90	4.98	24.0	462.10	65.2	65.20632	69.2900	67.51	70.18	89.2	65.738	80.5	66.2	71.775	361.2	83.2	396.90	396.90632	400.9900	399.21
1	0.02731	0.0	7.07	0.0	0.469	6.421	78.9	4.9671	2.0	242.0	17.8	396.90	9.14	21.6	475.80	78.9	78.92731	83.8671	85.97	88.04	100.5	79.369	96.7	80.9	85.321	320.9	78.9	396.90	396.92731	401.8671	403.97
2	0.02729	0.0	7.07	0.0	0.469	7.185	61.1	4.9671	2.0	242.0	17.8	392.83	4.03	34.7	453.93	61.1	61.12729	66.0671	68.17	65.13	95.8	61.569	78.9	63.1	68.285	303.1	61.1	392.83	392.85729	397.7971	399.90
3	0.03237	0.0	2.18	0.0	0.458	6.998	45.8	6.0622	3.0	222.0	18.7	394.63	2.94	33.4	440.43	45.8	45.83237	51.8622	47.98	48.74	79.2	46.258	64.5	48.8	52.798	267.8	45.8	394.63	394.66237	400.6922	396.81
4	0.06905	0.0	2.18	0.0	0.458	7.147	54.2	6.0622	3.0	222.0	18.7	396.90	5.33	36.2	451.10	54.2	54.26905	60.2622	56.38	59.53	90.4	54.658	72.9	57.2	61.347	276.2	54.2	396.90	396.96905	402.9622	399.08

5 rows × 196 columns

그림 3.23 Featuretools를 이용한 AutoML – DFS의 결과

특성 리스트는 계속된다.

B *TAX	B *ZN	CHAS *CRIM	...	DIS *RAD	DIS *RM	DIS *TAX	DIS *ZN	INDUS *LSTAT	INDUS *MEDV	INDUS *NOX	INDUS *PIRATIO	INDUS *RAD	INDUS *RM	INDUS *TAX	INDUS *ZN	LSTAT *MEDV	LSTAT *NOX	LSTAT *PTRATIO	LSTAT *RAD	LSTAT *RM	LSTAT *TAX	LSTAT *ZN	MEDV *NOX	MEDV *PTRATIO	MEDV *RAD	MEDV *RM	MEDV *TAX
592.90	414.90	0.00632	...	4.0900	26.891750	1210.6400	73.62	11.5038	55.440	1.24278	35.343	2.31	15.18825	683.76	41.58	119.520	2.67924	76.394	4.08	32.74350	1474.08	89.64	12.9120	367.20	24.0	157.8000	7104.0
538.90	396.90	0.02731	...	9.9342	31.893749	1202.0362	0.00	64.6196	152.712	3.31583	125.846	14.14	45.39647	1710.94	0.00	197.424	4.28666	162.692	10.28	56.66794	2211.88	0.00	10.1304	384.48	43.2	135.6936	5227.2
534.83	392.83	0.02729	...	9.9342	35.688614	1202.0362	0.00	28.4921	245.329	3.31583	125.846	14.14	50.79795	1710.94	0.00	139.841	1.89007	71.734	8.06	28.95555	975.26	0.00	12.2743	611.66	69.4	249.3195	8997.4
16.53	394.63	0.03237	...	18.1866	42.423279	1345.8084	0.00	6.4092	72.872	0.99844	40.766	6.54	15.25564	683.96	0.00	98.196	1.34652	94.978	8.32	20.57412	652.68	0.00	15.2972	624.58	100.2	233.7382	7414.8
518.90	396.90	0.06905	...	18.1866	43.326543	1345.8084	0.00	13.6194	78.916	0.99844	40.766	6.54	15.58046	683.96	0.00	192.946	2.44114	99.671	13.99	38.09351	1183.26	0.00	16.5796	676.94	108.6	258.7214	8036.4

그림 3.24 Featuretools를 이용한 AutoML – DFS의 결과(계속)

이때 DFS에 기존 특성의 합과 곱만 포함돼 있다면 DFS가 무슨 의미가 있는지 의문이 들 것이다. 이러한 파생된 특성은 여러 데이터 포인트 간의 잠재적인 관계를 강조하는 것으로 생각할 수 있다(이는 합과 곱과는 관련이 없다). 예를 들어 여러 테이블을 평균 순서 합과 연결할 수 있으며 알고리듬에는 상관관계를 찾는 데 사용할 수 있는 사전 정의된 특성이 추가로 있다. 이는 DFS에서 제공하는 매우 강력하고 중요한 계량적 가치 제안으로, 일반적으로 머신러닝 알고리듬 대회에서 사용된다.

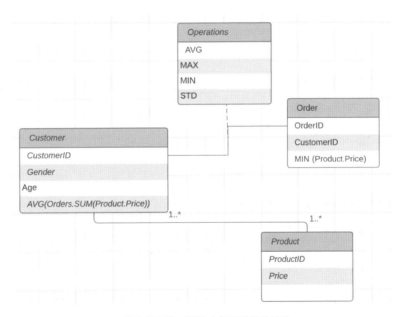

그림 3.25 DFS-개체(Entity)로부터 특성 분석

Featuretools 웹사이트에는 다음 구매, 남은 내용 연수, 예약 미사용, 대출 상환 가능성, 고객 이탈, 가게 빈곤 및 악성 인터넷 트래픽을 예측하는 데 사용할 수 있는 훌륭한 데모 세트가 포함돼 있다. https://www.featuretools.com/demos/

▌ 마이크로소프트 NNI 소개

마이크로소프트 NNI[Neural Network Intelligence]는 자동ML 수명 주기의 세 가지 핵심 영역인 자동 특성 공학, 구조 탐색(Neural Architecture Search 또는 NAS라고도 함), 하이퍼파라미터 튜닝[HPO]을 해결하는 오픈소스 플랫폼이다. 이 툴킷은 모델 압축 기능과 운영화 기능도 제공한다. NNI에는 이미 많은 하이퍼파라미터 튜닝 알고리듬이 내장돼 있다.

학습 NNI의 하이레벨 구조 다이어그램은 다음과 같다.

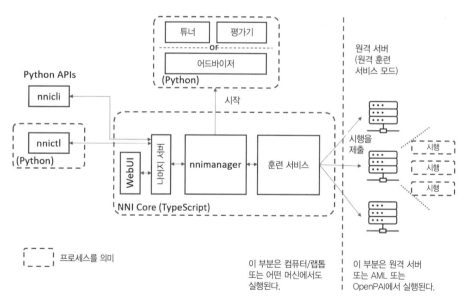

그림 3.26 마이크로소프트 NNI 하이레벨 구조

NNI에는 몇 가지 최신 하이퍼파라미터 최적화 알고리듬이 내장돼 있으며, 이를 튜너[tuner]라고 한다. 리스트에는 TPE, 랜덤 탐색, 담금질[Anneal], 단순한 진화[Naive Evolution], SMAC, 메티스 튜너[Metis Tuner], 배치 튜너[Batch Tuner], 그리드 탐색, GP 튜너, 네트워크 모피즘[Network Morphism], 하이퍼밴드[Hyperband], BOHB, PPO 튜너 및 PBT 튜너가 포함된다.

툴킷은 깃허브에서 다운로드할 수 있다. https://github.com/Microsoft/nni. 내장 튜너에 관한 자세한 내용은 https://nni.readthedocs.io/en/latest/builtin_tuner.html에서 확인할 수 있다.

이제 Microsoft NNI를 설치하는 방법과 이 라이브러리를 사용해 자동ML 실험을 실행하는 방법에 관해 알아보자.

pip을 사용해 시스템에 NNI를 설치하자.

그림 3.27 마이크로 NNI를 사용한 AutoML – 아나콘다를 통한 설치

NNI가 제공하는 최고의 기능 중 하나는 CLI(명령줄 인터페이스)와 웹 UI를 모두 갖추고 있다는 것이다. NNICtl은 NNI 애플리케이션을 관리하는 데 사용되는 명령줄이다. 다음

스크린샷에서 실험 옵션을 볼 수 있다.

```
Anaconda Prompt (Anaconda3)                                                    —    □    ×
(base) C:\Users\u53704\Desktop\Adnan Masood\My Books\automl-book\src\nni\keras-mnist>nnictl --help
usage: nnictl [-h] [--version]
              {ss_gen,create,resume,view,update,stop,trial,experiment,platform,webui,config,log,package,tensorboard
,top}
              ...

use nnictl command to control nni experiments

positional arguments:
  {ss_gen,create,resume,view,update,stop,trial,experiment,platform,webui,config,log,package,tensorboard,top}
    ss_gen               automatically generate search space file from trial
                         code
    create               create a new experiment
    resume               resume a new experiment
    view                 view a stopped experiment
    update               update the experiment
    stop                 stop the experiment
    trial                get trial information
    experiment           get experiment information
    platform             get platform information
    webui                get web ui information
    config               get config information
    log                  get log information
    package              control nni tuner and assessor packages
    tensorboard          manage tensorboard
    top                  monitor the experiment

optional arguments:
  -h, --help             show this help message and exit
  --version, -v

(base) C:\Users\u53704\Desktop\Adnan Masood\My Books\automl-book\src\nni\keras-mnist>
```

그림 3.28 마이크로 NNI를 사용한 AutoML – nnictl 명령문

NNI의 작동 방식을 이해하지 못할 경우 학습 곡선을 그릴 수 있다. NNI를 작동시키기 위해 NNI의 세 가지 기본 요소를 숙지해야 한다. 먼저 탐색 공간을 정의해야 하는데, 이는 search_space.json 파일에서 찾을 수 있다. 또한 모델 코드(main.py)를 업데이트해 하이퍼파라미터 튜닝을 통합해야 한다. 마지막으로, 실험(config.yml)을 정의해 튜너 및 반복 시행 (실행 모델 코드) 정보를 정의해야 한다. 또한 하이퍼파라미터 탐색 공간을 생성하는 동안 선택 유형 하이퍼파라미터를 사용할 때 튜닝 실험에서 시도하려는 값을 나열할 수 있다.

이 경우 간단한 Keras MNIST 모델을 사용해 NNI를 사용해 파라미터를 튜닝했다. 이제 코드 파일이 준비됐으므로 nnictl create 명령을 사용해 실험을 실행할 수 있다.

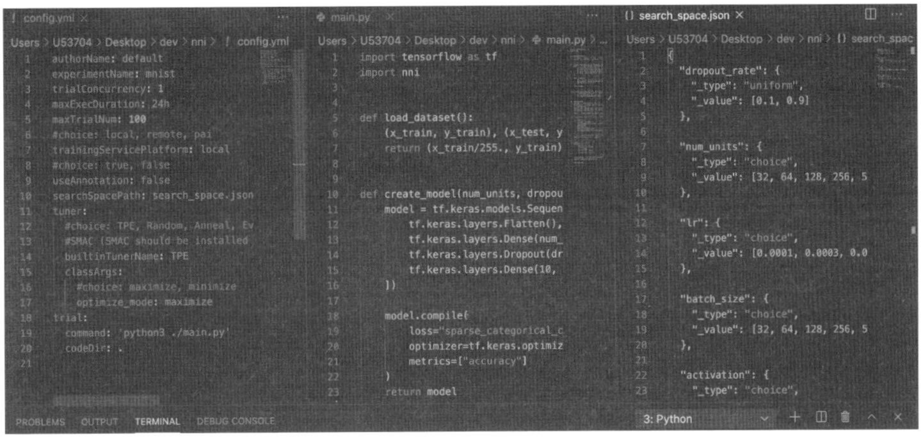

그림 3.29 마이크로 NNI를 사용한 AutoML – 설정과 실행 파일

탐색 공간은 각 하이퍼파라미터 값의 범위를 묘사하며, 각 반복 시행에서 이 공간으로부터 다양한 하이퍼파라미터 값이 선택된다는 것을 상기하라. 하이퍼파라미터 튜닝 실험을 위한 구성을 생성하는 동안 최대 반복 시행 수를 제한할 수 있다.

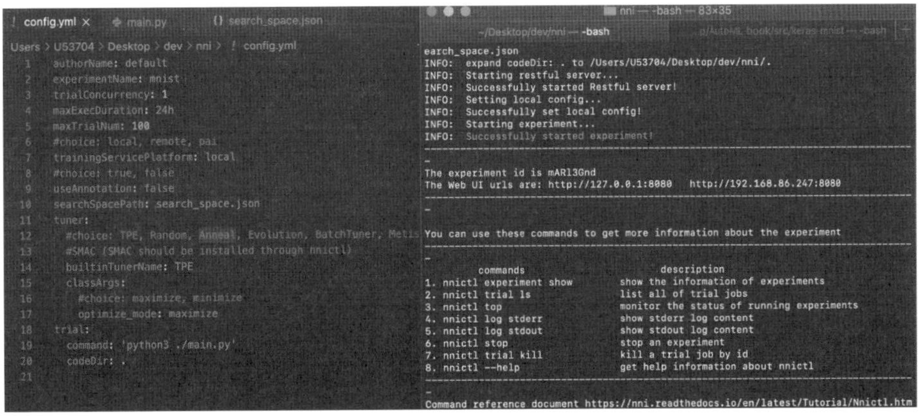

그림 3.30 마이크로 NNI를 사용한 AutoML – 실험 실행

다음 명령을 사용해 실험에 관해 자세히 알아볼 수 있다.

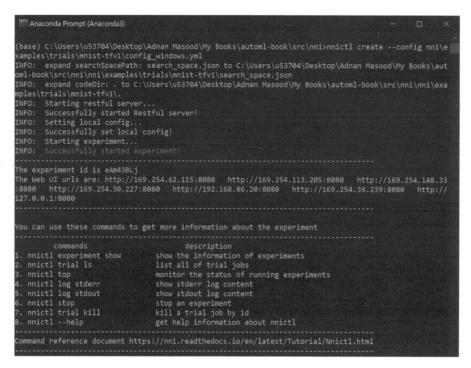

그림 3.31 마이크로 NNI를 사용한 AutoML – nnictl 파라미터

이제 NNI의 비밀 무기인 UI를 살펴보겠다. NNI UI는 그림 3.29에 표시된 출력 콘솔에 표시된 웹 UI URL을 통해 액세스할 수 있다. 여기서는 실행 중인 실험, 해당 파라미터 및 세부 정보를 볼 수 있다. 이번 경우에는 단지 19번의 실험만 진행해 빨리 끝났다. 그러나 다음 스크린샷과 같이 최적의 척도^{metric}가 (N/A)이므로 의미 있는 결과는 없었다고 할 수 있다.

그림 3.32 마이크로 NNI UI를 사용한 AutoML

30회까지 시행 횟수를 늘리면 시간이 더 오래 걸리지만 결과의 정확성도 향상된다. Microsoft NNI를 통해 중간 결과 보고(훈련이 완료되기 전에 시행 또는 훈련 프로세스 중 결과)를 할 수 있다. 예를 들어 보고되는 척도의 값이 "x" 변수에 저장된 경우 다음과 같이 NNI를 사용해 중간 보고를 수행할 수 있다.

```
nni.report_intermediate_result(x)
```

화면에 다음이 표시된다.

그림 3.33 마이크로 NNI를 사용한 AutoML – 실험 완료 후의 UI

NNI UI는 각 반복 시행의 기본 척도, 하이퍼파라미터, 시행 기간 및 중간 결과에 대한 뷰
view도 제공한다. 각 하이퍼파라미터가 어떻게 선택됐는지 시각화할 수 있기 때문에 특히
하이퍼파라미터 뷰가 놀랍다. 이 경우 배치 크기가 1,024인 RELU가 상당히 양호한 결과
를 제공했다고 볼 수 있다. 다음 스크린샷에 표시된 것처럼 모델 선택에 사용할 수 있는
기본 알고리듬이 무엇인지 알 수 있다.

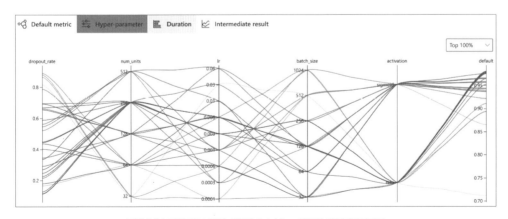

그림 3.34 마이크로 NNI를 사용한 AutoML – 실험의 하이퍼파라미터

앞에서 이익 체감diminishing returns과 관련해 배운 바와 같이, 시행 수를 늘린다고 해서 모델의 정확도가 크게 증가하지는 않는다. 다음 스크린샷에서 볼 수 있듯이 실험은 100번의 시행을 완료하는 데 40분이 걸렸으며 0.981의 최상의 척도를 제공했다.

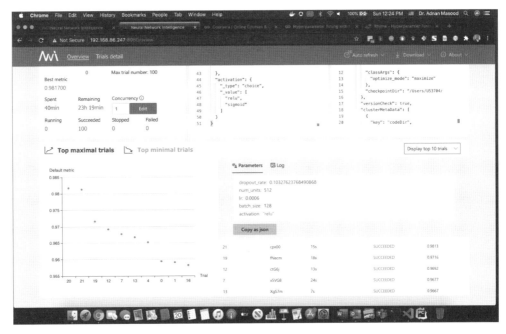

그림 3.35 마이크로 NNI를 사용한 AutoML – 설정 파라미터

또한 하이퍼파라미터에 대해 상이한 최상위 비율의 결과를 선택해 최고의 성능을 얻기 위해 사용된 하이퍼파라미터를 확인할 수 있다.

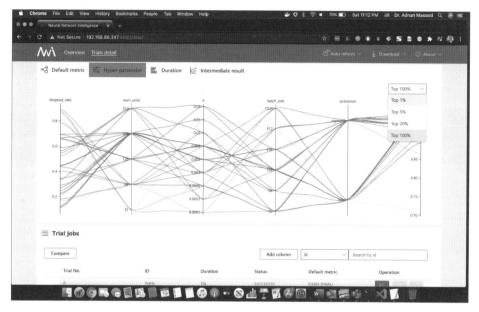

그림 3.36 마이크로 NNI를 사용한 AutoML – 하이퍼파라미터

또한 그래프 오른쪽 상단의 드롭다운에서 상위 5%를 선택해 결과의 최상위 5%를 볼 수 있다.

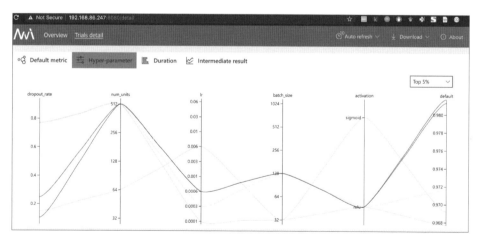

그림 3.37 마이크로 NNI를 사용한 AutoML – 최상위 5%에 대한 하이퍼파라미터

NNI를 통해 각 시행을 시각적으로 드릴다운할 수도 있다. 모든 시행 작업은 다음 스크린 샷에서 볼 수 있다.

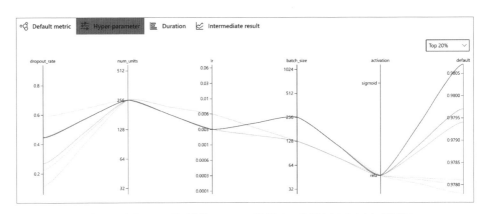

Trial No.	ID	Duration	Status	Default metric ↓	Operation
28	lS2fj	11s	SUCCEEDED	0.9807 (FINAL)	
27	mxm9S	8s	SUCCEEDED	0.9797 (FINAL)	
26	tMNvv	9s	SUCCEEDED	0.9794 (FINAL)	
21	lJJC1	8s	SUCCEEDED	0.9781 (FINAL)	
20	Rdm9Z	9s	SUCCEEDED	0.978 (FINAL)	
29	Ztsfn	9s	SUCCEEDED	0.9778 (FINAL)	
24	GVCUo	9s	SUCCEEDED	0.9777 (FINAL)	
14	z5bYY	16s	SUCCEEDED	0.9769 (FINAL)	
22	BHaar	8s	SUCCEEDED	0.9766 (FINAL)	
17	hHsqt	8s	SUCCEEDED	0.9757 (FINAL)	
23	pRRcL	8s	SUCCEEDED	0.9754 (FINAL)	
3	bbNlr	11s	SUCCEEDED	0.9663 (FINAL)	
18	sNSbm	14s	SUCCEEDED	0.9648 (FINAL)	
8	pof1Y	16s	SUCCEEDED	0.9648 (FINAL)	

그림 3.38 마이크로 NNI를 사용한 AutoML – 실험 리스트

또는 dropout_rate, num_units, 학습률learning rate, batch_size, 활성함수activation function 등 개별 작업을 드릴다운하고 다양한 하이퍼파라미터를 볼 수 있다.

그림 3.39 마이크로 NNI를 사용한 AutoML – 최상위 20%의 하이퍼파라미터에 대한 경로

실험 및 하이퍼파라미터에 대한 이러한 세부 정보를 확인할 수 있는 것은 놀라운 일이며, NNI는 자동ML을 위한 최고의 오픈소스 툴 중 하나다.

다음으로 넘어가기 전에 AutoGluon이 AWS의 자동화된 ML 오퍼링의 일부인 것처럼 NNI는 마이크로소프트 Azure의 자동화된 ML 툴셋의 일부이므로, 같이 사용할 때 훨씬 강력하고 다기능적이라는 것을 주목할 필요가 있다.

auto-sklearn 소개

사이킷런$^{scikit-learn}$(sklearn이라고도 함)을 소개하는 것은 파이썬 개발에서 매우 인기 있는 ML 라이브러리이며 고유한 밈^{Meme}을 가지고 있다.

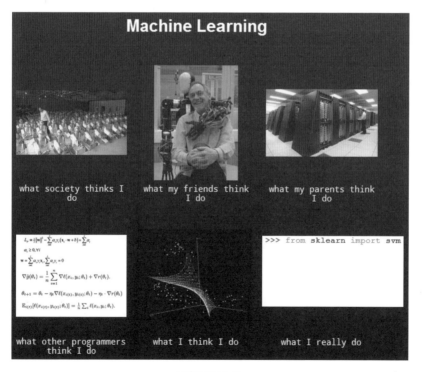

그림 3.40 ML 밈

이 생태계에 포함돼 Feurer 등의 "효율적이고 강건한 자동머신러닝$^{Efficient\ and\ Robust}$ $^{Automated\ Machine\ Learning}$"에 기반을 둔 auto-sklearn은 베이지안 최적화, 메타러닝 및 앙상블 구축을 사용해 알고리듬 선택 및 하이퍼파라미터 튜닝을 수행하는 자동화된 ML 툴킷이다.

툴킷은 깃허브에서 다운로드할 수 있다. https://github.com/automl/auto-sklearn

auto-sklearn은 4줄 자동ML 솔루션이기 때문에 자동ML을 수행하는 데 사용하기 쉽다는 점을 자랑한다.

```
>>> import autosklearn.classification
>>> cls = autosklearn.classification.AutoSklearnClassifier()
>>> cls.fit(X_train, y_train)
>>> predictions = cls.predict(X_test)
```

그림 3.41 auto-sklearn을 이용한 AutoML - 시작

앞의 구문이 익숙해 보이는 이유는 auto-sklearn이 scikit-learn이 예측하는 법을 그대로 사용해 auto-sklearn을 가장 쉬운 라이브러리 중 하나로 만들었기 때문이다. auto-sklearn은 scikit-learn을 백엔드 프레임워크로 사용하고 자동 앙상블 구축을 통해 베이지안 최적화를 지원한다.

이 책 1장에서 설명한 바와 같이 알고리듬 선택과 하이퍼파라미터 최적화의 결합^{CASH}을 기반으로 auto-sklearn은 최적의 모델과 하이퍼파라미터를 동시에 찾는 문제를 해결한다. 다음 다이어그램은 auto-sklearn이 내부 파이프라인을 설명하는 방법을 보여준다.

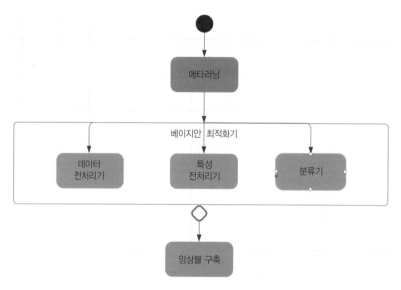

그림 3.42 auto-sklearn 자동ML 파이프라인

기저의 자동ML "엔진"은 정보 검색[IR] 및 통계 메타 특성 접근법을 사용해 다양한 설정을 선택하며, 이 모든 것이 베이지안 최적화 입력의 일부로 사용된다. 이 과정은 반복적이며, auto-sklearn은 모델을 유지해 앙상블을 만들고, 따라서 성과를 극대화하기 위한 모델을 반복적으로 구축한다.

시작하려면 다음 패키지를 설치해야 하므로 Colab에서 auto-sklearn을 설정하는 것은 까다로울 수 있다.

그림 3.43 auto-sklearn을 이용한 AutoML - 필요 라이브러리 설치

필요한 라이브러리 설치 시 Colab에서 실행 시간^{runtime}을 다시 시작해야 할 수도 있다. https://automl.github.io/auto-sklearn/master/installation.html에 지정된 지침에 따라 로컬 시스템에 auto-sklearn을 설치할 수도 있다.

설치를 완료하면 auto-sklearn 분류기를 실행하고 자동ML의 마법을 통해 뛰어난 정확성과 하이퍼파라미터를 얻을 수 있다.

```
1 import autosklearn.classification
2 import sklearn.model_selection as cv
3 import sklearn.datasets
4 import sklearn.metrics
5 #from autosklearn.experimental.askl2 import AutoSklearn2Classifier
6
7
8 X, y = sklearn.datasets.load_digits(return_X_y=True)
9 X_train, X_test, y_train, y_test = \
10     sklearn.model_selection.train_test_split(X, y, random_state=1)
11 automl = autosklearn.classification.AutoSklearnClassifier()
12 automl.fit(X_train, y_train)
13 y_hat = automl.predict(X_test)
14 print("Accuracy score", sklearn.metrics.accuracy_score(y_test, y_hat))
15
```
```
Accuracy score 0.9888888888888889
```

그림 3.44 auto-sklearn을 이용한 AutoML – auto-sklearn 분류기에 대한 간단한 실험 실행

auto-sklearn의 실험 버전인 auto-sklearn 2도 출시됐으며 자동 설정 및 성과 개선을 수행하는 최신 작업이 포함돼 있다. auto-sklearn 2를 다음과 같이 임포트할 수 있다.

```
from auto-sklearn.experimental.askl2 import Autosklearn2Classifier
```

기본 분류, 회귀 분석 및 다중 레이블 분류 데이터셋의 예와 맞춤형 auto-sklearn에 대한 고급 예는 https://automl.github.io/auto-sklearn/master/examples/에서 확인할 수 있다.

원한다면 최적화 척도 변경, 훈련-검증 분할, 다양한 특성 타입 제공, 판다 데이터 프레임 사용, 탐색 절차 점검 등의 고급 사용 사례를 사용해볼 수 있다. 이러한 고급 예제는

또한 auto-sklearn을 사용해 회귀, 분류 및 전처리 구성 요소를 확장하는 방법과 다양한 하이퍼파라미터를 제한하는 방법을 보여준다.

▌ Auto-Keras 소개

Keras는 가장 널리 사용되는 딥러닝 프레임워크 중 하나이며 TensorFlow 2.0 생태계의 핵심 요소다. Auto-Keras는 Jin 등(https://arxiv.org/abs/1806.10282)의 논문을 기반으로 한다. 이는 "베이지안 최적화를 가능하게 하는 네트워크 모피즘을 통한 효율적인 신경망 구조 탐색에 대한 새로운 방법"을 제안했다. AutoKeras는 NASNet과 PNAS와 같은 기존 신경망 구조 탐색 알고리듬이 계산적으로 상당히 비싸기 때문에 베이지안 최적화를 사용해 네트워크의 모피즘[1]을 안내하는 것이 탐색 공간을 탐색하는 효율적인 접근이라는 개념으로 구축됐다.

툴킷은 깃허브에서 다운로드할 수 있다. https://github.com/jhfjhfj1/autokeras

다음 단계에서는 라이브러리를 사용해 AutoKeras를 설치하는 방법과 자동ML 실험을 실행하는 방법을 안내한다.

1. Auto-Keras를 시작하려면 Colab 또는 주피터 노트북에서 다음 설치 명령을 실행한다. 이렇게 하면 AutoKeras 및 Keras 튜너가 설치된다. AutoKeras의 튜너가 버전 1.0.1보다 커야 하며, 릴리스 후보 버전은 **git uri**에서 확인할 수 있다.

```
1 !pip install autokeras
2 !pip install git+https://github.com/keras-team/keras-tuner.git@1.0.2rc1
3 !pip install tensorflow
```

그림 3.45 AutoKeras을 이용한 AutoML- 설치

---

1 기존의 신경망을 유지하면서 동일한 입력에 동일한 출력이 나오도록 신경망을 확장하는 방 – 옮긴이

2. 종속성^{dependencies}을 충족했으면 MNIST 데이터셋을 로딩할 수 있다.

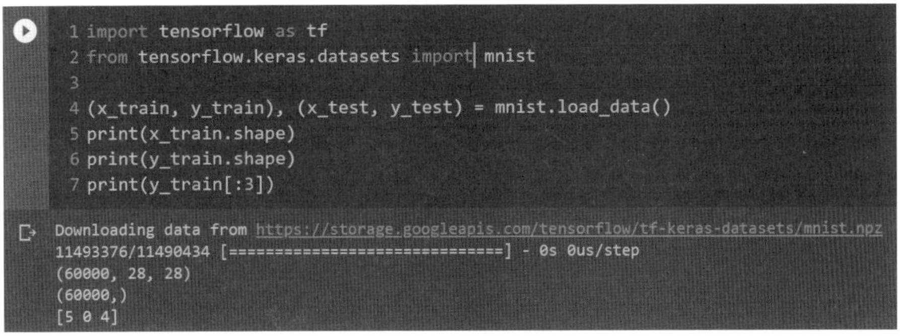

```python
1 import tensorflow as tf
2 from tensorflow.keras.datasets import mnist
3
4 (x_train, y_train), (x_test, y_test) = mnist.load_data()
5 print(x_train.shape)
6 print(y_train.shape)
7 print(y_train[:3])
```

```
Downloading data from https://storage.googleapis.com/tensorflow/tf-keras-datasets/mnist.npz
11493376/11490434 [==============================] - 0s 0us/step
(60000, 28, 28)
(60000,)
[5 0 4]
```

그림 3.46 AutoKeras을 이용한 AutoML- 훈련데이터셋 로딩

3. 이제 AutoKeras를 받아 분류기 코드를 살펴볼 수 있다(이 경우 이미지 분류기).
AutoKeras는 분류 척도를 계산할 때 데이터의 정확도를 보여준다.

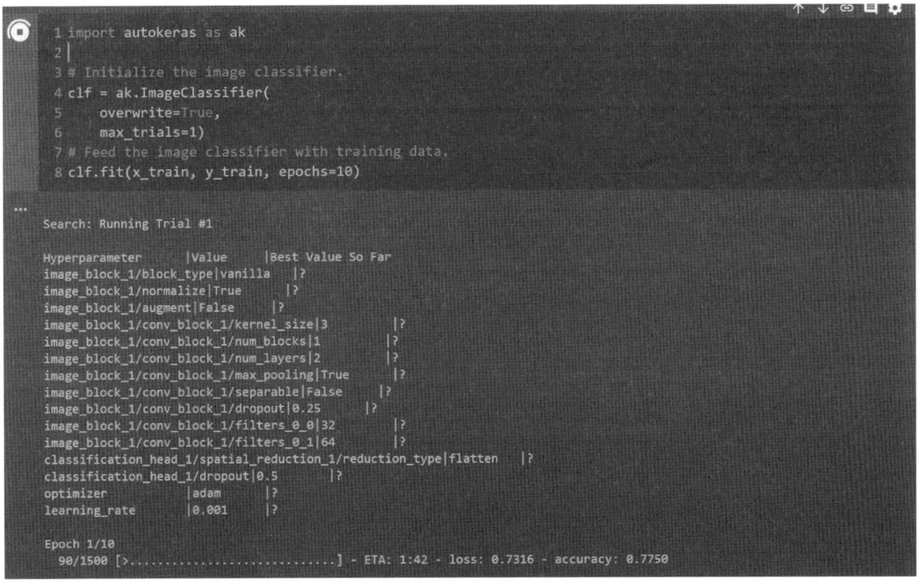

```python
1 import autokeras as ak
2
3 # Initialize the image classifier.
4 clf = ak.ImageClassifier(
5     overwrite=True,
6     max_trials=1)
7 # Feed the image classifier with training data.
8 clf.fit(x_train, y_train, epochs=10)
```

```
Search: Running Trial #1

Hyperparameter              |Value     |Best Value So Far
image_block_1/block_type|vanilla    |?
image_block_1/normalize|True        |?
image_block_1/augment|False       |?
image_block_1/conv_block_1/kernel_size|3         |?
image_block_1/conv_block_1/num_blocks|1          |?
image_block_1/conv_block_1/num_layers|2          |?
image_block_1/conv_block_1/max_pooling|True        |?
image_block_1/conv_block_1/separable|False       |?
image_block_1/conv_block_1/dropout|0.25        |?
image_block_1/conv_block_1/filters_0_0|32         |?
image_block_1/conv_block_1/filters_0_1|64         |?
classification_head_1/spatial_reduction_1/reduction_type|flatten    |?
classification_head_1/dropout|0.5         |?
optimizer            |adam      |?
learning_rate        |0.001     |?

Epoch 1/10
  90/1500 [>...........................] - ETA: 1:42 - loss: 0.7316 - accuracy: 0.7750
```

그림 3.47 AutoKeras을 이용한 AutoML- 에폭 실행

4. 이제 하이퍼파라미터와 모델을 탐색했으므로 적합화 절차를 빠르게 전달해 테스트 기능에 대한 결과를 예측할 수 있다.

```
1 # Predict with the best model.
2 print (x_test)
3 predicted_y = clf.predict(x_test)
4 print(predicted_y)

[[[0 0 0 ... 0 0 0]
  [0 0 0 ... 0 0 0]
  [0 0 0 ... 0 0 0]
  ...
  [0 0 0 ... 0 0 0]
  [0 0 0 ... 0 0 0]
  [0 0 0 ... 0 0 0]]

 [[0 0 0 ... 0 0 0]
  [0 0 0 ... 0 0 0]
  [0 0 0 ... 0 0 0]
```

그림 3.48 auto-sklearn을 이용한 AutoML – 예측(predict) 명령문을 사용해 최적 모델 예측

다음 결과를 얻을 것이다.

그림 3.49 auto-sklearn을 이용한 AutoML – 최적 모델로부터의 결과

이 결과로 훈련과 테스트 데이터셋에 대해 정확도 척도를 각각 평가할 수 있다.

```
1 # Evaluate the best model with testing data.
2 print(clf.evaluate(x_test, y_test))

WARNING:tensorflow:Unresolved object in checkpoint: (root).optimizer.iter
WARNING:tensorflow:Unresolved object in checkpoint: (root).optimizer.beta_1
WARNING:tensorflow:Unresolved object in checkpoint: (root).optimizer.beta_2
WARNING:tensorflow:Unresolved object in checkpoint: (root).optimizer.decay
WARNING:tensorflow:Unresolved object in checkpoint: (root).optimizer.learning_rate
WARNING:tensorflow:A checkpoint was restored (e.g. tf.train.Checkpoint.restore or tf.keras.Mo
313/313 [==============================] - 5s 16ms/step - loss: 0.0332 - accuracy: 0.9893
[0.03324095159769058, 0.989300012588501]
```

그림 3.50 AutoKeras를 이용한 AutoML – 테스트 데이터로 최적 모델에 대한 평가

98

TPOT와 마찬가지로 모델을 쉽게 내보낼 수 있다. 저장 방법을 사용해 나중에 평가^{eval}로 사용할 수 있다. 다음 스크린샷과 같이 Colab 노트북의 왼쪽 창에 있는 model_autokeras 폴더에 저장된 모델을 볼 수 있다.

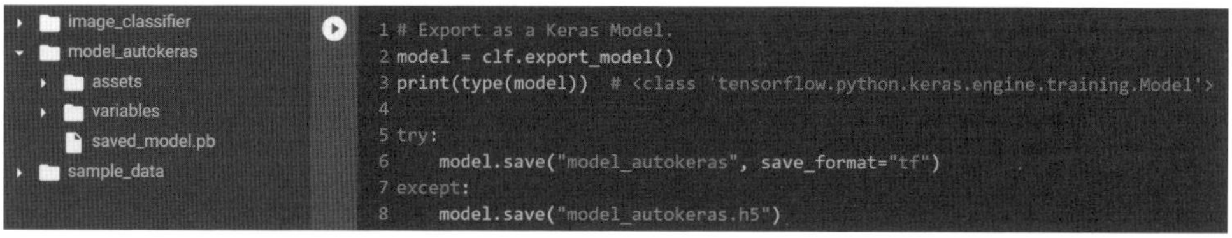

그림 3.51 AutoKeras을 이용한 AutoML– Keras 모델 내보내기

5. 일단 모델이 저장되면 다음 스크린샷에서 보는 바와 같이 `load_model`을 사용해 데이터를 추출하고 이에 대해 예측하는 데 사용될 수 있다.

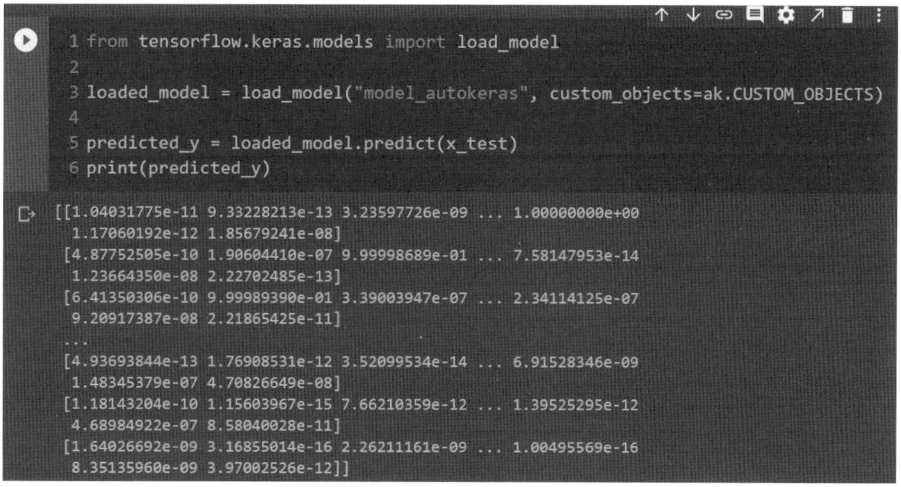

그림 3.52 AutoKeras을 이용한 AutoML – 값의 예측

AutoKeras는 전이학습과 유사한 접근법인 ENAS^{Efficient Neural Architecture Search}를 사용한다. 앙상블과 마찬가지로 탐색 중에 학습된 하이퍼파라미터도 다른 모델에 재사용하므로 재훈련을 할 필요 없이 향상된 성과를 제공한다.

두 가지 우수하고 사용하기 쉬운 AutoML 프레임워크인 Ludwig와 AutoGluon에 대한 몇 가지 칭찬을 하면서, 오픈소스 라이브러리에 대한 개요를 마친다.

Ludwig – 코드 없는 AutoML 툴박스

Uber의 자동ML 툴박스인 Ludwig는 ML 모델의 실험, 테스트 및 훈련에 사용되는 오픈소스 딥러닝 툴박스다. TensorFlow를 기반으로 구축된 Ludwig를 통해 사용자는 모델 베이스라인을 생성하고 다양한 네트워크 구조 및 모델을 사용해 자동ML 스타일의 실험을 수행할 수 있다. 최신 릴리스에서 Ludwig는 CometML과 통합되며 BERT 텍스트 인코더를 지원한다.

툴킷은 깃허브에서 다운로드할 수 있다. https://github.com/uber/Ludwig

여기 이 주제에 관한 좋은 예가 많다. https://ludwig-ai.github.io/ludwig-docs/examples/#image-classification-mnist

▮ AutoGluon – 딥러닝을 위한 AutoML 툴킷

AWS 랩^AWS Labs은 AutoML 툴킷 ML의 민주화를 염두에 두고 AutoGluon은 "이미지, 텍스트 또는 테이블 데이터를 아우르는 실제 애플리케이션과 딥러닝에 초점을 맞춰 사용하기 쉽고 확장하기 쉬운 AutoML"을 지원하도록 개발된 것으로 묘사한다. AWS의 자동화된 ML 전략의 필수 요소인 AutoGluon을 통해 전문 데이터 과학자는 손쉽게 딥러닝 모델과 엔드-투-엔드 솔루션을 구축할 수 있다. 다른 자동화된 ML 툴킷과 마찬가지로 AutoGluon은 신경망 구조 탐색, 모델 선택 및 맞춤형 모델 개선 기능을 제공한다.

툴킷은 깃허브에서 다운로드할 수 있다. https://github.com/awslabs/autogluon

요약

TPOT, AutoKeras, auto-sklearn, Featuretools 및 Microsoft NNI를 포함해 AutoML
에 사용되는 몇 가지 주요 오픈소스 도구를 살펴봤다. 이러한 툴은 2장, '자동머신러닝,
알고리듬, 기법'에서 설명한 개념과 각 라이브러리에서 사용되는 기본 접근법을 이해하
는 데 도움이 된다.

4장에서는 마이크로소프트 Azure 플랫폼을 시작으로 상용 자동화 ML 제품에 대해 심도
있게 검토한다.

참고문헌

3장에서 다룬 주제에 관한 자세한 내용은 다음 자료 및 링크를 참조하라.

- 파이썬으로 하는 Auto ML을 위한 TPOT: https://machinelearningmastery.
  com/tpot-for-automated-machine-learning-in-python/
- Featuretools 데모: https://www.featuretools.com/demos/
- 보스턴 데이터셋: https://scikit-learn.org/stable/modules/generated/
  sklearn.datasets.load_boston.html
- 자동ML하는 법: https://www.knime.com/blog/how-to-automate-
  machine-learning
- Randal S Olson의 ML을 생물정보학 문제에 적용하는 데 있어 데이터 주도 조
  언Data-driven advice for applying ML to bioinformatics problems: https://www.ncbi.nlm.nih.
  gov/pmc/articles/PMC5890912/
- 파이썬으로 하는 AutoML을 위한 TPOT: https://towardsdatascience.com/
  tpot-automated-machine-learning-in-python-4c063b3e5de9
- 마이크로소프트 NNI: https://github.com/microsoft/nni

- auto-sklearn: https://automl.github.io/auto-sklearn/master/examples/20_basic/example_regression.html#sphx-glr-examples-20-basic-example-regression-py
- TPOT 데모: https://github.com/EpistasisLab/tpot/blob/master/tutorials/Digits.ipynb

클라우드 플랫폼을 이용한 AutoML

2부에서는 마이크로소프트 Azure, AWS, 구글 클라우드 플랫폼을 사용한 자동머신 러닝 솔루션 구축을 자세히 설명한다.

2부는 다음 내용을 포함한다.

- 4장, Azure 머신러닝으로 시작하기
- 5장, 마이크로소프트 Azure를 이용한 자동머신러닝
- 6장, AWS를 이용한 머신러닝
- 7장, 아마존 세이지메이커 오토파일럿으로 자동머신러닝 실행하기
- 8장, 구글 클라우드 플랫폼을 이용한 머신러닝
- 9장, 구글 클라우드 플랫폼을 이용한 자동머신러닝

Azure 머신러닝으로 시작하기

"기술자로서 AI와 4차 산업 혁명이 사람들의 삶의 모든 측면에
어떤 영향을 미칠지 알고 있다."

— 페이페이 리Fei-Fei Li, 스탠퍼드대학교 컴퓨터 과학 교수

앞서 주요 오픈소스 소프트웨어OSS, Open Source Software 툴과 라이브러리를 소개했다. 더불어 주요 TPOT, AutoKeras, auto-sklearn, Featuretools 및 Microsoft NNI를 비롯한 주요 OSS 제품을 둘러봤다. 이를 통해 독자는 이러한 각 라이브러리에서 사용되는 차별화된 가치 제안과 접근 방식을 이해할 수 있었을 것이다.

4장에서는 자동ML에서 많은 상용 제품 중 첫 번째로 마이크로소프트 Azure에 대해 살펴보겠다. Azure 머신러닝은 마이크로소프트 AI 생태계의 일부로 윈도우 Azure 플랫폼

및 서비스의 강력한 기능을 사용해 엔드-투-엔드 ML 수명 주기를 단축할 수 있도록 지원한다. 먼저 개발자와 데이터 과학자가 ML 모델을 더욱 빠르게 구축, 훈련 및 배포할 수 있도록 지원하는, 모델 구축과 배포용의 기업용 ML 서비스부터 시작하겠다. 예제와 실습으로 Azure를 사용해 자동ML 솔루션을 구축 및 배포하기 위한 기본 사항을 학습한다.

4장에서는 다음 내용을 다룬다.

- Azure 머신러닝으로 시작하기
- Azure 머신러닝으로 스태킹하기
- Azure 머신러닝 서비스로 시작하기
- Azure 머신러닝으로 모델링하기
- Azure 머신러닝을 이용한 모델 배포와 테스트

Azure 머신러닝으로 시작하기

얼마전만 해도 Azure 플랫폼의 운영 환경에서 ML을 사용하려면 전체 ML 수명 주기를 지원하기 위해 여러 가지 다양한 서비스를 통합해야 했다.

이를테면 데이터셋을 사용하려면 Azure Blob 스토리지 또는 Azure Data Lake 스토리지와 같은 스토리지 저장소가 필요할 것이다. 컴퓨팅의 경우 모델 코드를 실제로 실행하려면 개별 가상 시스템virtual machine, HDInsight를 사용하는 스파크 클러스터spark cluster 또는 Azure Databrick이 필요할 것이다. 기업 적용을 위해 데이터를 보호하려면 가상 네트워크를 가져오거나 동일한 가상 네트워크 내에서 컴퓨팅 및 데이터를 구성하고 Azure Key Vault를 사용해 자격 증명을 관리하고 보호해야 한다. 일관된 ML 라이브러리 세트와 그 버전을 사용해 실험을 반복하기 위해 Docker 컨테이너를 생성하고 Azure Container Registry를 사용해 Docker 컨테이너를 저장한다. 가상 네트워크에 저장한 다음 Azure Kubernetes 서비스를 사용해야 한다. 와! ML과 모든 모델 그리고 모든 것이 제대로 작동하기 위해서는 이 모든 것이 함께 결합돼야 하는 것 같다.

하지만 그 이후로 상황이 발전했고 운이 좋았다. 마이크로소프트는 Azure 머신러닝 서비스를 통해 이러한 복잡성을 제거했다. 관리형 서비스인 Azure 머신러닝에는 자체 컴퓨팅, 호스팅된 노트북 및 모델 관리, 버전 제어 및 모델 재현 기능이 내장돼 있다. 기존 Azure 서비스를 기반으로 계층화할 수 있다. 예를 들어 이미 보유한 컴퓨팅 및 스토리지는 물론 다른 인프라 서비스도 연결할 수 있다. Azure 머신러닝은 단일 환경 내에서 데이터를 준비하고 구축, 훈련, 패키지 및 구축할 때 전체 ML 수명 주기에 맞는 단일 엔드-투-엔드 모듈 플랫폼을 갖출 수 있도록 지원한다.

마이크로소프트의 Azure 머신러닝 개발 그룹은 예측 분석 작업에 가장 적합한 ML 알고리듬을 선택할 수 있도록 하는 훌륭한 치트시트(일명 ms/mlcheatsheet)를 제공한다. 범주를 예측하거나 구조를 발견하거나 텍스트에서 정보를 추출하고자 할 때 다음 플로우에서 필요에 따라 최적의 알고리듬을 찾을 수 있다.

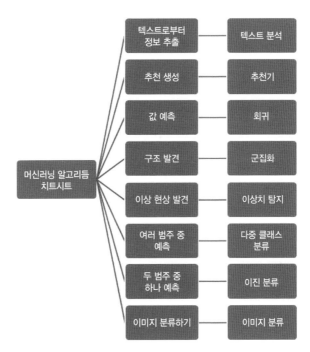

그림 4.1 머신러닝 알고리듬 치트시트 개요

Azure 머신러닝 서비스는 시민 데이터 과학자에게 이상적인 작업 환경을 제공한다. 서비스, 툴 그리고 거의 모든 것을 구성하며 개별 서비스를 모두 컴파일하지 않아도 된다는 장점이 가장 중요한 작업을 수행하는 데 도움이 된다. 즉, 비즈니스 문제를 해결한다. 이러한 주제별 전문가는 새로운 툴 사용법을 배울 필요가 없다. VS Code와 PyCharm을 포함한 좋아하는 Python Editor인 Jupyter 노트북과 Azure 머신러닝을 TensorFlow, PyTorch, scikit-learn 등과 같은 모든 Python ML 프레임워크 라이브러리에서 사용할 수 있다. 수명 주기를 단축하고 모든 것을 가동한다는 측면에서 이는 놀라운 일이다. 4장의 나머지 부분에서는 Azure 머신러닝 서비스를 사용해 분류 모델을 구축하는 과정을 살펴보겠다.

▎ Azure 머신러닝 스태킹하기

마이크로소프트 Azure 생태계는 매우 광범위하다. 4장에서는 AI 및 ML 관련 클라우드 제품, 특히 Azure 머신러닝 서비스에 대해 집중적으로 알아본다.

다음 그림은 Azure 클라우드에서 ML에 사용할 수 있는 제품을 보여준다.

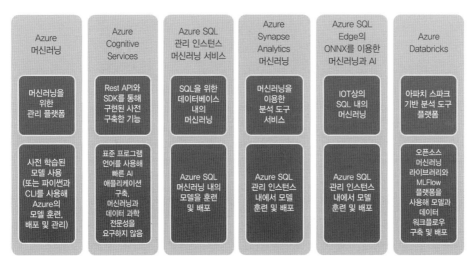

그림 4.2 Azure 클라우드 ML 제품

이전 표에 나와 있는 제품에 관한 자세한 내용은 다음 링크를 참조하라. https://docs.microsoft.com/ko-kr/azure/architecture/data-guide/

앞의 표에 설명된 많은 프로그램 가운데 어떤 Azure 머신러닝 프로그램을 선택해야 하는지 아는 것은 혼란스러울 수 있다. 다음 다이어그램은 주어진 비즈니스 및 기술 시나리오를 기반으로 적합한 제품을 선택하는 데 도움이 된다.

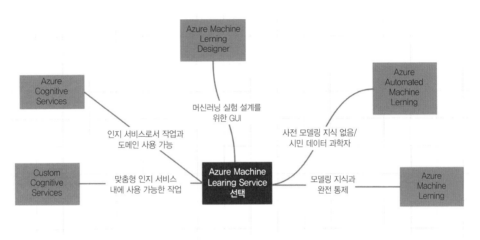

Choosing an Azure Machine Learning service

그림 4.3 Azure 머신러닝 의사 결정 플로우

자동ML은 Azure 머신 학습 서비스 기능의 일부다. 기타 기능에는 협업 노트북^{collaborative notebook}, 데이터 레이블링^{data labeling}, ML 연산^{ML operations}, 끌어서-놓기 디자이너 스튜디오^{drag-and-drop designer studio}, 자동 스케일링 기능^{auto scaling capabilities} 및 다음 표에 설명된 기타 많은 툴이 포함된다.

협업 노트북	• AI로 생산성 최대화, 쉬운 컴퓨팅과 커널 전환 및 오프라인 노트북 편집 가능
드래그 앤 드롭 ML	• 데이터 변환과 모델 훈련 및 평가를 위한 모듈을 가진 설계 모델 사용 및 몇 번의 클릭으로 ML 파이프라인 생성 및 퍼블리시
MLOPS	• 중앙 등록기를 사용해 트랙 데이터, 모델 및 메타데이터 저장 • 자동으로 데이터 족보와 가버넌스 포착. Git을 사용해 작업과 깃허브 행동을 추적하고 워크플로우 구현. 실행 관리 및 모니터 또는 훈련 및 실험에 대한 다중 실행을 비교
R 스튜디오 통합	• 내장 R 지원과 RStudio 서버(오픈소스판) 통합을 통해 모델을 구축 및 배포하고 실행 모니터
강화학습	• 강화학습을 증강해 강력한 컴퓨팅 클러스터, 멀티에이전트 시나리오 지원 및 오픈소스 RL 알고리듬, 프레임워크 및 환경 접근 가능
엔터프라이즈급 보안	• 리소스, 행동, 맞춤형 역할과 컴퓨팅 리소스에 대한 식별자 관리를 위한 사적 링크 역할 기반 접근 통제 및 네트워크 분리와 같은 기능으로 모델을 안전하게 구축 및 배포
자동ML	• 분류, 회귀 및 시계열 예측을 위한 정확한 모델을 빠르게 구축하고, 모델 해석 가능성을 사용해 어떻게 모델이 구축됐는지 이해
데이터 레이블링	• 빠른 데이터 준비, 레이블 프로젝트의 관리 및 모니터링. 머신러닝 지원 레이블링으로 반복적 작업을 자동화한다.
오토스케일링 컴퓨팅	• 관리된 컴퓨팅을 사용해 훈련을 분산하고 빠르게 모델을 테스트, 검증 및 배포한다. CPU와 GPU 클러스터는 작업 공간에서 공유될 수 있으며 자동적으로 스케일을 조정해 ML 요구를 만족한다.
다른 Azure 서비스와의 통합	• Azure Synapse Analytics, Cognitive Search, Power BI, Azure Data Factory, Azure Data Lake와 Azure Databricks와 같은 Azure 서비스와의 내장된 통합으로 생산성을 가속화한다.
책임지는 ML	• 해석 가능성 기능으로 훈련과 추론에서의 모델 투명성을 얻는다. 불평등 척도로 모델 공정성을 평가하고, 불공정성을 완화한다. 데이터를 차별적 보안도로 보호한다.
비용 관리	• 설정기(Setter)는 Azure Machine Learning에 대한 리소스 배분을 관리한다. • 작업 공간 및 리소스 레벨 쿼타 세한으로 작업한다.

그림 4.4 Azure 머신러닝 핵심 서비스 기능

Azure에서 제공하는 AI 및 ML 기능은 매우 포괄적이며 이를 자세히 살펴보기 위한 최적의 방법은 마이크로소프트 Learn(https://aka.ms/AzureLearn_AIFundamentals)이다.

Azure 머신러닝 서비스는 과학자에게 필요한 거의 모든 것을 제공한다.

여기에는 환경, 실험, 파이프라인, 데이터셋, 모델, 엔드포인트 및 작업 공간이 포함된다. 이를 통해 다음과 같은 Azure 리소스를 사용할 수 있다.

- ACR^Azure Container Registry: 이 레지스트리에는 교육 및 배포 중에 사용된 도커 컨테이너에 대한 정보가 저장된다.
- Azure 스토리지 계정: ML 작업 공간에 대한 기본 데이터 스토어이며, 연결된 주피터 노트북도 저장한다.
- Azure 애플리케이션 통찰력: 모델 모니터링 정보를 저장한다.
- Azure Key Vault: 컴퓨팅 및 업무 공간 요구 사항에 대한 자격 증명 및 기타 비밀을 저장한다.

ML 알고리듬을 교육하려면 처리 기능, 즉 컴퓨팅 리소스가 필요하다. Azure는 로컬 시스템에서 원격 VM에 이르기까지 다양한 컴퓨팅 리소스를 지원한다. 다음 표에는 워크로드에 대한 다양한 교육 목표가 정리돼 있다. 표에서 보는 바와 같이 자동ML 워크로드에 로컬 컴퓨터, 컴퓨팅 클러스터, 원격 가상 시스템 및 기타 다양한 훈련 타깃을 사용할 수 있다.

훈련 타깃	자동ML	ML 파이프라인
로컬 컴퓨터	지원	
Azure 머신러닝 컴퓨팅 클러스터	하이퍼파라미터 튜닝으로 지원	지원
Azure 머신러닝 컴퓨팅 인스턴스	하이퍼파라미터 튜닝으로 지원	지원
원격 가상머신(VM)	하이퍼파라미터 튜닝으로 지원	지원
Azure Databricks	지원(SDK 로컬 모드만 지원)	지원
Azure Data Lake Analytics		지원
Azure HDInsight		지원
Azure Batch		지원

그림 4.5 Azure 머신러닝 훈련 타깃

단계별 실습을 통해 컴퓨팅 타깃을 생성하고 선택하는 방법을 확인할 수 있다. 마지막으로 모든 ML 알고리듬은 운영화 및 배포를 필요로 한다. "내 시스템에서만 작동한다"는 악명 높은 금언은 더 이상 적용되지 않는다. 모델을 호스팅하고 끝점을 제공할 수 있는 배포 컴퓨팅 리소스가 필요하다.

이 지점이 서비스가 상주하며 배포를 위해 컴퓨팅 타깃으로 알려진 것으로부터 소비되는 지점이다. 다음 표는 상이한 유형의 배포 타깃을 보인다.

컴퓨팅 타깃	사용법	GPU/FPGA 지원	기술
로컬 웹 서비스	테스팅/디버깅		제한된 테스팅과 트러블 슈팅을 위한 사용. 하드웨어 가속은 로컬 시스템 내의 라이브러리 사용
Azure 머신러닝 컴퓨팅 인스턴스 웹 서비스	테스팅/디버깅		제한된 테스팅과 트러블슈팅을 위한 사용
Azure Kubernetes 서비스 (AKS)	실시간 추론	웹 서비스 배포로 GPU 지원 FPGA 지원	하이스케일 프로덕션 배포를 위한 사용. 빠른 반응 시간과 배포된 서비스의 오토스케일링을 제공. 클러스터 오토스케일링은 Azure 머신러닝 SDK를 통해 지원되지 않는다. AKS 클러스터의 노드를 변경하기 위해, Azure 포털의 AKS 클러스터를 위한 UI를 사용한다. AKS는 설계자가 사용할 수 있는 유일한 옵션이다.
Azure 컨테이너 인스턴스	테스팅 또는 개발		48GB RAM 이하를 요구하는 로우 스케일 CPU 기반 워크로드를 위한 사용
Azure 머신러닝 컴퓨팅 클러스터	배치 추론	머신러닝 파이프라인을 통한 GPU 지원	서버 없는 컴퓨팅에서 배치 스코링을 실행하라. 보통 및 낮은 우선순위 VM을 지원
Azure 함수	(프리뷰) 실시간 추론		
Azure IOT Edge	(프리뷰) IOT 모듈		IOT 장치 위에 ML 모드를 배포하고 서비스한다.
Azure Data Box Edge	IOT Edge를 통해	FPGA 지원	IOT 장치 위에 ML 모드를 배포하고 서비스한다.

그림 4.6 Azure Machine 컴퓨팅 타깃

이제 Azure 머신러닝 기능 소개를 마치고, Azure 머신러닝 서비스를 사용해 분류 모델을 구축하는 방법을 단계별로 살펴보겠다.

▌ Azure 머신러닝 서비스로 시작하기

이 절에서는 Azure 머신러닝을 사용해 분류 모델을 생성하는 단계별 안내를 살펴본다.

1. 이미 마이크로소프트 계정이 있는 경우 이외에는 마이크로소프트 계정에 등록한 다음 ml.azure.com에서 Azure 머신러닝 포털에 로그인하라. 다음 그림과 같이 ML 스튜디오가 표시된다. Azure 구독은 기본적으로 서비스에 대한 지불 방법이다. 기존 구독이 있거나 새 구독에 등록할 수 있다. 새로운 사용자를 위해 Azure의 멋진 사람들은 당신을 알게 하기 위해 $200 크레딧을 제공한다. 리소스를 사용하지 않을 때는 리소스를 꺼라. 데이터 센터 표시등을 켜 두지 말라.

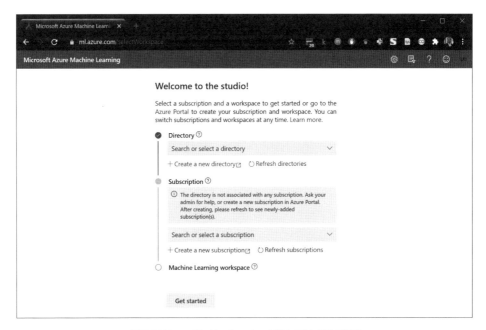

그림 4.7 Azure Machine Learning 서비스 구독 시작 페이지

2. 다음 그림에서 구독을 선택하라는 요청을 볼 수 있다. 우리는 무료 평가판^{Free trial}을 선택해 서비스를 살펴보겠다. 또한 종량제^{Pay-As-You}를 선택할 수도 있다. 이 경우 컴퓨팅, 스토리지 및 기타 서비스 사용량을 기준으로 계정이 청구된다.

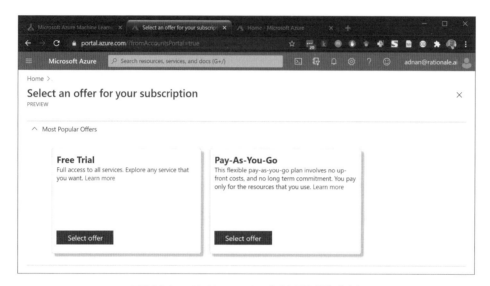

그림 4.8 Azure Machine Learning 서비스 구독 선택 페이지

3. 이제 구독을 선택했으므로, Azure 포털로 이동해 엄청나게 많은 작업을 수행할 수 있다. 이 경우 **리소스 생성**^{Create a resource}을 클릭하고 **머신러닝**^{Machine Learning} 서비스를 선택한다.

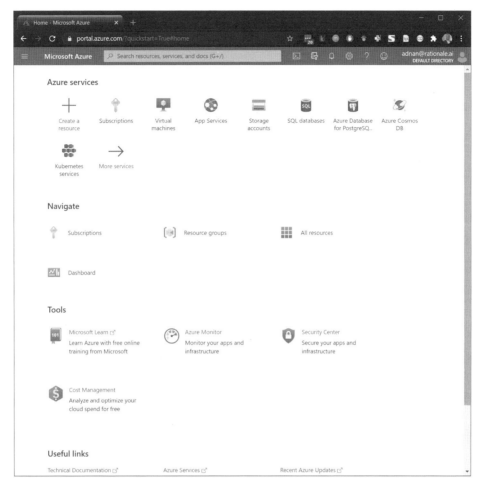

그림 4.9 Azure 포털 홈페이지

일단 Machine Learning 서비스를 선택하면 다음 화면이 표시돼 Azure Machine Learning 서비스를 생성한다. 여기서 하나 이상의 ML 워크스페이스를 생성할 수 있다. 이제 Create Azure Machine Learning 버튼을 클릭해 진행한다.

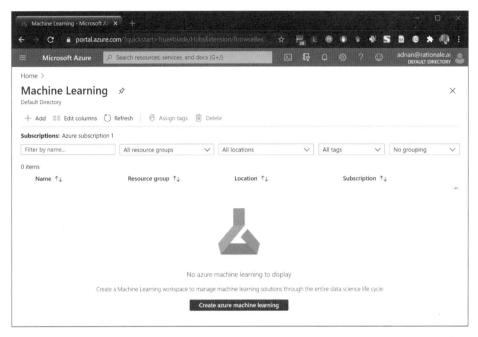

그림 4.10 포털에서의 Azure Machine Learning 서비스 시작 페이지

4. Azure Machine Learning을 클릭하면 다음 페이지로 이동해 ML 작업 공간^{M workspace}을 만든다. 여기에서 **구독**을 선택하고 리소스 그룹을 생성하고 지리적 지역을 선택할 수 있다.

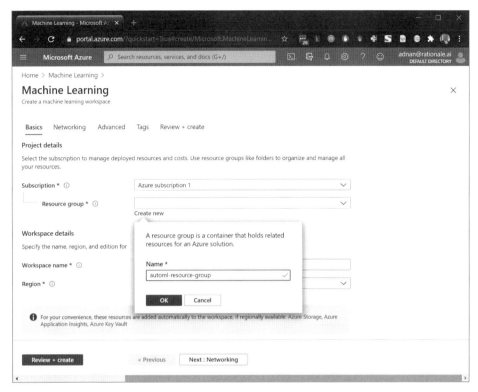

그림 4.11 Azure Machine Learning 서비스 – 작업 공간 생성

5. 다음 그림은 auto-ml-workspace라고 하는 ML 작업 공간을 만들기 위해 작성한 양식을 보여준다. 리소스 그룹^{resource group}은 서로 다른 리소스 및 연결된 자산 (컴퓨팅, 스토리지 등)의 모음에 대한 컨테이너 역할을 한다.

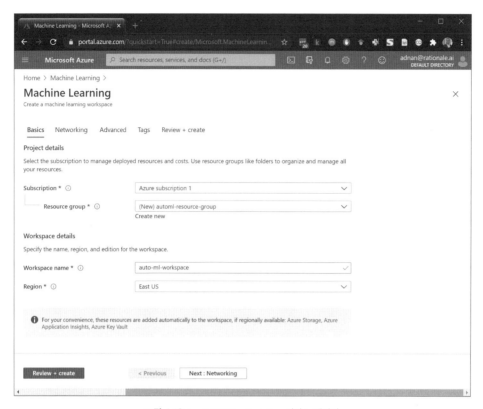

그림 4.12 Azure Machine Learning 서비스 페이지

작업 공간에는 컴퓨팅 인스턴스, 실험, 데이터 세트, 모델, 구축 엔드포인트 등이 포함될 수 있으며 Azure Machine Learning의 최상위 리소스다. 다음 그림에 보이는 Azure 작업 공간의 세부 내역을 참조할 수 잇다.

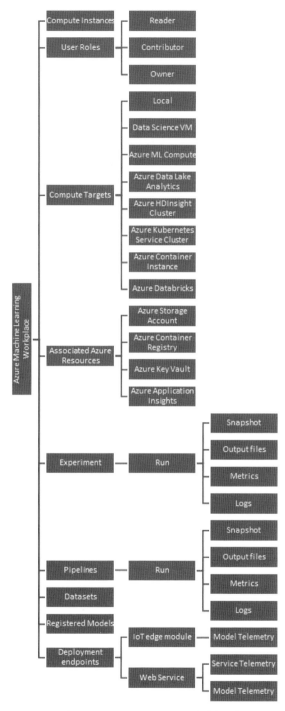

그림 4.13 Azure Machine Learning의 작업 공간

프로젝트 세부 정보^{Project details} 아래의 **생성**^{Create} 버튼을 클릭하면 ML 서비스가 배포되고 관련 종속성이 생성된다. 몇 분 정도 걸릴 수 있다. 다음과 같은 그림이 표시된다.

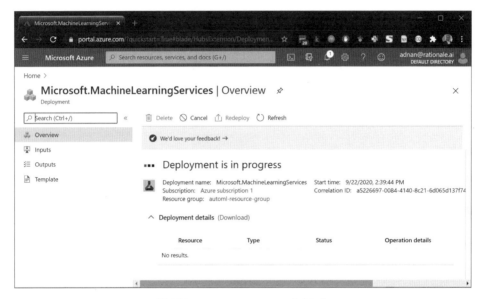

그림 4.14 Azure Machine Learning 서비스 배포

6. 배포가 완료되면 다음 그림에 표시된 것처럼 리소스 그룹 및 관련 리소스가 표시된다. 이제 **Go to resource**^{리소스로 이동} 버튼을 클릭하면 ML 작업 공간으로 이동한다.

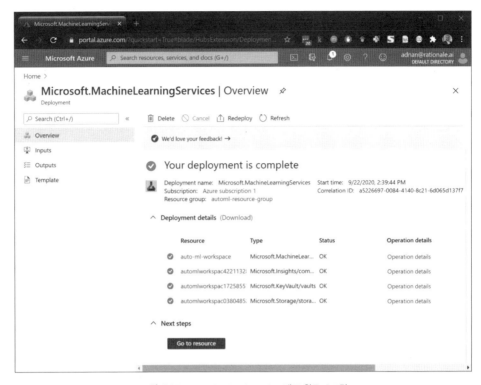

그림 4.15 Azure Machine Learning 배포 완료 스크린

7. 이것이 당신의 ML 작업 공간이다. 여기서는 리소스 그룹^{Resource group}, 구독 Subscription, 키 볼트^{Key Vault} 및 모든 중요한 세부 정보를 볼 수 있지만 아직 ML 영역에 들어간 것은 아니다. 클릭 하나 더 필요하다. 이제 **개시 스튜디오**^{Launch studio} 버튼을 클릭해 ML 스튜디오로 들어가라.

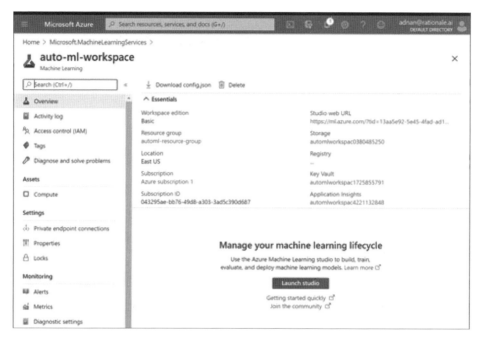

그림 4.16 스튜디오를 개시하기 위한 Azure Machine Learning 작업 공간 콘솔

8. 지금까지 끈기 있게 기다려 온 화면은 다음과 같다. ML 스튜디오! **둘러보기 시작**^{Start the tour} 버튼을 클릭해 둘러본다. 다음 화면이 나오기를 기다린다.

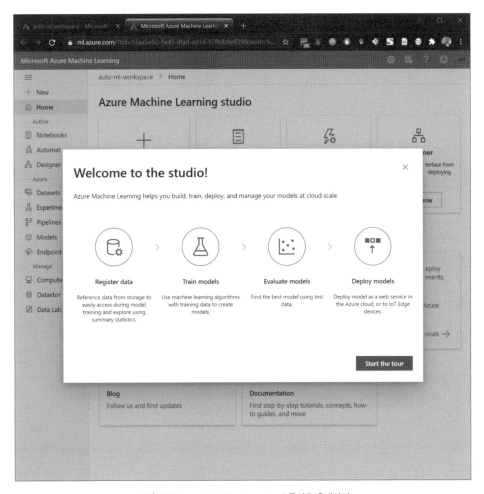

그림 4.17 Azure Machine Learning 스튜디오 홈페이지

다음 그림은 Azure Machine Learning 스튜디오를 보여준다. 이전에는 ML 스튜디오의 "클래식" 버전이 있었지만 더 이상 활성화되지 않기 때문에 ML 작업을 모두 수행할 수 있도록 지원하는 이 새로운 반짝이는 웹 기반 포털에만 집중하겠다. 왼쪽 창에서 드롭다운을 통해 제공되는 모든 다양한 제품을 볼 수 있다.

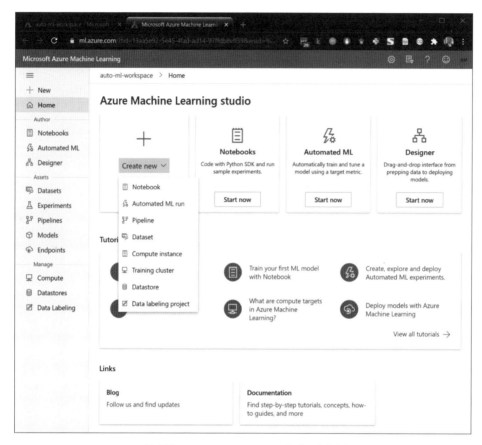

그림 4.18 Azure Machine Learning 스튜디오 홈페이지

UI는 현대적이고 깨끗하며 효율적이다. 새 노트북[Notebook], 자동화된 ML 실험 또는 디자이너를 생성하는 것부터 시작할 수 있다. 이러한 제품들은 각각 용도는 다르지만 기반 인프라가 유사하다. 노트북은 실제 데이터 과학자를 위한 훌륭한 도구이며, 자동ML 실험은 AI 민주화를 목표로 한다. 디자이너 인터페이스는 데이터를 준비하고 모델을 배포하는 끌어서 놓기[drag-and-drop] 기능을 제공한다.

Azure 머신러닝으로 모델링하기

자동ML 워크플로우를 생성하기 전에 Azure 노트북으로 시작하겠다.

1. Azure 노트북은 Azure 머신러닝 서비스의 일부이며, 샘플 노트북을 만들거나 사용해 시작할 수 있다.

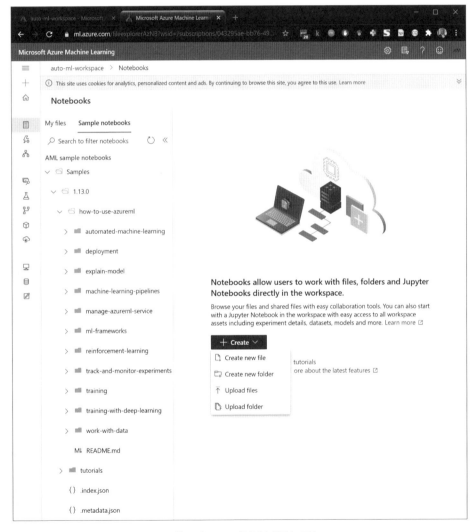

그림 4.19 Azure 머신러닝 샘플 노트북

2. 왼쪽 창의 Search to filter notebooks 박스에서 MNIST를 검색하면 노트북이 표시된다. image-classification-part1-training.ipynb 파일을 선택해 오른쪽 창에 있는 노트북을 확인하고 Clone this notebook을 클릭해 자신만의 복사본을 생성한다.

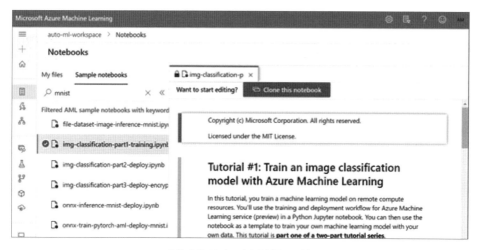

그림 4.20 MNIST 이미지 분류 노트북

3. 노트북을 복제하려면 **이 노트북 복제**^{Clone this notebook} 버튼을 클릭하라. 노트북을 복제^{cloning}하면 다음 그림과 같이 노트북 및 관련 구성이 사용자 폴더에 복사된다. 이 단계에서는 노트북 및 yml 설정 파일을 사용자^{user} 디렉터리에 복사한다.

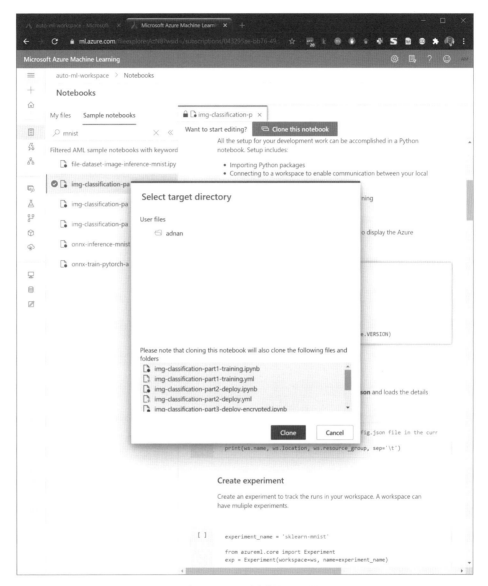

그림 4.21 MNIST 이미지 분류 노트북

4. 이제 자산[asset]을 복제했으므로 컴퓨팅 타깃[compute target]을 확보해야 한다. 실제로 노트북을 실행할 수 있는 기계가 없으면 노트북을 실행할 수 없다. 앞서 본 것처럼 Google Colab 또는 로컬에서 코드를 실행할 수 있었다. 이 경우 Azure에서 이 워크로드를 실행하고 있으므로 좀 더 의도를 명확히 밝혀야 하므로 계속하려면 컴퓨팅 타깃을 생성해야 한다. Create compute를 클릭한다.

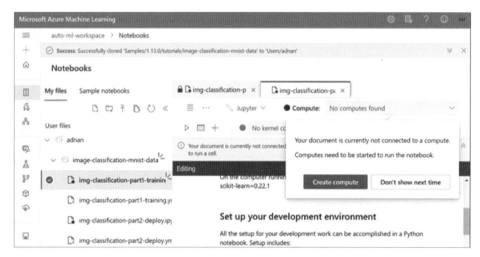

그림 4.22 MNIST 이미지 분류 노트북

5. Create compute를 클릭하면 제공되는 컴퓨팅 옵션의 종류와 관련 비용이 표시된다. 더 크고 더 나은 하드웨어에 더 많은 비용이 드는 것은 놀랄 일이 아니다.

참고

https://azure.microsoft.com/en–us/pricing/details/virtual–machines/series/에서 다양한 유형의 VM과 관련 비용에 관한 자세한 내용을 볼 수 있다.

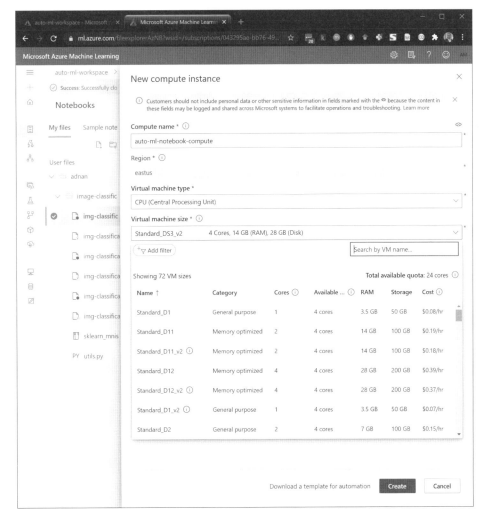

그림 4.23 새로운 컴퓨팅 인스턴스(compute instance) 생성

6. 이 AutoML 노트북의 목적을 위해 다음 그림에 나온 것처럼 표준 소형 VM을 선택하고 컴퓨팅 인스턴스를 생성하겠다. 여러 컴퓨팅 인스턴스를 생성하고 필요에 따라 여러 실험에 할당할 수 있다.

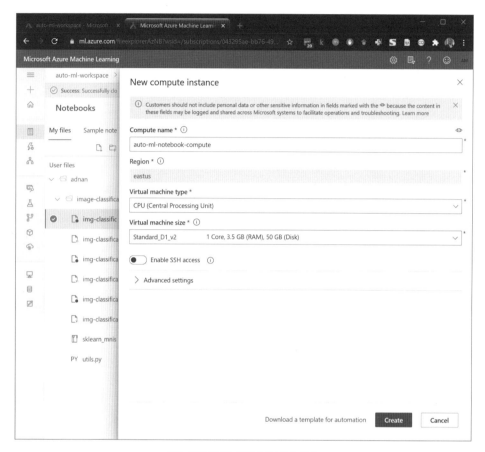

그림 4.24 새로운 컴퓨팅 인스턴스 생성

7. Create를 클릭해 새 컴퓨팅 인스턴스를 생성한다. 컴퓨팅 인스턴스를 생성할 때
인내를 가지고 회전하는 원을 보면서 Azure Machine Learning 포털의 다른 부
분을 살펴본다.

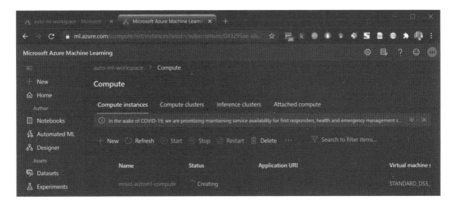

그림 4.25 MNIST 자동ML 컴퓨팅 인스턴스

이제 다음 그림에 표시된 것처럼 컴퓨터를 사용할 준비가 됐다. 우선 Starting 상
태를 얻을 것이다(다음 그림 참조).

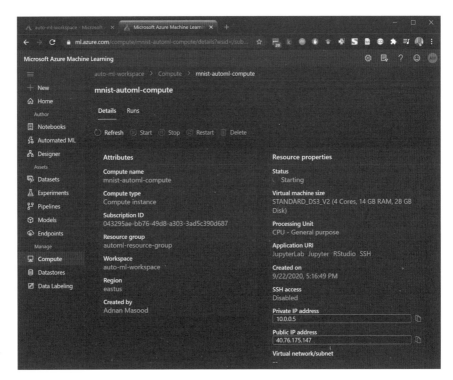

그림 4.26 컴퓨팅 인스턴스 속성들

컴퓨팅 인스턴스가 준비되면 컴퓨팅 인스턴스 상태가 **실행 중**^{Running}으로 변경된다. 원하는 대로 컴퓨팅 리소스를 **중지**^{Stop}, **재시작**^{Restart} 또는 **삭제**^{Delete}하도록 선택할 수 있다. 이 경우 종속성(이 컴퓨팅 리소스를 사용하거나 사용할 계획)이 위태로워질 수 있음을 염두에 두라.

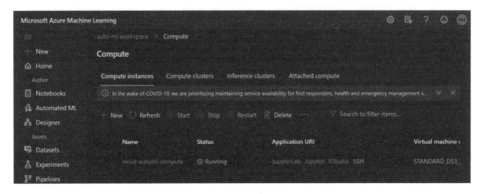

그림 4.27 컴퓨팅 인스턴스 실행

8. 왼쪽 패널에서 노트북 링크를 클릭해 **노트북**^{Notebooks}으로 돌아간다. 이제 image-classification-mnist-data 노트북이 열렸으니 코드를 실행해 제대로 작동하는지 확인할 수 있다. Azure Machine Learning SDK 버전은 다음 그림에 프린트돼 있는 것을 알 수 있다(오른쪽 아래).

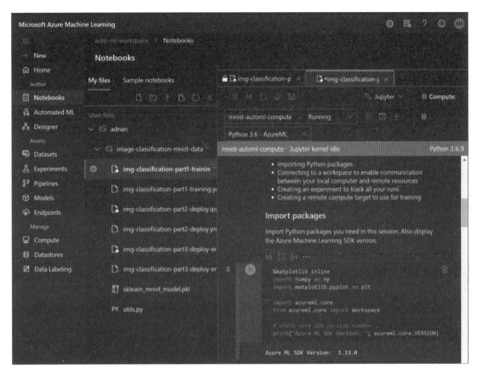

그림 4.28 MNIST 이미지 분류 노트북

9. 아직 한 가지 설정 단계가 남아 있다. 리소스를 활용하려면 작업 공간을 인증해
   야 한다. 이를 위해 다음 그림에 표시된 링크(devicelogin)를 클릭하고 인증할 코
   드를 입력하는 대화형 인증 시스템이 내장돼 있다.

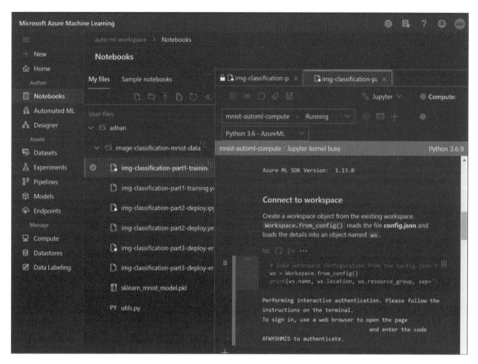

그림 4.29 MNIST 이미지 분류 노트북

10. 이제 인증됐으므로 컴퓨팅 타깃을 생성하겠다. 설정을 위한 모든 보일러 플레이트 코드^{boilerplate code}는 이미 주피터 노트북의 일부로 작성돼 있다. 다음 그림에 표시된 셀을 실행하면 이제 ComputeTarget에 프로그래밍적으로 연결하고 노드를 준비^{provisioning}할 수 있게 된다.

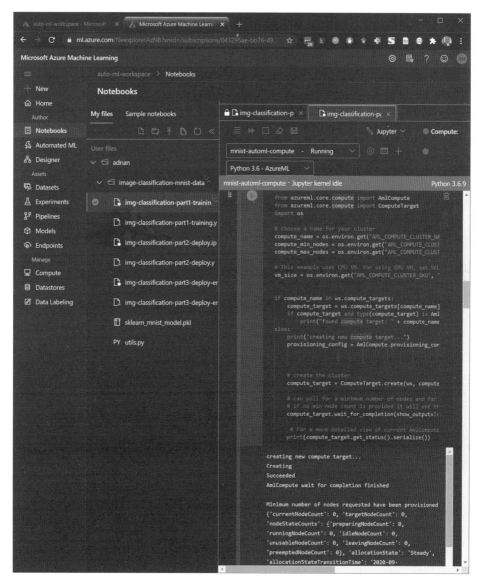

그림 4.30 MNIST 이미지 분류 노트북

11. 이제 훈련을 위해 MNIST 데이터셋을 프로그래밍적으로 다운로드할 시점이다. Yann LeCun(Courant Institute, 뉴욕 주)과 Corinna Cortes(Google Labs, 뉴욕 주)는 MNIST 데이터셋의 저작권을 보유한다. 이는 원 MNIST 데이터셋의 파생 작품이다. MNIST 데이터셋은 Creative Commons Attribution—Share Alike 3.0 라이선스의 조건에 따라 제공된다. 다운로드가 완료되면 다음 노트북 스크린샷에 표시된 것처럼 시각화할 수도 있다.

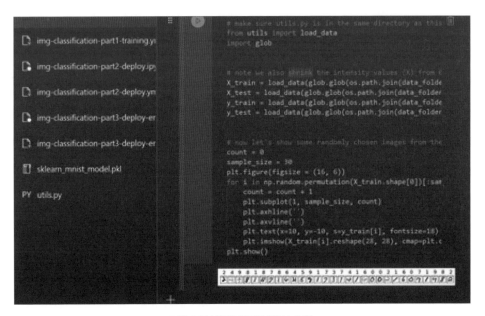

그림 4.31 MNIST 이미지 분류 노트북

12. MNIST를 이용한 이전 작업에서 기억하겠지만, 다음 그림에 나온 것처럼 데이터셋에 대한 훈련 및 테스트 분할을 생성하고 로지스틱 회귀 모델을 교육할 것이다. 이제 클러스터에 실행을 제출하는 데 사용되는 추정치도 생성하겠다.

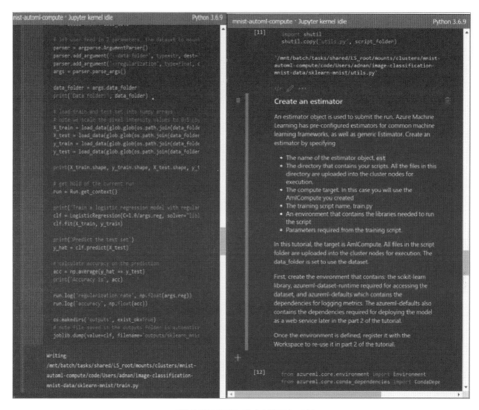

그림 4.32 MNIST 이미지 분류 노트북

Azure 머신러닝에서 작업할 때 기억해야 할 한 가지 기본 규칙은 모든 실험과 관련 실행이 상호 연결돼 생태계의 일관성을 유지한다는 것이다. 따라서 (노트북, 주피터 랩, 사용자 지정 코드 등) 어디에서 실험을 실행하든 상관없이 실행 내용을 끌어올려 세부 정보를 확인할 수 있다. 조만간 더 자세히 알아보기로 한다.

다음 그림에서는 추정기^{estimator} 생성을 시연하고 실험^{experiment} 객체의 제출^{submit} 함수를 호출해 작업을 클러스터에 제출하는 코드를 볼 수 있다.

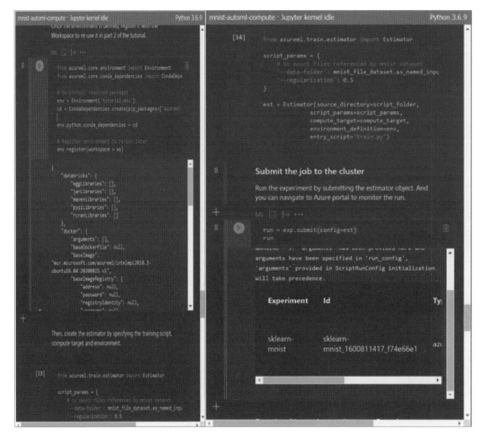

그림 4.33 MNIST 이미지 분류 노트북

13. 이때 다음 그림의 셀을 실행하면 주피터 위젯^{Jupyter widget} `wait_for_completion` 메서드를 사용해 실험^{expreiment} 세부 정보를 시각화하고 작업 상태를 확인할 수 있는 방법이 표시된다. 원격 클러스터에서 실행 중인 작업과 해당 빌드 로그를 위젯의 일부로 보여준다. 다음 그림에 표시된 것처럼 위젯의 일부로 실행^{Run} 세부 정보를 볼 수 있다.

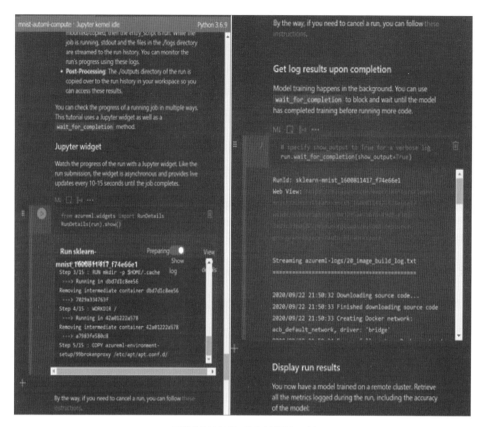

그림 4.34 MNIST 이미지 분류 노트북

모델링 작업이 원격 클러스터에서 실행돼 결과가 스트리밍돼 들어옴에 따라 해당 백분율 표시기로 훈련을 바로 관찰할 수 있다.

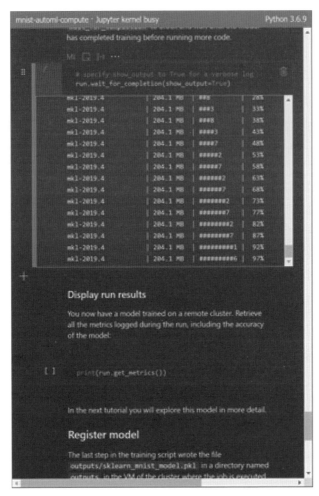

그림 4.35 MNIST 이미지 분류 노트북

작업이 완료되면 소요 시간과 실행 ID가 다음 스크린샷에 표시된 것처럼 위젯에 표시된다.

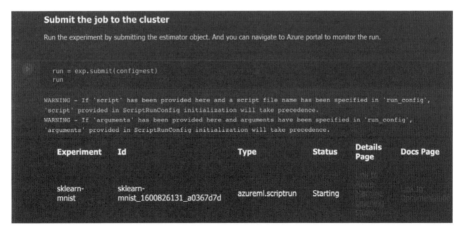

Get log results upon completion

Model training happens in the background. You can use `wait_for_completion` to block and wait until the model has completed training before running more code.

```
[14]   # specify show_output to True for a verbose log
       run.wait_for_completion(show_output=True)

2020/09/23 02:00:41 The following dependencies were found:
2020/09/23 02:00:41
- image:
    registry: 934b9f82f47a4ac8bede2c0ab17f6a6a.azurecr.io
    repository: azureml/azureml_0a6838d76e7468052f3a857ca80cfaa3
    tag: latest
    digest: sha256:09cdccf921b046044cb49ecf0464d04435ff952cadc1c054a5ae28b913433103
  runtime-dependency:
    registry: mcr.microsoft.com
    repository: azureml/intelmpi2018.3-ubuntu16.04
    tag: 20200821.v1
    digest: sha256:8cee6f674276dddb23068d2710da7f7f95b119412cc482675ac79ba45a4acf99
  git: {}

Run ID: ca1 was successful after 5m2s
```

그림 4.36 MNIST 이미지 분류 노트북

아래 세부 정보 페이지를 클릭해 웹 UI에서 실험 세부 정보를 확인할 수도 있다. 다음 스크린샷에 표시된 문서 페이지 링크를 통해 실험의 작동 방식에 대한 자세한 설명서를 볼 수 있다.

Submit the job to the cluster

Run the experiment by submitting the estimator object. And you can navigate to Azure portal to monitor the run.

```
run = exp.submit(config=est)
run
```

WARNING - If 'script' has been provided here and a script file name has been specified in 'run_config',
'script' provided in ScriptRunConfig initialization will take precedence.
WARNING - If 'arguments' has been provided here and arguments have been specified in 'run_config',
'arguments' provided in ScriptRunConfig initialization will take precedence.

Experiment	Id	Type	Status	Details Page	Docs Page
sklearn-mnist	sklearn-mnist_1600826131_a0367d7d	azureml.scriptrun	Starting		

그림 4.37 MNIST 이미지 분류 노트북

훈련을 마치면 실행 중에 기록된 결과 척도metrics를 볼 수 있으며 모델을 등록할 수도 있다. 즉, 모델에 해당하는 .pkl 파일을 얻을 수 있다.

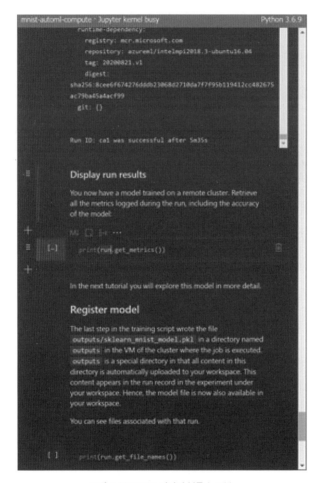

그림 4.38 MNIST 이미지 분류 노트북

이제 모델의 정확도를 포함해 run.get_metrics()를 호출해 실행 중에 기록된 모든 척도 metrics를 검색할 수 있다. 이 경우 정확도는 0.9193이다.

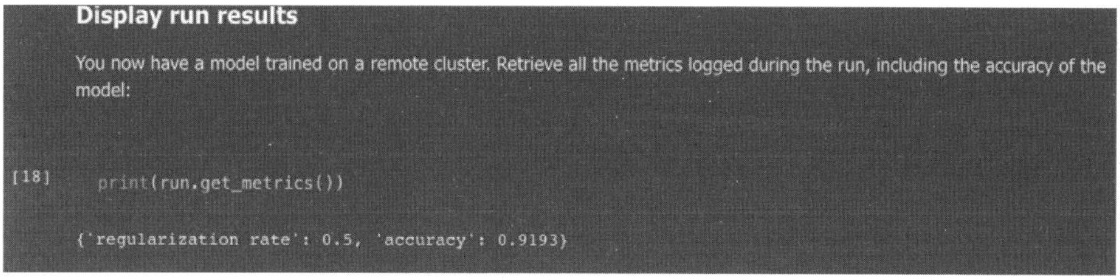

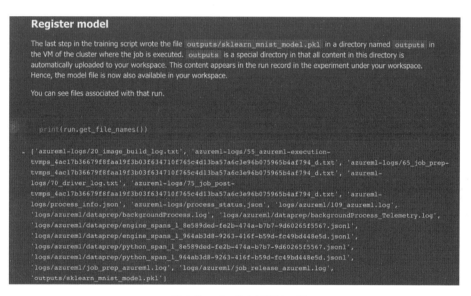

그림 4.39 MNIST 이미지 분류 노트북

이 시점에서 노트북은 모델 파일(.pkl)을 출력 폴더에 자동으로 출력으로 저장한다. run.get_file_names() 메서드를 호출하면 파일을 볼 수 있다. 다음 단계에서는 이 모델 파일을 사용해 웹 서비스를 생성하고 호출할 것이다.

그림 4.40 MNIST 이미지 분류 노트북

Azure 머신러닝을 이용한 모델 배포와 테스트

모델이 훈련됐고, .pkl 파일이 생성됐으므로 모델을 테스트용으로 배포할 수 있다. 배포 부분은 다음 그림에 표시된 바와 같이 두 번째 노트북 part2-deploy.ipynb에서 수행된다. 모델을 배포하려면 왼쪽 창에서 노트북을 클릭해 part2-deploy.ipynb를 연다. Joblib.load를 호출해 .pkl 파일을 로딩한다. 다음 스크린샷에서 실행(run) 메서드를 볼수 있는데, 이는 원시 JSON 데이터를 수신하고 모델의 predict 메서드를 호출해 결과를 반환한다.

그림 4.41 MNIST 이미지 분류 노트북

이 단계에서는 다음 그림과 같이 모델Model 생성자를 호출해 모델 객체를 생성한다. 이 모델은 환경 객체Environment object의 설정 속성과 엔드포인트(서비스의 마지막 지점)를 배포할 서비스 이름을 사용한다. 이 엔드포인트는 Azure 콘테이너 인스턴스ACI, Azure Container Instance를 사용해 배포된다. 일단 배포가 성공되면 엔드포인트 위치를 얻을 수 있다.

```
ws = Workspace.from_config()
model = Model(ws, 'sklearn_mnist')


myenv = Environment.get(workspace=ws, name="tutorial-env", version="1")
inference_config = InferenceConfig(entry_script="score.py", environment=myenv)

service_name = 'sklearn-mnist-svc-' + str(uuid.uuid4())[:4]
service = Model.deploy(workspace=ws,
                       name=service_name,
                       models=[model],
                       inference_config=inference_config,
                       deployment_config=aciconfig)

service.wait_for_deployment(show_output=True)

Running...........................
Succeeded
ACI service creation operation finished, operation "Succeeded"
CPU times: user 279 ms, sys: 56.5 ms, total: 336 ms
Wall time: 2min 36s
```

그림 4.42 MNIST 이미지 분류 노트북

1. 서비스를 호출하고 모델에서 결과를 가져오는 데 사용할 수 있는 스코링 URI를
   검색할 수 있다.

```
print(service.scoring_uri)
```

그림 4.43 MNIST 이미지 분류 노트북

2. 이제 웹 서비스를 호출해 결과를 가져올 수 있다.

```
import json
test = json.dumps({"data": X_test.tolist()})
test = bytes(test, encoding='utf8')
y_hat = service.run(input_data=test)
```

그림 4.44 MNIST 이미지 분류 노트북

또한 다음과 같은 `confustion_matrix` 메서드를 호출해 해당하는 혼동 행렬을 확인할 수 있다.

```
from sklearn.metrics import confusion_matrix

conf_mx = confusion_matrix(y_test, y_hat)
print(conf_mx)
print('Overall accuracy:', np.average(y_hat == y_test))

[[ 960    0    2    2    1    4    6    3    1    1]
 [   0 1113    3    1    0    1    5    1   11    0]
 [   9    8  919   20    9    5   10   12   37    3]
 [   4    0   17  918    2   24    4   11   21    9]
 [   1    4    4    3  913    0   10    3    5   39]
 [  10    2    0   42   11  768   17    7   28    7]
 [   9    3    7    2    6   20  907    1    3    0]
 [   2    9   22    5    8    1    1  948    5   27]
 [  10   15    5   21   15   26    7   11  852   12]
 [   7    8    2   14   32   13    0   26   12  895]]
Overall accuracy: 0.9193
```

그림 4.45 MNIST 이미지 분류 노트북

이것으로 Azure 머신러닝 내에서 모델을 구축, 배포 및 테스트하는 전체 사이클을 완료한다. 5장에서는 자동ML에 대해 살펴본다.

▌ 요약

4장에서는 마이크로소프트 Azure 플랫폼, ML 서비스 생태계 기능 및 마이크로소프트의 AI 및 ML 제품에 대해 알아봤다. 또한 Azure 플랫폼 내의 다양한 기능(예: 협업 노트북, 끌어서 놓기 ML, MLOPS, RStudio 통합, 강화학습, 엔터프라이즈급 보안, 자동ML, 데이터 레이블링, 자동 스케일링 계산, 다른 Azure 서비스와의 통합, 책임 있는 ML 및 비용 관리)을 설명했다. 마지막으로 새로 발견된 Azure 슈퍼파워를 테스트하기 위해 Azure 머신러닝 노트북을 사용해 분류 웹 서비스를 구성, 구축, 배포 및 테스트했다.

5장에서는 Azure Machine Learning 서비스의 자동ML 기능에 관해 자세히 알아본다.

▍참고문헌

다음 항목에 관한 자세한 내용을 보려면 지정된 링크를 방문하라.

- Azure 머신러닝을 이용한 ML과 딥러닝 예를 가진 파이썬 노트북: https://github.com/Azure/MachineLearningNotebooks
- Azure 머신러닝의 컴퓨팅 타깃은 무엇인가?: https://docs.microsoft.com/ko-kr/azure/machine-learning/concept-compute-target
- Python의 Azure 머신러닝 파이프라인에서 자동ML 사용: https://docs.microsoft.com/ko-kr/azure/machine-learning/how-to-use-automlstep-in-pipelines
- Bahador Khaleghi의 AutoML 솔루션에 관한 중요 개요: https://medium.com/analytics-vidhya/a-critical-overview-of-automl-solutions-cb37ab0eb59e

마이크로소프트 Azure를 이용한 자동머신러닝

"지금까지 인공지능의 가장 큰 위험은
사람들이 너무 일찍 이해한다고 결론을 내린다는 것이다."

– 엘리저 유드코프스키|Eliezer Yudkowsky

마이크로소프트 Azure 플랫폼과 관련 툴셋은 다양하며 원동력으로 간주되는 더 큰 엔터프라이즈 생태계의 일부다. 향상된 커뮤니케이션, 리소스 관리 및 실행 가능한 고급 분석을 통해 성장을 가속화함으로써 기업이 가장 잘하는 일에 집중할 수 있도록 지원한다. 4장에서는 Azure 머신러닝 플랫폼과 그 서비스에 대해 소개했다. Azure 머신러닝을 시작하는 방법과 마이크로소프트 Azure 플랫폼 및 해당 서비스의 강력한 기능을 사용해 엔드–투–엔드 머신러닝 수명 주기를 살펴봤다. 이는 문자 그대로 빙산의 일각이었다.

5장에서는 마이크로소프트 Azure의 AutoML을 살펴보겠다. Azure의 AutoML 기능을 사용해 분류 모델을 구축하고 시계열 예측을 수행한다. 5장에서는 AutoML 솔루션을 구축하고 구축하는 데 필요한 기술을 소개한다.

5장에서는 다음 주제를 다룰 예정이다.

- 마이크로소프트 Azure의 AutoML
- AutoML을 이용한 시계열 예측

이제 시작해보자!

마이크로소프트 Azure의 AutoML

AutoML은 Azure 플랫폼의 일등 시민으로 다뤄진다. 특성 공학, 신경망 구조 탐색 및 하이퍼파라미터 튜닝의 기본 개념은 2장, '자동머신러닝, 알고리듬, 기법'과 3장, '오픈소스 툴과 라이브러리를 이용한 자동머신러닝'에서 논의한 내용과 동일하다. 그러나 이러한 기술을 민주화하는 데 사용되는 추상화 계층은 머신러닝 비전문가에게 훨씬 더 매력적이다.

Azure 플랫폼에서 AutoML의 주요 원칙은 다음 다이어그램에 나와 있다. 데이터셋 타깃 척도, 제약 조건(작업 실행 시간, 컴퓨팅에 할당된 예산 등) 등과 같은 사용자 입력은 AutoML "엔진"을 구동한다. AutoML은 반복 작업을 완료해 최상의 모델을 찾고 훈련 성공$^{Training Success}$ 점수에 따라 순위를 매긴다.

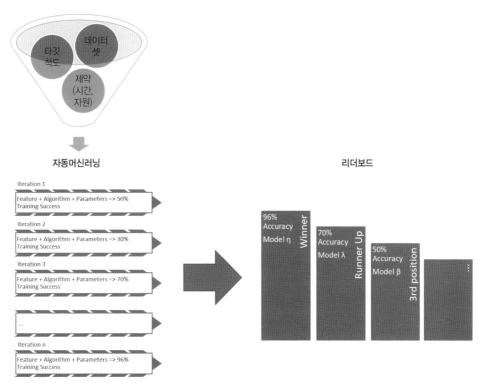

그림 5.1 Azure AutoML 워크플로우 – AutoML의 작동법

이 절에서는 AutoML 접근법에 대한 단계별 안내를 제공한다. 4장, 'Azure 머신러닝으로 시작하기'에서 Azure Machine Learning의 메인 페이지를 확인했다. 거기서는 분류 모델을 만들고 노트북을 사용해 테스트했다.

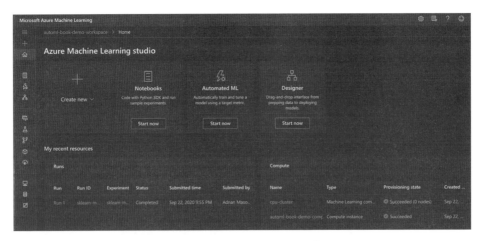

그림 5.2 Azure Machine Learning 포털

모델을 훈련 및 튜닝할 때 AutoML 기반 모델 개발의 작동법을 살펴본다.

1. Azure 포털에서 **Automated ML ❯ Start now**를 클릭한다. 다음 화면으로 이동해 자동ML 실행을 생성할 수 있다.

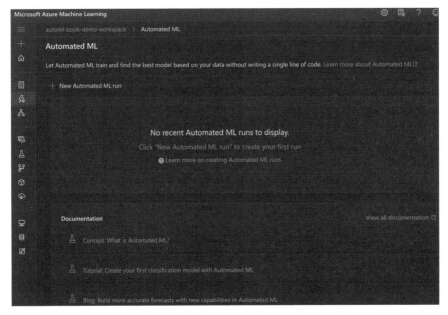

그림 5.3 Azure Machine Learning – 자동ML 실행(run) 생성

2. 자동ML 실행을 생성하는 첫 번째 단계는 사용할 데이터셋을 선택하는 것이다. 여기서는 직접 데이터셋을 생성하거나 Azure가 제공하는 공용 데이터셋 저장소에서 기존 데이터셋을 선택할 수 있다.

그림 5.4 AutoML 데이터셋 선택 페이지

3. 개방형 데이터셋에서 데이터셋이 생성 가능하다. 여기서는 다음 스크린샷에 표시된 것처럼 이미 시행되고 테스트된 MNIST 데이터셋을 사용해 AutoML 실행 run을 만들 것이다.

MNIST 데이터셋

Yann LeCun(Courant Institute, 뉴욕 주) 및 Corinna Cortes(Google Labs, 뉴욕 주)의 AutoML은 원래 NIST 데이터셋에서 파생된 MNIST 데이터셋에 대한 저작권을 보유한다. MNIST 데이터셋은 Creative Commons Attribution−Share Alike 3.0 라이선스의 조건에 따라 제공됐다.

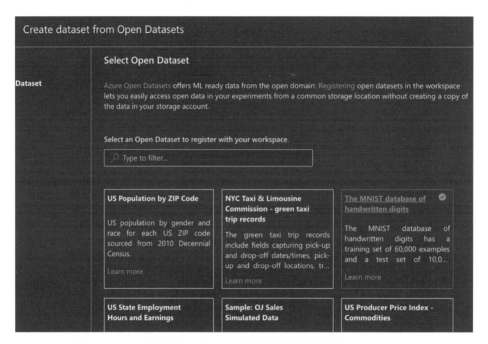

그림 5.5 Open Datasets 페이지로부터 데이터셋 생성

데이터셋을 선택하면 데이터셋이 실행^{run}의 일부로 나타나며 미리 볼 수도 있다. 데이터셋 버전을 지정하는 것 외에도 전체 데이터셋을 사용할지, 아니면 테이블 타입이나 파일 타입 데이터 소스로 등록할지 지정할 수 있다.

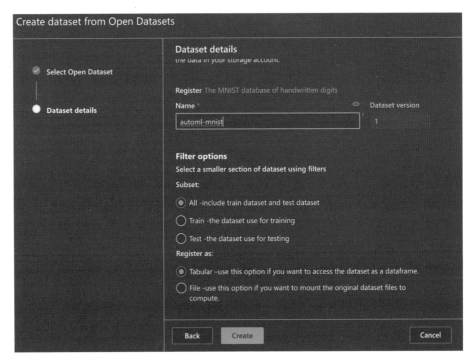

그림 5.6 선별된 데이터셋의 Azure Machine Learning 데이터셋 저장소로부터 데이터셋

데이터셋 저장소의 데이터셋 Create를 선택하면 다음 화면이 나타난다.

그림 5.7 선별된 데이터셋의 Azure Machine Learning 데이터셋 저장소로부터 데이터셋

다음 스크린샷과 같이 데이터셋의 이름을 클릭하면 데이터 미리보기data preview를 볼 수 있다.

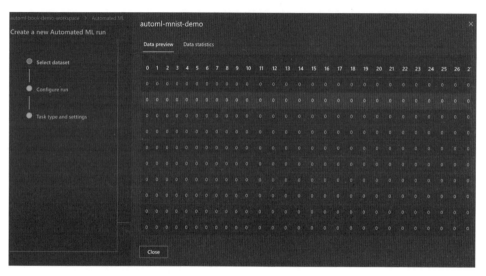

그림 5.8 선별된 데이터셋의 Azure Machine Learning 데이터셋 저장소로부터 데이터셋의 미리보기

MNIST 픽셀 데이터셋 미리보기는 그리 재미있지 않지만, 더 많은 대표 데이터(의료, 소매 또는 금융 데이터 등)가 있다면 미리보기가 데이터 흡수 프로세스ingestion process가 잘 진행됐음을 이해하는 데 도움이 될 것이다. 그리고 구분delimiter 실패로 인한 위험을 피할 수 있을 것이다.

이와 유사하게 데이터 통계량도 다음 스크린샷에 표시된다. 판다스pandas를 잘 안다면, 그것을 판다스의 describe()라 생각하라. 이미지 기반 특성으로 인해 이는 그리 적절하지는 않지만, 5장의 뒷부분에서 사용할 다른 데이터셋에 대해서는 매우 편리하다.

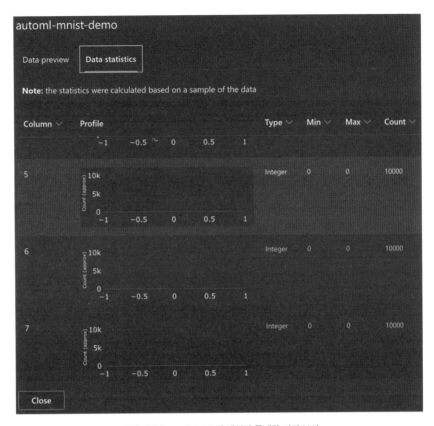

그림 5.9 Azure AutoML의 데이터 통계량 미리 보기

1. 다음 스크린샷에 표시된 것처럼 실험 이름, 타깃 열(훈련 및 분류할 레이블링된 특성) 및 컴퓨팅 클러스터를 제공해 실행을 구성할 수 있다.

그림 5.10 AutoML 실행 설정

2. 세 번째이자 마지막 단계는 작업 유형(분류, 회귀 또는 시계열 예측)을 선택하는 것
   이다. 여기서는 관련 레이블을 기준으로 숫자를 분류한다. 이후의 예에서 다른
   작업 유형을 사용하는 방법을 배우게 될 것이다.

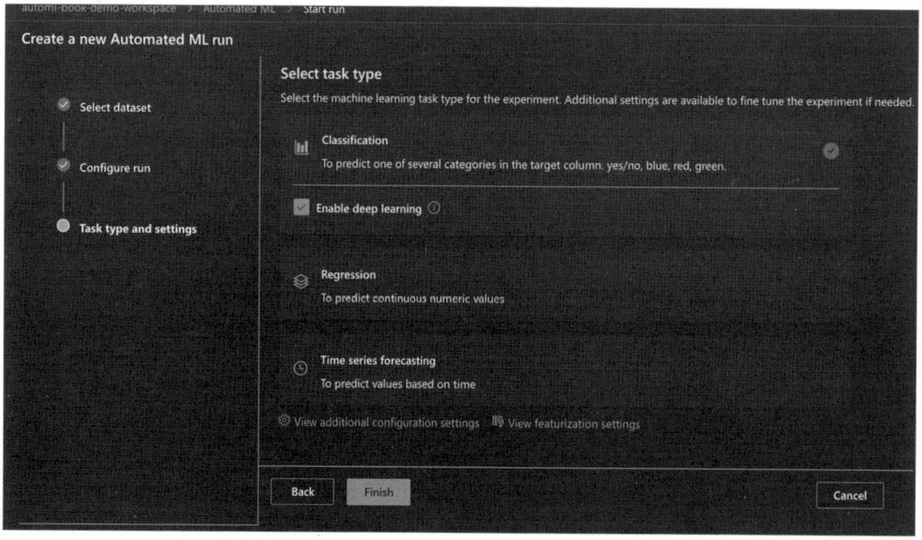

그림 5.11 AutoML 실행을 위한 작업 유형 선택

3. 추가 설정을 고려하는 것이 중요하다. 여기서는 다음 스크린샷에 표시된 대로 기본 척도, 설명 가능성, 허용되는 알고리듬(기본적으로 모두 허용됨), 종료 기준 및 검증 분할 정보를 선택할 수 있다.

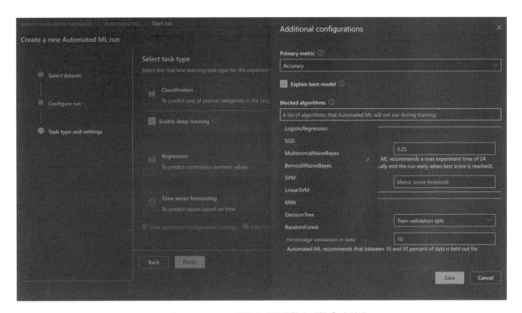

그림 5.12 AutoML 실행의 작업 유형에 대한 추가 설정

추가 설정은 작업 유형에 따라 다르다. 다음 스크린샷은 회귀 설정 구성 요소를 보여준다.

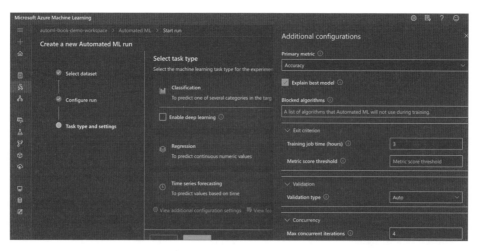

그림 5.13 AutoML 실행의 작업 유형에 대한 추가 설정

특성 설정^Featurization 즉, 특성의 선택 및 변환은 데이터셋으로 작업을 진행할 때 염두
에 둬야 할 중요한 요소다. 특성 설정 보기^View Featurization Settings 링크를 클릭하면 Azure
Machine Learning은 다음 화면을 제공한다.

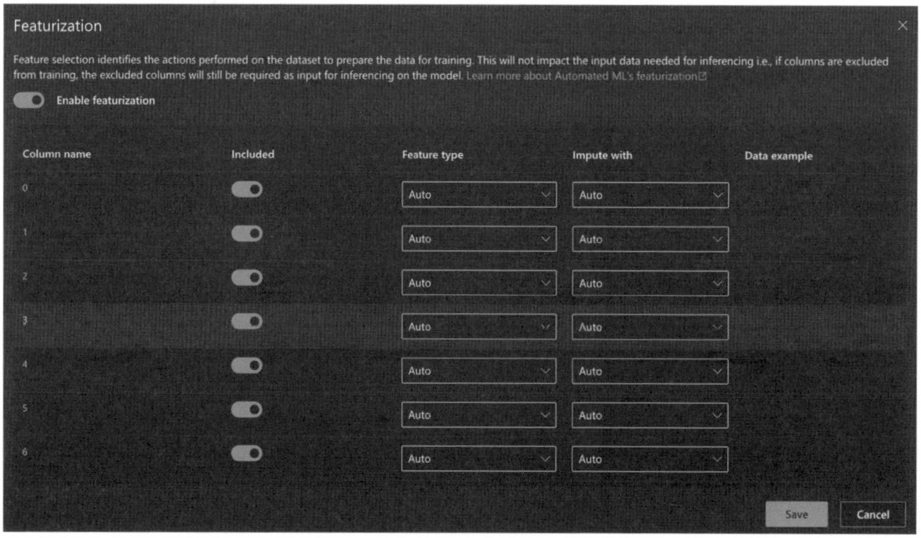

그림 5.14 AutoML 실행의 특성 설정

자동 특성 설정^{automatic featurization} 즉, 다양한 데이터 유형을 숫자 벡터로 전환하는 것은 모든 데이터 과학 워크플로우에서 일반적인 부분이다. 다음 다이어그램은 특성 설정 기능이 작동될 때 데이터셋에 자동으로 적용되는 기법을 보여준다(앞 스크린샷 상단의 파란색 토글 참조). 다음 다이어그램은 자동 특성 설정 중에 수행되는 몇 가지 주요 단계를 보여준다. 열거된 특성 설정 기법에 관한 자세한 내용은 https://docs.microsoft.com/en-us/azure/machine-learning/how-to-configure-auto-features에서 확인할 수 있다.

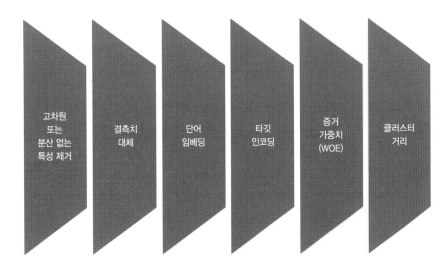

그림 5.15 AutoML 실행의 특성 설정 접근법

스케일링^{scaling}과 정규화^{normalization}(일명 규제화^{regularization}와 표준화^{standardization}라고도 함)는 데이터를 공통 범위의 값으로 변환하도록 처리하는 두 가지 중요한 특성 설정 방법이다. 특성 설정 알고리듬에 사용되는 스케일링과 정규화 기법은 다음 다이어그램에서 볼 수 있다. 다양한 열거된 스케일링과 특성화 기법에 관해 다음 링크에서 발견할수 있다. https://docs.microsoft.com/ko-kr/azure/machine-learning/how-to-configure-auto-features

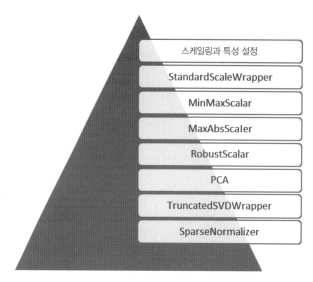

그림 5.16 Azure AutoML – 스케일링과 특성 설정

가드레일을 언급하지 않고는 특성 설정이 완성되지 않는다. 데이터 가드레일^{Data Guardrail}
은 AutoML 엔진의 일부로서 특성값 결측, 범주의 값이 너무 많은 범주형 특성(많은 고윳
값), 클래스 불균형(소수 클래스 및 이상치) 등과 같은 데이터셋 문제를 식별하고 해결하는
데 도움이 된다. 다음 그림은 독자들이 익숙해져야 할 가드레일을 개략적으로 보여준다.
이러한 가드레일에 관한 자세한 내용은 Azure 설명서를 참조하라(https://docs.microsoft.
com/ko-kr/azure/machine-learning/how-to-configure-auto-features).

그림 5.17 AutoML 실행을 위한 데이터 가드레일

4. 작업 유형 및 추가 설정 항목에 대해 지정된 파라미터를 설정하고나서 이제 그
   림 5.10에 표시된 것처럼 Finish 버튼을 클릭하면 다음 화면이 나타나 실행^{run}을

확인할 수 있다.

그림 5.18 AutoML 실행을 위한 데이터 가드레일

한 가지 중요한 사항은 실험을 실행하기 위한 우수한 컴퓨팅 리소스가 필요하다
는 것이다. 그렇지 않으면 실패할 것이다. 이를테면 나는 이 실험에서 훈련 시간
을 0.25시간 즉, 15분으로 설정했다. 이 시간은 지정된 계산에 충분하지 않다.
즉, 다음 스크린샷에 표시된 것처럼 실행이 실패할 수 있다.

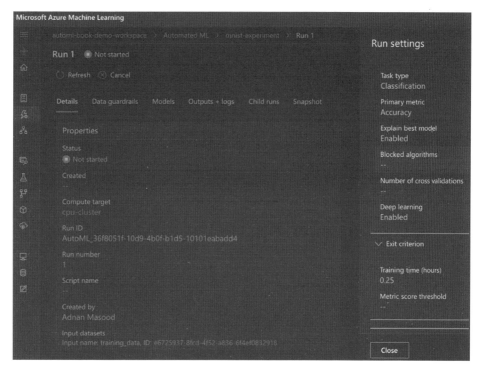

그림 5.19 AutoML 실험 실행 환경

다음 스크린샷에서는 AutoML 실험을 실행하기 위해 올바른 컴퓨팅 리소스를
할당하지 않았기 때문에 실패했다.

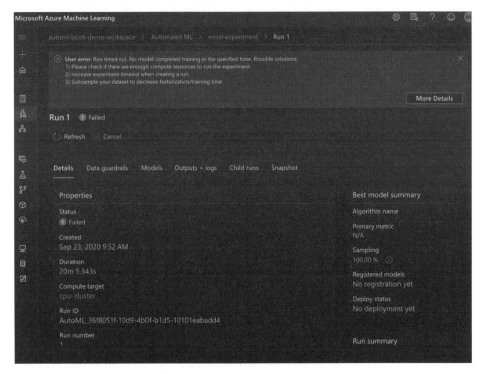

그림 5.20 AutoML 실험 실행 실패 메시지

다음 오류 메시지는 컴퓨팅 리소스 추가, 실험 시간 초과 적용, 데이터 세트 샘
플링 변경 등과 같은 잠재적인 솔루션과 함께 사용자 오류를 자세히 설명한다.

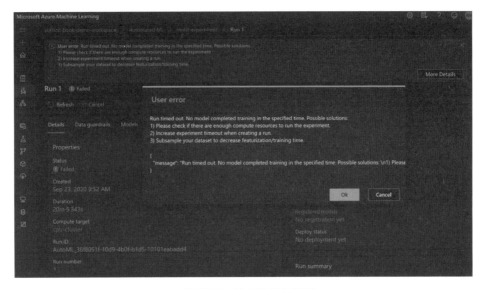

그림 5.21 AutoML 실험 실패 메시지

다음 단계에서 볼 수 있듯이 시간 제한을 5시간으로 늘리는 것이 도움이 될 것이다. Azure AutoML은 이제 여러 실험을 실행할 수 있는 충분한 시간과 리소스를 확보했다. 이를 통해 시간 혹은 리소스를 절약하는 것이 좋은 AutoML 전략이 아님을 알게 됐다.

5. AutoML 하위 실행의 다음 화면에는 개별 반복 시행이 표시된다. 다음 스크린은 StandardScalerWrapper, RobustScaler, MaxAbsScaler/MinMaxScaler와 같은 다양한 데이터 전처리 방법과 랜덤 포레스트, LightGBM, ElasticNet, DecisionTree와 LassoLars와 같은 예측 알고리듬을 명확하게 보여준다. 다음 스크린샷에서 54번과 53번을 실행하면 앙상블 알고리듬과 관련 태그를 클릭해 해당 가중치를 볼 수 있는 방법이 표시된다.

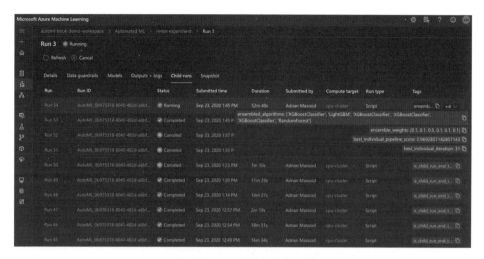

그림 5.22 AutoML 실험 실행 세부 사항

6. 다음 스크린샷에 표시된 것처럼 **모델**^{Models} 탭을 클릭하면 어떤 모델이 얼마의 정
확도로 제공하는지와 모델이 어떤 실행과 관련됐는지 확인할 수 있다.

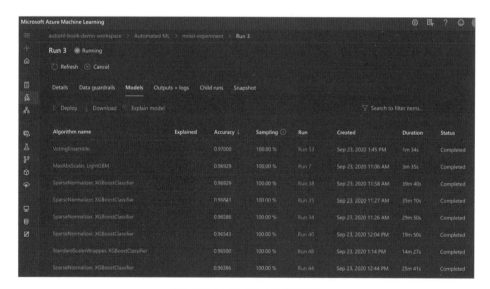

그림 5.23 AutoML 실험 실행 세부 사항

실행 척도$^{\text{run metrics}}$도 관련 실행에 대한 자세한 정보를 얻을 수 있는 좋은 방법이다. 일례로 알고리듬 이름, 관련 정확도, AUC 점수, 정밀도, F1 점수 등을 확인할 수 있다.

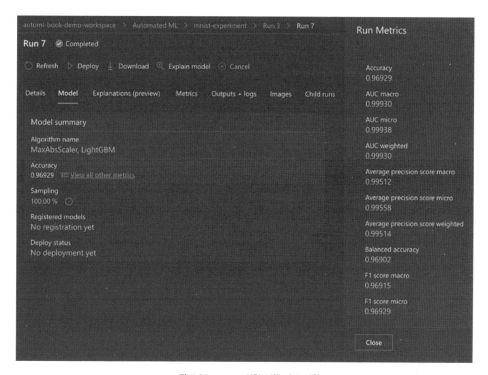

그림 5.24 AutoML 실험 실행 세부 사항

데이터의 품질을 보호하기 위해 취한 데이터 가드레일 조치는 다음 스크린샷에서 볼 수 있다. 이 페이지에는 모델을 훈련하는 데 사용된 입력 데이터가 고품질임을 보장하기 위해 사용된 가드레일 기법이 나와 있다.

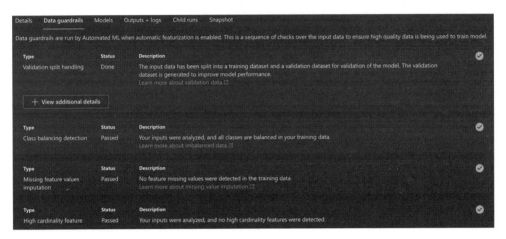

그림 5.25 AutoML 실험 데이터 가드레일

실행 요약 페이지에서 최상의 모델과 요약 결과를 볼 수 있다. 이 경우, 소프트 투표 기반의 VotingEnsemble() 방법이 확실한 승자였다. 이는 Azure AutoML에서 현재 지원되는 두 가지 앙상블 방법 중 하나이다. 다른 하나는 이전에 실행된 반복 시행에서 컬렉션을 생성하는 StackEnsemble이다. 앙상블 방법은 최고의 결과를 얻기 위해 여러 모델을 조합하는 데 사용되는 기법이다. 투표, 적층, 배깅 및 부스팅은 앙상블 방법에 사용할 수 있는 몇 가지 범주다.

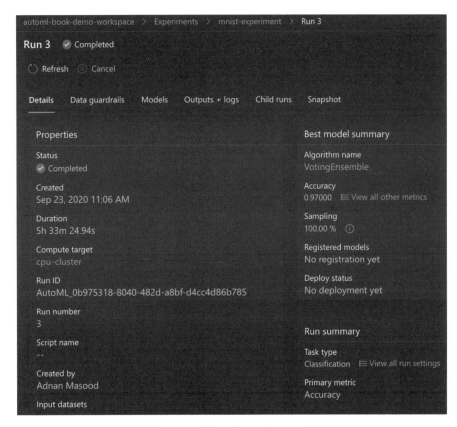

Run 3 ✓ Completed

◯ Refresh   ⊗ Cancel

Details   Data guardrails   Models   Outputs + logs   Child runs   Snapshot

Properties

Status
✓ Completed

Created
Sep 23, 2020 11:06 AM

Duration
5h 33m 24.94s

Compute target
cpu-cluster

Run ID
AutoML_0b975318-8040-482d-a8bf-d4cc4d86b785

Run number
3

Script name
--

Created by
Adnan Masood

Input datasets

Best model summary

Algorithm name
VotingEnsemble

Accuracy
0.97000   ☰ View all other metrics

Sampling
100.00 %   ⓘ

Registered models
No registration yet

Deploy status
No deployment yet

Run summary

Task type
Classification   ☰ View all run settings

Primary metric
Accuracy

그림 5.26 AutoML 실험 요약 페이지

지금까지 이들 실험을 따라 직접 이러한 단계를 시도했다고 가정할 때 각 실행에는 여러 번의 하위 실행, 즉 각 모델의 개별 반복 시행이 있다는 것이 분명하다. 따라서 **실행**^Run 요약 페이지의 **메트릭**^Metrics 탭을 보면 여러 척도뿐만 아니라 정밀도–재현율 그래프도 볼 수 있다.

그림 5.27 AutoML 실험 정확도 척도와 정밀도–재현율(PR) 곡선

이제 모델에 대한 설명을 살펴보겠다. 머신러닝 모델의 설명 가능성은 특히 AutoML의 경우 매우 중요하다. 그 이유는 주제의 전문가로서 결과에 중요한 역할을 한 특성이 무엇인지 알고 싶기 때문이다. 다음 스크린샷에서는 최상위 K 특성 중요도에 대한 테이블 설명과 함께 이들이 0–9의 숫자를 예측하는 데 어떻게 사용됐는가에 대한 설명을 볼 수 있다.

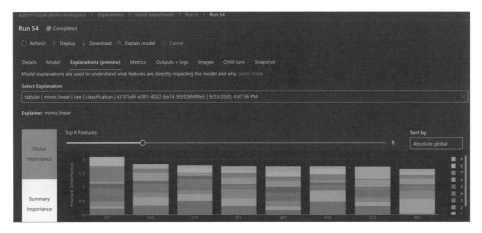

그림 5.28 AutoML 실험 특성 설명

앞 스크린샷은 숫자 예측에 어떤 특성이 어떤 역할을 했는지 보여준다. 특성 377은 숫자 7을 예측하는 데 중요했고 특성 379 및 434는 9를 예측하는 데 중요했다 등등. 이 MNIST 데이터셋은 독자들과 그다지 관련이 없는 것으로 보일 수 있지만, HR 채용 데이터셋과 성별, 인종 또는 연령이 중요한 특성이 된다고 가정해보자. 이는 당신의 성적 편견, 인종 차별, 또는 나이와 관련된 차별 정책에 어긋나는 것이기 때문에 경종을 울리게 될 것이다. 또한 법에 위배될 수 있으며, 머신에 편견이 있다는 이유로 규정 준수 및 평판 손상 측면에서 심각한 문제를 일으킬 수 있다. 말할 것도 없이 직원의 업무 수행 능력과 상관없는 속성을 기준으로 차별하는 것은 (솔직히 말도 안 되는) 비윤리적인 행동이다.

이 설명 가능성은 특성에 대한 요약 중요도도 제공하며, 이는 글로벌 및 로컬 특성 모두에 대해 개별 k개의 특성 중요도를 시각화할 수 있다. 다음 스크린샷에 표시된 군집 차트는 동일한 데이터를 매우 세분화된 수준으로 시각화한다. 이는 이전 스크린샷의 표 설명에 표시된 것과 유사하게 MNIST 데이터셋의 구성 요소 수와 상응하는 특성 간의 일대일 매핑을 보여준다.

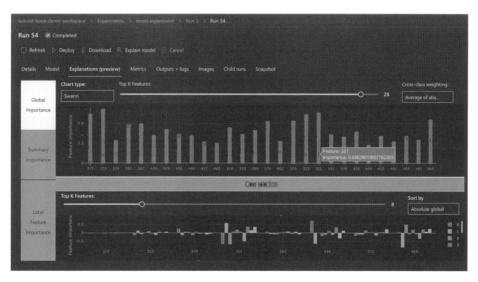

그림 5.29 Azure Machine Learning 최상위 k개 특성 요약 중요도 차트

자동ML에 대한 개요를 마치고, 동일한 기법을 시계열 예측에 적용하겠다.

▌ AutoML을 이용한 시계열 예측

에너지 수요를 이용한 시계열 예측은 에너지 공급자가 소비자의 예상되는 요구를 미리 예측하고자 하는 업계에서 실제적인 문제다. 이 예에서는 공공 영역에서 사용할 수 있는 뉴욕시의 에너지 수요 데이터셋을 사용할 것이다. 과거 시계열 데이터를 사용하고 예측에 AutoML을 적용할 것이다. 즉, 향후 48시간 동안의 에너지 수요를 예측한다.

머신러닝 노트북은 Azure 모델 저장소의 일부이며, https://github.com/Azure/MachineLearningNotebooks/의 깃허브에서 액세스할 수 있다. 시작하자.

1. 로컬 디스크의 깃허브 저장소를 복제하고 예측 에너지 수요(forecasting-energy-demand) 폴더로 이동하라.

그림 5.30 Azure Machine Learning 노트북 깃허브 저장소

2. 다음 스크린샷과 같이 **Upload folder** 아이콘을 클릭하고 예측 에너지 수요(forecasting-energy-demand) 폴더를 Azure 노트북 저장소에 업로드한다.

그림 5.31 Azure Machine Learning 노트북 작업 공간에 폴더를 업로드하기

3. 폴더가 업로드되면(다음 스크린샷의 왼쪽 창에 있는 파일 참조), ipynb(노트북) 파일을 두 번 클릭해 연다. 다음 화면을 볼 것이다.

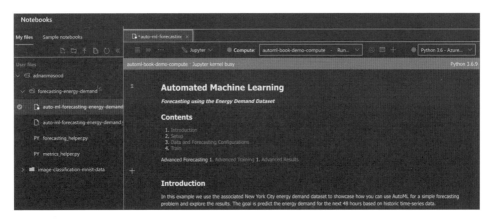

그림 5.32 Azure Machine Learning 노트북 작업 공간에 파일을 업로드하기

4. 이제 다음 스크린샷과 같이 각 드롭다운을 클릭해 주피터랩^{JupyterLab}에서 파일을 연다. 파일을 주피터랩에서 실행 중이더라도 Azure Machine Learning 작업 공간에서 자동ML 실험이 실행되며 항상 모든 실험을 추적하고 볼 수 있다는 점을 기억해야 한다. 이는 타사 툴과의 완벽한 통합이 가능하다는 것을 보여준다!

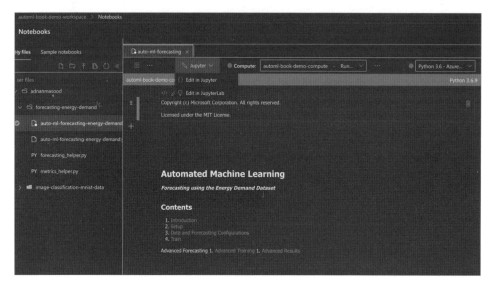

그림 5.33 Azure Machine Learning 노트북 작업 공간에 파일을 업로드하고 주피터랩에서 열기

이제 파일은 매우 친숙한 환경에서 실행된다. 커널은 Python 3.6 – Azure Machine Learning 런타임이다. 노트북과의 이러한 원활한 통합은 Azure Machine Learning의 강력한 특징이다.

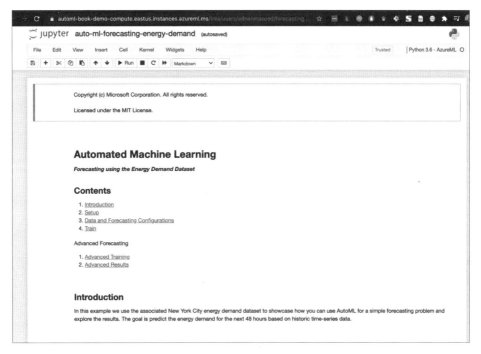

Automated Machine Learning

Forecasting using the Energy Demand Dataset

Contents

1. Introduction
2. Setup
3. Data and Forecasting Configurations
4. Train

Advanced Forecasting

1. Advanced Training
2. Advanced Results

Introduction

In this example we use the associated New York City energy demand dataset to showcase how you can use AutoML for a simple forecasting problem and explore the results. The goal is predict the energy demand for the next 48 hours based on historic time-series data.

그림 5.34 Azure Machine Learning 노트북 작업 공간에 파일을 업로드하고 주피터랩에서 열기

우리가 시계열 데이터로 작업하고 있으므로 Azure AutoML이 시계열 관련 분석 워크로드를 지원하기 위한 다양한 기본 시계열 및 딥러닝 모델을 제공한다는 것을 주목하면 유용하다. 다음 스크린샷이 이들 알고리듬의 리스트를 보여준다.

Automated ML provides users with both native time-series and deep learning models as part of the recommendation system.

Models	Description	Benefits
Prophet (Preview)	Prophet works best with time series that have strong seasonal effects and several seasons of historical data. To leverage this model, install it locally using `pip install fbprophet`.	Accurate & fast, robust to outliers, missing data, and dramatic changes in your time series.
Auto-ARIMA (Preview)	Auto-Regressive Integrated Moving Average (ARIMA) performs best, when the data is stationary. This means that its statistical properties like the mean and variance are constant over the entire set. For example, if you flip a coin, then the probability of you getting heads is 50%, regardless if you flip today, tomorrow or next year.	Great for univariate series, since the past values are used to predict the future values.
ForecastTCN (Preview)	ForecastTCN is a neural network model designed to tackle the most demanding forecasting tasks, capturing nonlinear local and global trends in your data as well as relationships between time series.	Capable of leveraging complex trends in your data and readily scales to the largest of datasets.

그림 5.35 Azure AutoML 시계열 기능

Azure 자동ML은 다양한 회귀, 분류 및 시계열 예측 알고리듬과 랭킹 메커니즘을 제공하며 언제든지 맞춤형 척도custom metrics를 추가할 수 있다. 다음 스크린샷은 Azure AutoML 분류, 회귀 분석 및 시계열 예측 알고리듬 및 측정 목록을 보여준다.

Classification	Regression	Time Series Forecasting
Logistic Regression*	Elastic Net*	Elastic Net
Light GBM*	Light GBM*	Light GBM
Gradient Boosting*	Gradient Boosting*	Gradient Boosting
Decision Tree*	Decision Tree*	Decision Tree
K Nearest Neighbors*	K Nearest Neighbors*	K Nearest Neighbors
Linear SVC*	LARS Lasso*	LARS Lasso
Support Vector Classification (SVC)*	Stochastic Gradient Descent (SGD)*	Stochastic Gradient Descent (SGD)
Random Forest*	Random Forest*	Random Forest
Extremely Randomized Trees*	Extremely Randomized Trees*	Extremely Randomized Trees
Xgboost*	Xgboost*	Xgboost
Averaged Perceptron Classifier	Online Gradient Descent Regressor	Auto-ARIMA
Naive Bayes*	Fast Linear Regressor	Prophet
Stochastic Gradient Descent (SGD)*		ForecastTCN
Linear SVM Classifier*		

그림 5.36 Azure AutoML 분류, 회귀 및 시계열 예측 알고리듬

다음은 앞에서 언급한 방법의 정확성을 측정하는 데 사용되는 척도 리스트다.

Classification	Regression	Time Series Forecasting
accuracy	spearman_correlation	spearman_correlation
AUC_weighted	normalized_root_mean_squared_error	normalized_root_mean_squared_error
average_precision_score_weighted	r2_score	r2_score
norm_macro_recall	normalized_mean_absolute_error	normalized_mean_absolute_error
precision_score_weighted		

그림 5.37 Azure AutoML 분류, 회귀 및 시계열 예측을 위한 척도

5. 보일러플레이트^{boilerplate} 설정 코드[1]를 생략하고 대상 열을 수요로 설정하고 시간 열의 이름을 타임스탬프로 설정해 실험을 설정할 수 있다. 이 작업을 마치면 다음 스크린샷에 표시된 것처럼 데이터가 다운로드돼 판다스 DataFrame의 일부가 된다.

Target column is what we want to forecast.
Time column is the time axis along which to predict.

The other columns, "temp" and "precip", are implicitly designated as features.

```
In [ ]:   target_column_name = 'demand'
          time_column_name = 'timeStamp'
```

```
In [ ]:   dataset = Dataset.Tabular.from_delimited_files(path = "https://automlsamplenotebookdata.blob.core.windows.net/automl-sample-notebook-dat
          a/nyc_energy.csv").with_timestamp_columns(fine_grain_timestamp=time_column_name)
          dataset.take(5).to_pandas_dataframe().reset_index(drop=True)
```

The NYC Energy dataset is missing energy demand values for all datetimes later than August 10th, 2017 5AM. Below, we trim the rows containing these missing values from the end of the dataset.

```
In [ ]:   # Cut off the end of the dataset due to large number of nan values
          dataset = dataset.time_before(datetime(2017, 10, 10, 5))
```

그림 5.38 Azure AutoML 노트북에서 뉴욕시 전력 공급에 대한 데이터 로딩

6. 이제 데이터를 훈련셋과 테스트셋으로 분리하자.

Split the data into train and test sets

The first split we make is into train and test sets. Note that we are splitting on time. Data before and including August 8th, 2017 5AM will be used for training, and data after will be used for testing.

```
# split into train based on time
train = dataset.time_before(datetime(2017, 8, 8, 5), include_boundary=True)
train.to_pandas_dataframe().reset_index(drop=True).sort_values(time_column_nam
e).tail(5)
```

```
# split into test based on time
test = dataset.time_between(datetime(2017, 8, 8, 6), datetime(2017, 8, 10, 5))
test.to_pandas_dataframe().reset_index(drop=True).head(5)
```

그림 5.39 노트북에서 뉴욕시 전력 공급에 대한 데이터 분할

7. 이 실습의 일부로 설정해야 하는 주요 파라미터 중 하나는 예측 범위, 즉 미래에 대해 예측하고자 하는 범위다. 자동ML 알고리듬은 데이터셋의 시계열 빈도를

---

1 재사용 가능한 프로그램 코드 설정 – 옮긴이

기반으로 사용할 단위(시간, 일 또는 월)를 파악할 수 있을 만큼 지능적이다. 다음 스크린샷과 같이 비즈니스 문제를 기준으로 예측 범위를 48시간(시간)으로 설정하고 작업을 제출하겠다.

```
forecast_horizon = 48
```

```
from azureml.automl.core.forecasting_parameters import ForecastingParameters
forecasting_parameters = ForecastingParameters(
    time_column_name=time_column_name, forecast_horizon=forecast_horizon
)

automl_config = AutoMLConfig(task='forecasting',
                             primary_metric='normalized_root_mean_squared_erro
r',
                             blocked_models = ['ExtremeRandomTrees', 'AutoArim
a', 'Prophet'],

                             experiment_timeout_hours=0.3,
                             training_data=train,
                             label_column_name=target_column_name,
                             compute_target=compute_target,
                             enable_early_stopping=True,
                             n_cross_validations=3,
                             verbosity=logging.INFO,
                             forecasting_parameters=forecasting_parameters)
```

그림 5.40 예측 작업을 위한 AutoML 설정 생성

8. 이제 설정을 생성했으므로 다음 스크린샷에 표시된 대로 실험을 제출하겠다.

```
In [12]: remote_run = experiment.submit(automl_config, show_output=False)
         Running on remote or ADB.
```

```
In [13]: remote_run
```

	Experiment	Id	Type	Status	Details Page	Docs Page
Out[13]:	automl-forecasting-energydemand	AutoML_31651b62-6c60-4ccf-a145-be69dd4e95e3	automl	NotStarted	Link to Azure Machine Learning studio	Link to Documentation

```
In [*]: remote_run.wait_for_completion()
```

Retrieve the Best Model

Below we select the best model from all the training iterations using get_output method.

```
In [*]: best_run, fitted_model = remote_run.get_output()
        fitted_model.steps
```

그림 5.41 AutoML 실험을 원격 서버에 제출해 실행하기

9. Azure Machine Learning 서비스와 주피터랩의 통합을 시연하려면 다음 스크린샷과 같이 ML 서비스 포털에서 **실험**Experiments 탭을 클릭하라. 여기에서 실험이 제출됐으며 AutoML 파라미터와 관련된 설정config을 사용해 실행할 준비가 됐음을 확인할 수 있다.

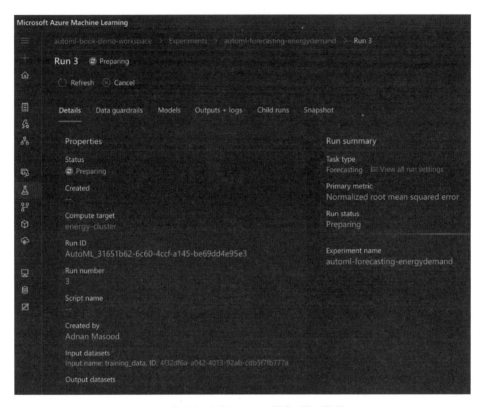

그림 5.42 원격 서버에서의 AutoML 실험을 위한 실험 창 뷰

AutoML.config 요소는 작업이 완료되기를 기다리는 동안 노트북의 일부로 관찰될 수도 있다.

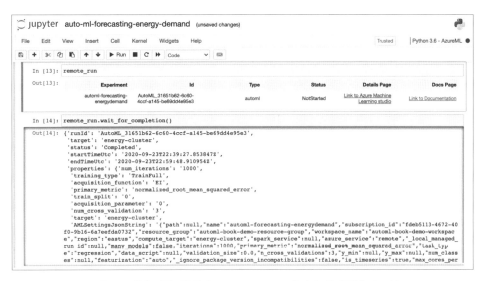

그림 5.43 작업(job)을 제출한 후 wait_for_completion() 메서드를 실행하는 노트북

10. 노트북과 해당 실험 사이의 이러한 고유한 통합은 다음 스크린샷에서도 확인
할 수 있다. 여기서는 실험 노트북이 실험 콘솔에 어떻게 반영되는지 확인할 수
있다.

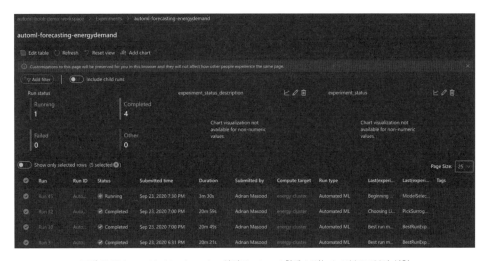

그림 5.44 Azure Machine Learning 안의 Expriment 창에 보이는 노트북으로부터 실험

각 실행별로 알고리듬의 이름과 오류 세부 정보가 요약돼 있으며 오류율이 일관
되게 감소하고 있음을 보여준다. MNIST 분류를 위한 정규화된 RMSE 및 정확
도 척도는 다음 스크린샷에 나와 있다.

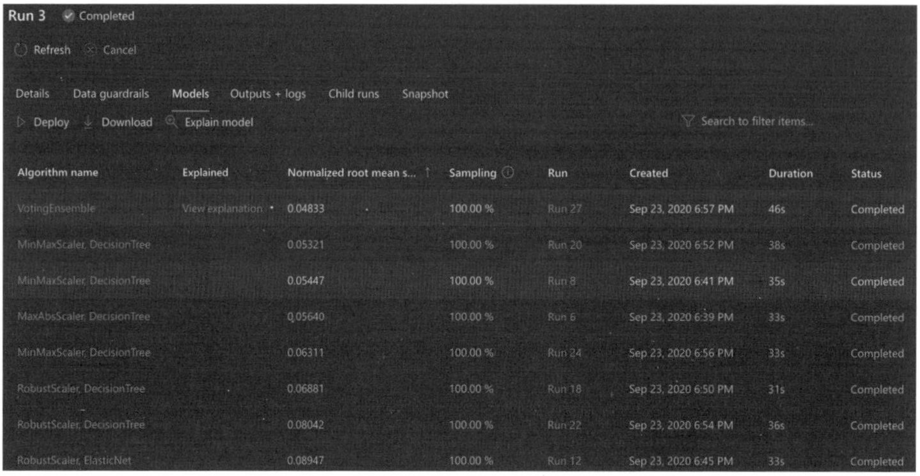

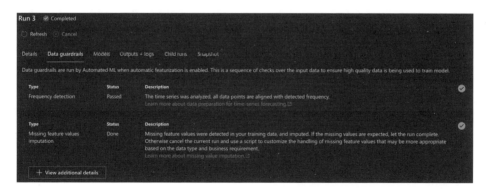

그림 5.45 Azure Machine Learning 안의 Expriment 창에 보이는 노트북으로부터 실험

데이터 가드레일 유형도 눈에 띤다. 다음 스크린샷에서 분류 연습에서 봤던 가
드레일과 다르다는 것을 알 수 있다. 이 경우 데이터는 빈도 탐지 및 결측치 대
체에 대해 검증된다. AutoML 엔진은 다양한 유형의 실험 및 데이터셋에 어떤
유형의 가드레일^{Guardrail}을 적용해야 하는지 학습할 수 있을 만큼 스마트하다.

그림 5.46 Azure Machine Learning 안의 Expriment 창에 대한 가드레일

11. 이제 실험이 완료됐으므로 다음 스크린샷(또는 시각적인 것을 선호하는 경우 머신러닝 서비스 콘솔)에 표시된 것처럼 노트북에서 최상의 모델을 검색할 수 있다.

Retrieve the Best Model

Below we select the best model from all the training iterations using get_output method.

```
In [15]: best_run, fitted_model = remote_run.get_output()
         fitted_model.steps
```
```
Out[15]: [('timeseriestransformer',
           TimeSeriesTransformer(featurization_config=None,
                                 pipeline_type=<TimeSeriesPipelineType.FULL: 1>)),
          ('prefittedsoftvotingregressor',
           PreFittedSoftVotingRegressor(estimators=[('7',
                                                      Pipeline(memory=None,
                                                               steps=[('minmaxscaler',
                                                                       MinMaxScaler(copy=True,
                                                                                    feature_range=(0,
                                                                                                   1))),
                                                                      ('decisiontreeregressor',
                                                                       DecisionTreeRegressor(ccp_alpha=0.0,
                                                                                             criterion='mse',
                                                                                             max_depth=None,
                                                                                             max_features=0.7,
                                                                                             max_leaf_nodes=None,
                                                                                             min_impurity_decrease=0.0,
                                                                                             min_impurity_split=None,
                                                                                             min_samples_leaf=0.001953125,
                                                                                             min_sam...
                                                                                             max_depth=None,
                                                                                             max_features=0.8,
                                                                                             max_leaf_nodes=None,
                                                                                             min_impurity_decrease=0.0,
                                                                                             min_impurity_split=None,
                                                                                             min_samples_leaf=0.018779547644135
                                22,
                                                                                             min_samples_split=0.00182615846827
                                02607,
                                                                                             min_weight_fraction_leaf=0.0,
                                                                                             presort='deprecated',
                                                                                             random_state=None,
                                                                                             splitter='best'))],
                                                               verbose=False))],
                                        weights=[0.4545454545454545, 0.2727272727272727,
                                                 0.2727272727272727])))]
```

그림 5.47 노트북에서의 모델 추출

12. 4장에서 소개한 전체 심층 특성 탐색 또는 자동 특성 공학을 호출할 수 있다. 모 델에 대해 get_engineered_feature_names() 메서드를 호출해 다음 단계를 통 해 노트북에서 엔지니어링된 기능에 액세스하고 검색할 수 있다.

Featurization

You can access the engineered feature names generated in time-series featurization.

```
In [16]: fitted_model.named_steps['timeseriestransformer'].get_engineered_feature_names()
```

```
Out[16]: ['precip',
 'temp',
 'precip_WASNULL',
 'temp_WASNULL',
 'year',
 'half',
 'quarter',
 'month',
 'day',
 'hour',
 'am_pm',
 'hour12',
 'wday',
 'qday',
 'week']
```

그림 5.48 get_engineered_features_names를 통한 엔지니어링된 특성 추출

엔지니어링된 특성과 자연발생적 특성 모두에 대한 특성 요약을 통해 다음 스크린샷에 표시된 것처럼 이러한 특성을 구축하는 데 사용된 근거를 확인할 수 있다.

View featurization summary

You can also see what featurization steps were performed on different raw features in the user data. For each raw feature in the user data, the following information is displayed:

- Raw feature name
- Number of engineered features formed out of this raw feature
- Type detected
- If feature was dropped
- List of feature transformations for the raw feature

```
In [17]: # Get the featurization summary as a list of JSON
featurization_summary = fitted_model.named_steps['timeseriestransformer'].get_featurization_summary()
# View the featurization summary as a pandas dataframe
pd.DataFrame.from_records(featurization_summary)
```

Out[17]:

	RawFeatureName	TypeDetected	Dropped	EngineeredFeatureCount	Transformations
0	precip	Numeric	No	2	[MedianImputer, ImputationMarker]
1	temp	Numeric	No	2	[MedianImputer, ImputationMarker]
2	timeStamp	DateTime	No	11	[DateTimeTransformer, DateTimeTransformer, DateTimeTransformer, DateTimeTransformer, DateTimeTransformer, DateTimeTransformer, DateTimeTransformer, DateTimeTransformer, DateTimeTransformer, DateTimeTransformer, DateTimeTransformer]

그림 5.49 get_featurization_summary()를 통한 엔지니어링된 특성 요약 보기

184

13. 다음 스크린샷과 같이 스코어링 방법을 사용해 테스트 점수를 생성하고 예측 점수를 차트에 표시할 수 있다.

```
In [21]: from azureml.automl.core.shared import constants
         from azureml.automl.runtime.shared.score import scoring
         from matplotlib import pyplot as plt

         # use automl metrics module
         scores = scoring.score_regression(
             y_test=df_all[target_column_name],
             y_pred=df_all['predicted'],
             metrics=list(constants.Metric.SCALAR_REGRESSION_SET))

         print("[Test data scores]\n")
         for key, value in scores.items():
             print('{}:   {:.3f}'.format(key, value))

         # Plot outputs
         %matplotlib inline
         test_pred = plt.scatter(df_all[target_column_name], df_all['predicted'], color='b')
         test_test = plt.scatter(df_all[target_column_name], df_all[target_column_name], color='g')
         plt.legend((test_pred, test_test), ('prediction', 'truth'), loc='upper left', fontsize=8)
         plt.show()

         [Test data scores]

         normalized_root_mean_squared_error:   0.150
         mean_absolute_percentage_error:   5.491
         normalized_mean_absolute_error:   0.122
         r2_score:   0.743
         normalized_median_absolute_error:   0.097
         root_mean_squared_log_error:   0.064
         normalized_root_mean_squared_log_error:   0.130
         explained_variance:   0.787
         mean_absolute_error:   383.207
         root_mean_squared_error:   473.089
         spearman_correlation:   0.972
         median_absolute_error:   305.623
```

그림 5.50 테스트 데이터 점수에 대한 산점도 구축

예측 데이터 테스트 점수는 파란색이며 실제 점수는 녹색이다.

참고

여기서의 이미지는 흑백일 수 있다. 예를 실제로 작업할 때 색상 기준을 더 잘 이해할 수 있다.

```
[Test data scores]

normalized_root_mean_squared_error:   0.150
mean_absolute_percentage_error:    5.491
normalized_mean_absolute_error:    0.122
r2_score:   0.743
normalized_median_absolute_error:   0.097
root_mean_squared_log_error:    0.064
normalized_root_mean_squared_log_error:    0.130
explained_variance:    0.787
mean_absolute_error:    383.207
root_mean_squared_error:    473.089
spearman_correlation:    0.972
median_absolute_error:    305.623
```

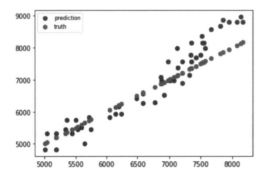

X_trans를 보면 어떤 특성 설정이 데이터에 일어났는지 파악할 수 있어 유용하다.

그림 5.51 테스트셋 점수와 관련 그래프

X_trans는 다음 스크린샷과 같이 데이터셋의 자동 특성 공학 변경을 포함한 특성 설정을 포착한다.

In [22]:	X_trans																
timeStamp	_automl_dummy_grain_col	precip	temp	precip_WASNULL	temp_WASNULL	year	half	quarter	month	day	hour	am_pm	hour12	wday	qday	week	_automl_t
2017-08-08 06:00:00	_automl_dummy_grain_col	0.00	66.17	0	0	2017	2	3	8	8	6	0	6	1	39	32	
2017-08-08 07:00:00	_automl_dummy_grain_col	0.00	66.29	0	0	2017	2	3	8	8	7	0	7	1	39	32	
2017-08-08 08:00:00	_automl_dummy_grain_col	0.00	66.72	0	0	2017	2	3	8	8	8	0	8	1	39	32	
2017-08-08 09:00:00	_automl_dummy_grain_col	0.00	67.37	0	0	2017	2	3	8	8	9	0	9	1	39	32	
2017-08-08 10:00:00	_automl_dummy_grain_col	0.00	68.30	0	0	2017	2	3	8	8	10	0	10	1	39	32	

그림 5.52 에너지 예측에 대한 시계열 특성을 보이는 X_trans

MNIST 데이터셋의 설명 가능성은 그다지 직관적이지 않지만 에너지 수요 데이터셋을 탐색하는 측면에서는 다양한 모델을 시각화하고 예측 사용량에 가장 큰 영향을 미치는 특성을 확인할 수 있다. 온도가 전력 사용의 글로벌 중요도와 양의 상관관계를 갖는다는 것은 매우 직관적이다. 온도가 높을수록 에어컨 사용량이 많아지므로 전력 사용량이 증가한다. 다음 차트에 표시된 것처럼 요일 및 시간도 모델에 의해 중요한 것으로 간주된다.

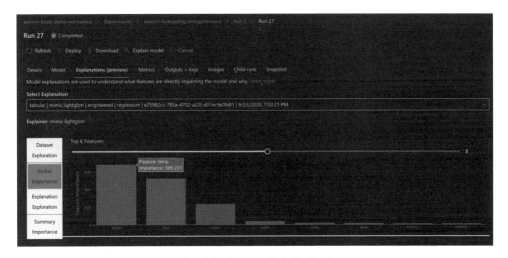

그림 5.53 글로벌 중요도 설명 가능성 그래프

다음 스크린샷에서 상이한 설명 모델(엔지니어링된 기능 대 원시 특성)이 상이한 Y의 예측값에 대해 결과를 매핑한다. 모델 설명 뷰는 모델에 직접적인 영향을 미치는 특성을 파악하는 데 도움이 된다.

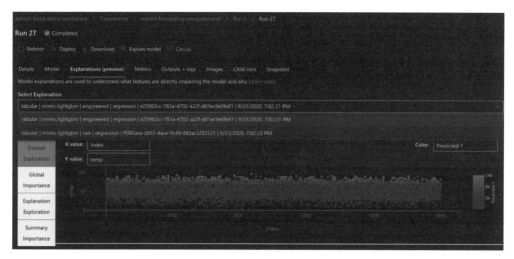

그림 5.54 글로벌 중요도 설명 가능성 그래프

이것으로 Azure에서 AutoML을 사용한 시계열 예측 데모를 마친다.

▌ 요약

5장에서는 Azure에서 AutoML을 분류 문제와 시계열 예측 문제에 적용하는 방법을 배웠다. Azure 노트북과 주피터랩을 통해 Azure Machine Learning 환경 내에서 모델을 구축했다. 그런 다음 전체 작업 공간이 실험 및 실행과 어떻게 관련돼 있는지 이해했다. 또한 이러한 자동화된 실행 중에 시각화를 볼 수 있다. 여기서 특성 중요도, 특성의 글로벌 및 로컬 영향, 원시 및 엔지니어링된 특성을 기반으로 한 설명을 통해 직관적으로 이해할 수 있었다. 툴에 대한 개인의 선호도 외에도 플랫폼을 엔터프라이즈 로드맵에 맞게 조정하는 것도 중요하다. Azure는 포괄적인 툴 세트를 갖춘 전반적으로 우수한 플랫폼이며, 독자들이 자동ML 기능을 탐구하는 것을 즐겼기를 바란다.

┃ 참고문헌

5장에서 다룬 주제에 관한 자세한 내용은 다음 링크를 참조하라.

- Azure AutoML: https://docs.microsoft.com/ko-kr/azure/machine-learning/concept-automated-ml
- Azure의 실용적 AutoML: https://github.com/PracticalAutomatedMachine Learning/Azure

AWS를 이용한 머신러닝

"지금 무엇을 공부하고 있든 딥러닝, 신경망 등에 대한 속도를
따라잡지 못하면 손실을 입을 수 있다. 소프트웨어가 소프트웨어를 자동화하고
자동화를 자동화하는 과정을 거치고 있다."

– 마크 큐번 Mark Cuban

5장에서는 Azure 머신러닝 환경과 Azure 플랫폼에서 자동화된 ML을 수행하는 방법을 소개했다. 6장에서는 AWS Amazon Web Services를 사용해 ML을 시작하는 방법과 다양한 제품 및 대규모 AWS 클라우드 스택에 관한 자세한 이해를 살펴본다.

6장의 주제는 AWS ML 기능을 소개하는 것으로 시작해 AWS가 하이퍼스케일러로서뿐만 아니라 다양한 분야에 걸쳐 대규모 생태계를 더욱 폭넓게 볼 수 있도록 하는 것이다.

많은 사용 사례와 변형이 전문화된 솔루션을 필요로 하며 기업의 AI 및 ML 요구에 맞는 일체형 솔루션은 없다. 그렇기 때문에 자동ML 여행을 시작할 때 모든 클라우드 제품에 대한 폭넓은 지식이 중요하다.

6장에서는 다음 주제를 다룬다.

- AWS 지형에서의 ML
- AWS ML 시작하기
- AWS SageMaker 오토파일럿

▎ AWS 지형에서의 ML

가트너Gartner는 정기적으로 기술 지형을 검토하고 그들의 매직 쿼드런트Magic Quadrant에 그들의 발견에 대한 포괄적인 개요를 제공하는 몇 안되는 주요 자문 기업 중 하나다. 최신 발간호에서 매직 쿼드런트는 아나콘다Anaconda와 Altair를 틈새시장 주자로, 마이크로소프트, DataRobot, KNIME, 구글 H2O.ai, RapidMiner 및 Domino를 선지자로, IBM을 도전자로, MathWorks, TIBCO 및 Dataiku를 데이터 과학 분야의 리더로 포함하고 있다.

여기서 AWS가 언급되지 않은 것은 우리에게 놀라운 일이다. 데이터 과학 및 AI 솔루션 제공의 일관된 기록에 따라 리더십 쿼드런트에 6개 회사가 있으며, 7개 회사가 선지자로 분류된다. 그러나 AWS가 선지자 혹은 리더 쿼드런트에 오르지 못한 것은 AWS의 발표 지연 때문이다. AWS의 대표 AI 제품인 세이지메이커 스튜디오와 세이지메이커 오토파일럿은 가트너 제출 마감 후 발표돼 기준을 통과하지 못했다. AWS 솔루션 지형이 매우 넓기 때문에 AWS를 목록에 올리지 못한 것이 놀랍다. AWS는 앞서 출발한 클라우드 서비스 제공자로서 경쟁업체 3곳을 합친 것보다 더 큰 시장 점유율을 차지하고 있다.

개발자, 데이터 과학자, ML 엔지니어 및 열정가들이 AI 및 ML로 작업할 수 있는 포괄적인 툴셋을 제공한다. 이러한 툴은 프레임워크 및 인프라 구성 요소, ML 서비스, AI 서비스, 통합 개발 환경^{IDE, Integrated Development Environment} 및 API에서 끊임없이 성장하는 AWS 제품 세계에서 시작하는 교육 및 튜토리얼에 이르기까지 다양하다. 다음은 AWS ML 스택의 조감도다.

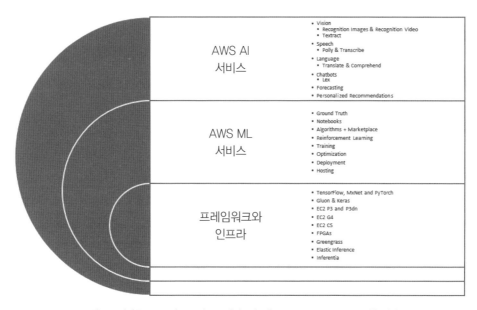

그림 6.1 아마존 ML 스택 – AI와 ML 서비스와 기능 – Amazon re:Invent 인용 허가

이러한 무수한 제품의 깊이와 범위로 인해 이러한 서비스 각각은 최소한 1장 이상의 가치가 있지만, 그렇게 되면 우리는 마감일을 놓칠 수 있다. 따라서 시간과 간결성을 고려해 자동ML 부분, 즉 아마존 세이지메이커^{SageMaker} 및 오토파일럿^{Autopilot} 제품에만 집중할 예정이다. 아마존의 ML 스택에 관한 자세한 내용은 '추가 읽기' 절을 참조하라.

세이지메이커는 완벽한 관리형 클라우드 기반 ML 플랫폼으로, 큰 어려움 없이 엔드-투-엔드 ML 워크플로우를 지원해 AI 운영화 기능을 제공한다. 다음 그림에서 모델을 준비, 구축, 훈련, 튜닝, 배포 및 관리하는 데 사용되는 AWS를 사용하는 엔드-투-엔드

ML용 구성 요소를 볼 수 있다. 또한 세이지메이커 오토파일럿은 모델을 자동으로 구축 및 훈련할 뿐만 아니라 수명 주기 내내 이러한 모델을 준비, 구축 및 유지 관리할 수 있는 기능을 제공한다.

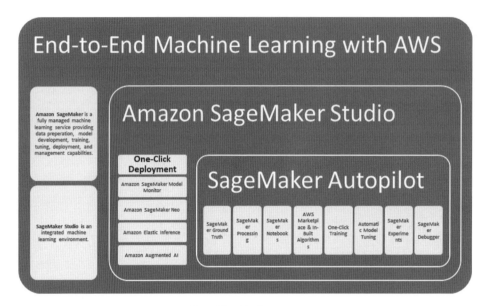

그림 6.2 엔드-투-엔드 AWS ML

자동화된 ML 기능에 초점을 맞추고 있더라도 아마존 세이지메이커 지형을 살펴보는 것이 좋다. 주요 제품 중 하나는 모델을 준비, 구축, 배포 및 운영하기 위한 웹 기반 ML IDE인 아마존 세이지메이커 스튜디오^Amazon SageMaker Studio이다. 세이지메이커가 언급되면 이 IDE는 대부분의 사람들이 생각하는 것이지만, 독자들은 이것이 더 큰 생태계의 일부라는 것을 알게 될 것이다.

노트북은 데이터 과학자의 스위스 군용 나이프다. 아마존 세이지메이커 스튜디오 노트북은 데이터 과학자들이 대부분 알고 사랑하게 된 편안한 환경을 제공한다. 아마존 세이지메이커 그라운드 트루스^Ground Truth는 훈련 데이터셋을 제공하고, 아마존 확장 AI^A2I, Amazon Augmented AI는 HITL^Human-in-the-Loop을 가능하게 해, 특히 신뢰도가 낮은 예측값을 인간이 검토하도록 한다. 아마존 세이지메이커 실험은 앞서 다른 하이퍼스케일러 제품에서 살펴본 것과 유사하다. 데이터를 추적하고, 실험의 재구축 및 공유를 지원하고, 감사 목적을 위한 추적 정보를 제공한다 아마존 세이지메이커에는 다음 그림에서 보이는 바와 같이 분류, 회귀, 텍스트 분석, 토픽 모델링, 예측, 군집화 및 기타 다양한 사용 사례를 위한 기본 제공 알고리듬이 포함돼 있다.

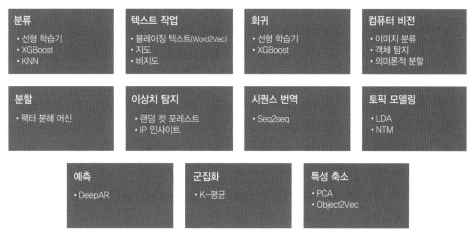

그림 6.3 아마존 세이지메이커 내장 알고리듬

AWS 아마존 세이지메이커 디버거^{Debugger}를 통한 머신러닝은 파라미터와 데이터를 검사하는 데 도움이 되며, 아마존 세이지메이커 모델 모니터^{Model Monitor}는 운영 환경에서 모델 동작을 주시한다. 최근 모델 모니터링은 데이터 드리프트가 모델 품질에 큰 영향을 줄 수 있기 때문에 많은 관심을 받고 있다. 따라서 예측도 마찬가지다. 온라인 학습은 위험할 수 있다. Tay를 학습된 교훈으로 삼도록 하자. AI 민주화를 위한 아마존 세이지메이커의 몇 가지 기능은 다음 그림에서 볼 수 있다.

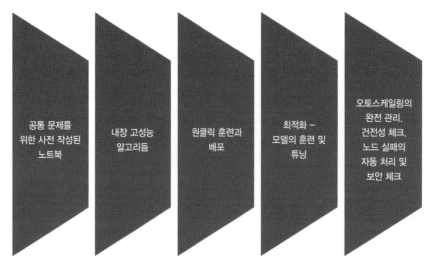

그림 6.4 상이한 유형의 아마존 세이지메이커 기능 – Amazon re:Invent 인용 허가

아마존 세이지메이커는 강화 학습, 배치 변환 및 탄력적인 추론 기능을 제공한다. 아마존 세이지메이커 네오Neo는 "한 번의 훈련, 어디서나 실행train once, run anywhere" 기능이 가능하고, 별도의 훈련 및 추론 인프라를 지원한다. 네오는 Apache 라이선스가 부여된 Neo-AI-DLR 공통 런타임에 의해 구동되며 통상적인 프레임워크(TensorFlow, MXNet, PyTorch, ONNX, XGBoost)를 지원하고 속도 향상을 주장한다. 마지막으로 이 책에 초점을 맞춘 아마존 세이지메이커 오토파일럿을 통해 시민 데이터 과학자는 ML 모델을 구축, 훈련 및 테스트할 수 있어 AI의 민주화에 한 걸음 더 다가갈 수 있다.

5장 후반부에서 세이지메이커 오토파일럿에 관해 자세히 알아보겠다. 먼저 AWS 세이지메이커에서 코드 쓰기를 알아보자.

AWS ML로 시작하기

이 절에서는 AWS Management Console을 살펴보고 단계별 지침에 따라 AWS 세이지 메이커를 사용하는 방법을 보여줄 것이다. AWS ML 환경은 매우 직관적이고 쉽게 작업 할 수 있다.

1. 시작하려면 먼저 aws.amazon을 방문해 브라우저에서 AWS Management Console을 연다. 이제 **콘솔에 등록**^{sign in to the Console}에 클릭하거나 다시 로그인하 라(재방문 사용자인 경우).

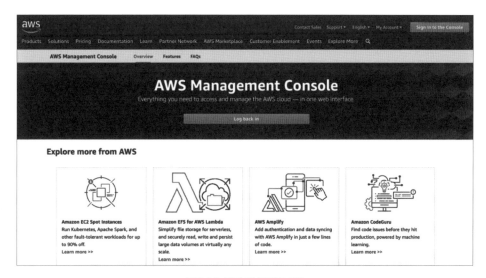

그림 6.5 ASW 매니지먼트 콘솔

2. 계속 진행하기 위해 Root user email address 필드에 루트 (계정) 사용자의 이메 일 주소를 입력하라.

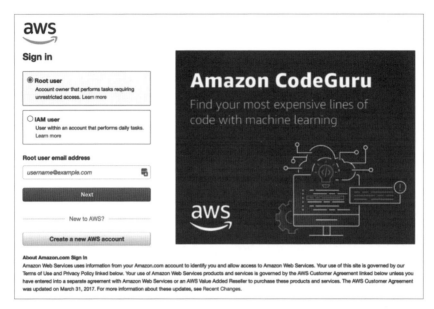

그림 6.6 ASW 매니지먼트 콘솔 로그인

3. 로그인이 성공하면, 다음 AWS Management Console 화면을 보게 될 것이다.

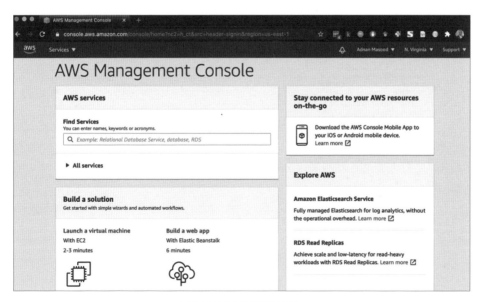

그림 6.7 ASW 매니지먼트 콘솔

4. AWS는 수많은 다양한 서비스를 제공한다. AWS Management Console에서 서비스 검색 상자를 찾은 다음, 다음 스크린샷에 표시된 것처럼 Amazon SageMaker 서비스를 찾을 수 있도록 sagemaker를 친 다음 클릭하라.

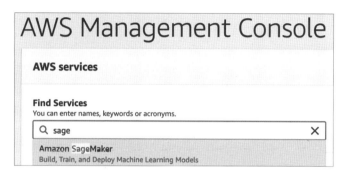

그림 6.5 ASW 매니지먼트 콘솔의 세이지메이커 검색

5. 그러면 다음 스크린샷에 표시된 SageMaker 홈페이지로 이동한다. 여기에서 Ground Truth, 노트북, 작업 처리 등과 같은 다양한 제품을 읽을 수 있다.

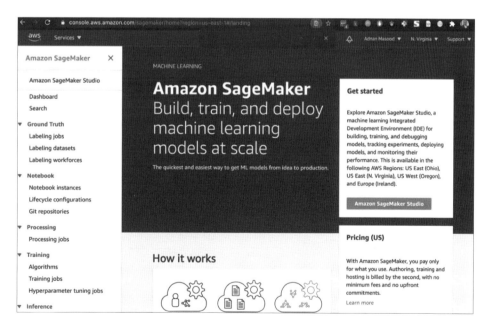

그림 6.9 아마존 세이지메이커 홈페이지

AWS 팀은 문서, 교육 비디오 및 파트너 교육 프로그램을 구축하는 데 많은 노력을 기울였다. 이러한 과정 중 일부는 6장 끝의 '참고문헌' 절에서 확인할 수 있다. 예를 들어 왼쪽 창에서 위쪽 링크를 클릭하면 Amazon SageMaker Studio를 사용해 모델을 구축, 훈련 및 배포하는 방법에 관한 정보를 볼 수 있다. 상황별 문서로 아주 깔끔하다!

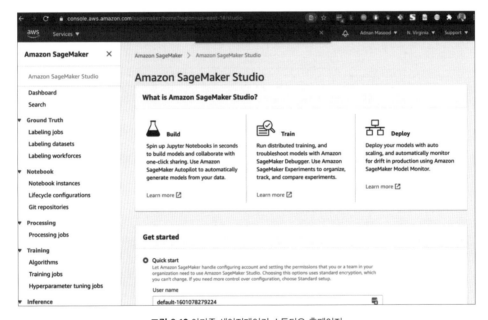

그림 6.10 아마존 세이지메이커 스튜디오 홈페이지

6. 이제 즐겨 사용하는 데이터셋의 분류 모델을 개발할 SageMaker Studio에 대해 살펴보겠다. **시작**^{Get started} 섹션에서 사용자 이름을 생성하고 실행 IAM(ID and Access Management, ID 및 액세스 관리) 역할을 정의한다. IAM 역할은 AWS 플랫폼에서 수행할 수 있는 작업과 수행할 수 없는 작업에 대한 세분화된 권한을 제공한다. **실행 역할**^{Execution role} 드롭다운을 클릭해 사용할 역할을 선택하거나 새 역할을 생성한다.

200

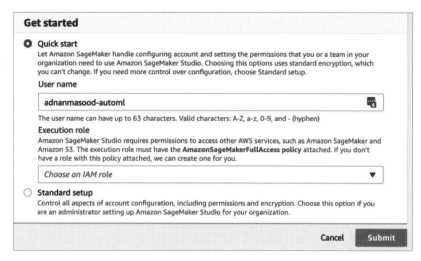

그림 6.11 아마존 세이지메이커 스튜디오 시작 스크린

7. IAM 역할이 아직 없는 경우, IAM 역할을 생성하고 적절한 사용 권한을 부여할
   수 있다(다음 스크린샷 참조). S3는 AWS 스토리지 메커니즘 중 하나이며 다음 화
   면에서 S3 버킷에 액세스하는 IAM 역할을 생성할 수 있다. 이 프로세스는 변경
   할 계획이 없는 한 일회성 설정 프로세스다.

그림 6.12 아마존 세이지메이커 스튜디오 IAM 롤 생성(IAM role creation) 스크린

8. IAM 역할 생성을 마치면 다음 성공 메시지가 표시된다. 다음 화면으로 이동하려면 **제출**^{Submit}을 누른다.

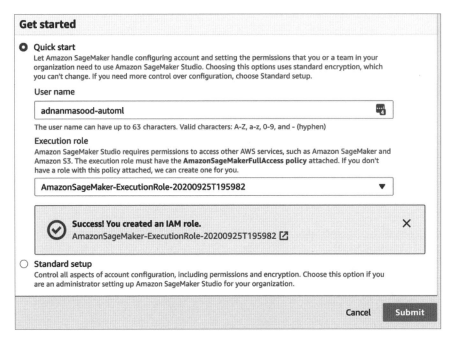

그림 6.13 아마존 세이지메이커 스튜디오 IAM 롤 생성(IAM role creation) 성공

9. 역할이 생성되면 SageMaker 대시보드로 이동하며, 다음 스크린샷에 표시된 대로 사용 가능한 오퍼링을 볼 수 있다.

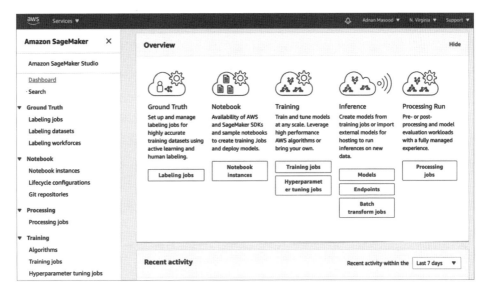

그림 6.14 아마존 세이지메이커 스튜디오 대시보드

10. 이 이전 화면에서 제어판으로 이동해 관련 사용자를 확인하고 **스튜디오 열기**[Open Studio]를 클릭하면 (최종적으로) SageMaker Studio로 이동한다.

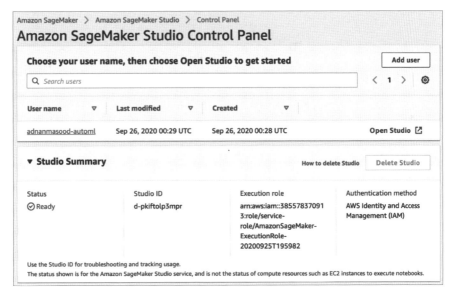

그림 6.15 아마존 세이지메이커 스튜디오 대시보드

다음 스크린샷은 SageMaker Studio의 모습을 보여준다. 이는 이전에 봤고 하이퍼스케일러에 대한 나중의 장에서 앞으로 볼 다른 온라인 클라우드 ML IDE와 유사하다. 여기서 노트북을 만들고, 실험을 만들고, ML 서비스를 배포 및 모니터링할 수 있다.

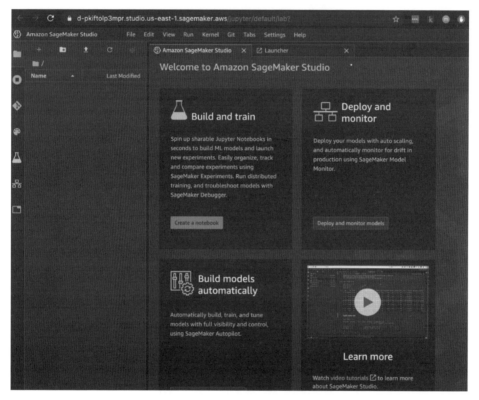

그림 6.16 아마존 세이지메이커 스튜디오 대시보드

11. **노트북 생성**^{Create a notebook} 버튼을 클릭하면 다음 화면이 나타난다. 그러면 주피터 노트북이 열린다.

그림 6.17 아마존 세이지메이커 스튜디오 로딩

12. 다음 개시 화면^{launcher screen}이 나타나면 노트북을 만들 수 있다. 이제 깃허브의 AWS SageMaker examples 저장소를 복제^{clone}할 것이다(https://GitHub.com/awslabs/amazon-sagemaker-examples).

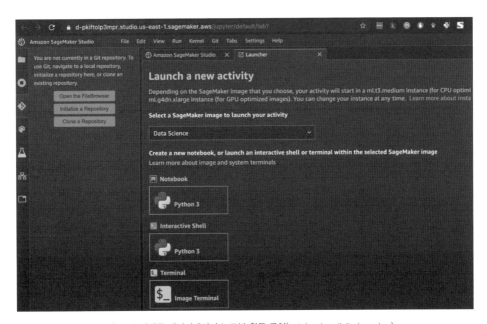

그림 6.18 아마존 세이지메이커 노트북 활동 론처(notebook activity launcher)

13. **저장소 복제**^{Clone a Repository}를 클릭하면, 깃허브 저장소를 제공해 저장소를 로컬로 다운로드하면 다음 창이 나타난다. Repo를 복제하려면 **CLONE**을 클릭하라.

그림 6.19 아마존 세이지메이커 저장소 복제(Clone a repo) 다이얼로그

14. 저장소가 복제되면 AWS 세이지메이커에서 다음 트리를 볼 수 있다.

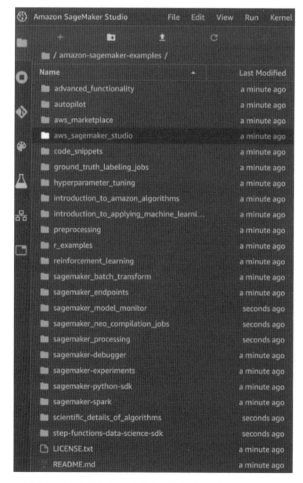

그림 6.20 아마존 세이지메이커 저장소 디렉터리 복제(Clone a repo) 뷰

15. /aws_sagmaker_studio/getting_started/ 폴더로 이동해 xgboost_customer_ churn_studio.ipynb 노트북을 연다. 이 노트북을 열 때 실행할 기본 파이썬 커널을 선택해야 한다. **Python 3 (Data Science)** 커널을 선택하라.

그림 6.21 아마존 세이지메이커 저장소 – 선호 커널 선택

16. 이제 커널을 선택했으므로 노트북을 실행할 수 없다. 계산 자원이 필요하기 때문이다. 이제 사용할 계산 인스턴스를 선택할 차례다. 우리 경우엔 일반 용도의 ml.t3.medium 인스턴스(이 책을 쓸 당시 시간당 0.05달러)이지만 더 크고 더 나은 시스템을 선택해 실험을 더 빠르게 실행할 수 있다. 자세한 가격 정보는 https://aws.amazon.com/ko/sagemaker/에서 확인할 수 있다. **저장하고 계속** Save and continue을 클릭하고 계속 진행한다.

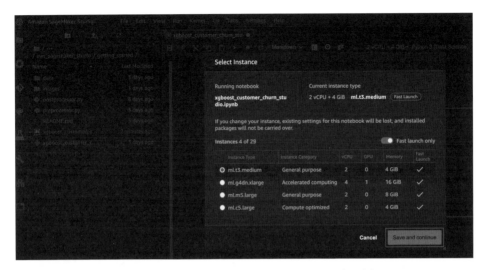

그림 6.22 아마존 세이지메이커 저장소 – 선호 컴퓨팅 인스턴스 선택

17. 컴퓨팅 인스턴스^{compute instance} 유형을 변경해야 하는 경우가 있을 수 있다. 이 경우 계정이 여러 인스턴스를 동시에 실행하도록 허용하지 않을 수 있으므로 이전 인스턴스를 삭제해야 한다. 다음 스크린샷에서 앱을 삭제하기 위한 링크를 볼 수 있다.

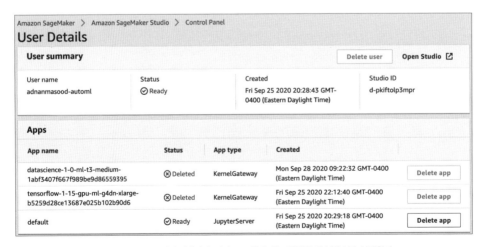

그림 6.23 아마존 세이지메이커 저장소 – 선호되는 컴퓨팅 인스턴스를 선택한다.

18. 컴퓨팅 리소스와 커널이 식별됐다. 이제 다음 스크린샷에 표시된 제어 도구 모음을 사용해 이 노트북을 설정하고 실행할 준비가 됐다. Python 및 기타 관련 SDK를 설치하라. 이 소개용 Amazon SageMaker Studio Walkthrough는 SageMaker Studio의 몇 가지 주요 특징들을 소개하기 때문에 시작하기에 매우 좋은 장소다. 주요 사용 사례는 Gradient Boost Tree를 사용해 모바일 고객 이탈을 예측하는 것이다. 여기에는 데이터셋 준비 및 Amazon S3에 업로드, Amazon SageMaker XGBoost 알고리듬 훈련, S3 실험 구축, 디버깅, 호스팅 및 모니터링 등이 포함된다. Amazon SageMaker Studio Walkthrough는 독자들에게 과제로 남긴다.

그림 6.24 아마존 세이지메이커 스튜디오 연습 노트북

이 절에서는 AWS 세이지메이커를 시작하는 방법을 학습하고 간단한 연습 작업을 수행했다. 이는 아마존 세이지메이커 개발자 가이드에서 제공하는 세이지메이커 기능의 완전한 요약이 아니다. https://docs.aws.amazon.com/sagemaker/에서 다운로드할 수 있다.

다음 절에서는 AWS 세이지메이커의 자동ML 기능에 관해 알아보겠다.

AWS 세이지메이커 오토파일럿

이름에서 알 수 있듯이 오토파일럿은 자동ML 솔루션을 제공하는 완벽한 관리형 시스템이다. 목표는 자동ML 솔루션과 마찬가지로 중복되고 시간이 많이 소요되는 반복적인 작업 대부분을 기계로 해결하고, 인간은 더욱 높은 수준의 인지 작업을 수행하는 것이다. 다음 다이어그램에서 세이지메이커 오토파일럿이 다루는 ML 수명 주기 부분을 볼 수 있다.

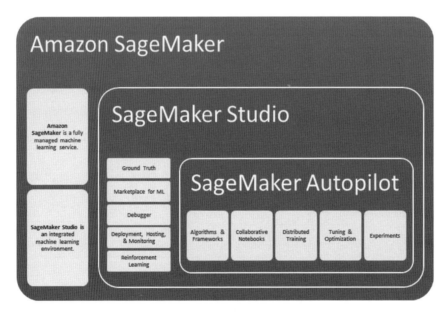

그림 6.25 아마존 세이지메이커의 수명 주기

일반적인 자동ML 사용자 흐름은 다음 그림에 정의돼 있다. 이 그림에서 사용자는 표 데이터를 분석하고 대상 예측 열을 선택한 다음 오토파일럿을 통해 올바른 알고리듬을 찾을 수 있다. 여기서 비밀 소스는 Das 등의 논문 「Amazon SageMaker Autopilot: a white box AutoML solution at scale」(https://www.amazon.science/publications/amazon-sagemaker-autopilot-a-white-box-automl-solution-at-scale)에서 정의한 기본 베이지안 최적화 도구다.

그림 6.26 아마존 세이지메이커 오토파일럿 수명 주기

자동 모델 생성 단계가 완료되면 모델 노트북을 완벽하게 볼 수 있다. 다음 그림의 워크 플로우는 ML 파이프라인의 작업 처리를 보여준다. AWS 세이지메이커 오토파일럿은 구조화된 데이터 세트와 대상 열을 제공해 훈련 및 검증 폴드를 위해 데이터를 분할하고, 파이프라인 실행을 통해 데이터를 변환한 후 모델 목록을 검토하고, 품질 척도를 기준으로 순위를 매긴다.

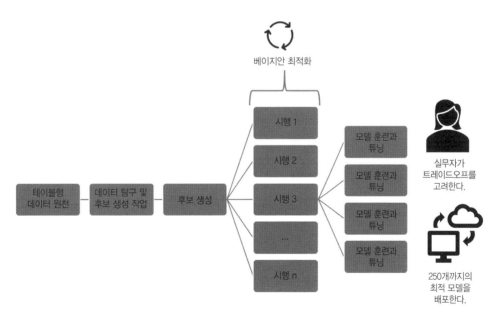

그림 6.27 아마존 세이지메이커 오토파일럿 – 내부

후보 노트북을 기반으로 한 베이지안 최적화 및 다중 시행이 이러한 하이퍼파라미터 최적화의 근간에 있다. 다음 하위 다이어그램은 하나의 후보 노트북이 다중 시행과 더 많은 모델 훈련 및 튜닝 인스턴스를 생성하는 방법을 보여준다. 이 프로세스에서는 모델 정확도, 지연 시간 및 기타 트레이드오프와 같은 척도에 따라 선정되고 순위가 매겨질 후보 모델의 리더 보드가 생성된다.

트레이드오프는 다음 그림에서 확인할 수 있다. 모델 #1과 #2 간의 정확도 차이는 2%이다. 그러나 지연 시간, 즉 모델이 응답하는 데 걸린 시간이 250ms 증가하므로 다음과 같은 차이가 매우 크다.

#	Model	Accuracy	Latency	Model Size
1	churn-xgboost-1756-013-33398f0	95%	450 ms	9.1 MB
2	churn-xgboost-1756-014-53facc2	93%	200 ms	4.8 MB
3	churn-xgboost-1756-015-58bc692	92%	200 ms	4.3 MB
4	churn-linear-1756-016-db54598	91%	50 ms	1.3 MB
5	churn-xgboost-1756-017-af8d756	91%	190 ms	4.2 MB

그림 6.28 오토파일럿 작업 정확도 대 지연 시간 트레이드오프 – Amazon re:Invent 인용 허가

세이지메이커 오토파일럿은 최종 모델 훈련 접근법 즉, 하이퍼파라미터, 알고리듬 및 관련 척도를 보여주는 파이프라인을 게시한다. 이 시연을 통해 MLOps 관점에서 이러한 모델을 투명하게 만들고 확장성이 뛰어난 고품질 편집 가능한 ML 모델을 만들 수 있다. 이들 모델은 세이지메이커 생태계 내에서 게시 및 모니터링이 가능하며, 다른 모델을 선택해 원하는 대로 배포할 수 있다. 이들 기능은 AWS ML 생태계에서 최전선에 있으며, 개발자가 고객을 위한 귀중한 솔루션을 구축하고 구현할 수 있도록 지원한다.

AWS 점프스타트

2020년 12월 아마존은 모델 개발을 가속화하기 위해 모델 동물원model zoos이라고도 하는 사전 구축된 모델 저장소에 액세스할 수 있는 기능으로 세이지메이커 점프스타트 SageMaker JumpStart를 발표했다. 아마존 세이지메이커의 일부로 통합된 점프스타트는 예측 유지 보수, 컴퓨터 비전, 자율 주행, 사기 행위 감지, 신용 위험 예측, 문서로부터 데이터를 추출 및 분석하기 위한 OCR, 이탈 예측 및 개인화된 추천을 위한 사전 구축된 템플릿을 제공한다.

점프스타트는 개발자가 이러한 기존 템플릿을 사용해 개발을 시작할 수 있는 훌륭한 출발점을 제공한다. 이러한 가속기 및 스타터 키트는 깃허브 https://github.com/awslabs/에서 제공하며, 아마존 세이지메이커 모델 개발 및 배포 메커니즘을 사용할 수 있는 레시피와 모범 사례를 제공한다.

AWS를 사용한 머신러닝 AWS 점프스타트 사용에 대한 자세한 내용은 여기를 참조하라. https://docs.aws.amazon.com/sagemaker/latest/dg/studio-jumpstart.html

요약

AWS ML 스택과 AWS 세이지메이커 및 노트북 개발을 시작하는 방법에 대해 배웠다. 또한 세이지메이커 오토파일럿과 자동ML 워크플로우 기능을 알게 됐다. 기본 제공 알고리듬, 세이지메이커 ML 수명 주기 그리고 세이지메이커 자동ML에 사용되는 알고리듬 및 기법에 대한 개요를 제공했다. AWS ML 스택 및 세이지메이커 자동ML 수명 주기에 대한 자세한 탐구 및 학습에 필요한 배경지식을 제공한다.

7장에서는 몇 가지 세이지메이커 오토파일럿 기능을 사용해 분류, 회귀 및 시계열 분석을 실행하겠다.

▌ 참고문헌

다음 주제에 관한 자세한 내용을 보려면 주어진 링크를 참조하라.

- 피알리 다스^{Piali Das} 등의 "Amazon SageMaker Autopilot: a white box Auto ML solution": https://www.amazon.science/publications/amazon-sage maker-autopilot-a-white-box-automl-solution-at-scale
- "Build, train, and deploy a ML model with Amazon SageMaker": https://aws.amazon.com/getting-started/hands-on/build-train-deploy-machine-learning-model-sagemaker/
- "Amazon SageMaker Studio – AutoML with Amazon SageMaker Auto Pilot(part 1)": https://www.youtube.com/watch?v=qMEtqJPhqpA
- "Amazon SageMaker Studio – AutoML with Amazon SageMaker AutoPilot (part 2)": https://www.youtube.com/watch?v=qMEtqJPhqpA&ab_channel=JulienSimon
- "SageMaker Studio – AutoML with Amazon SageMaker AutoPilot(part 3)": https://www.youtube.com/watch?v=KZSTsWrDGXs&ab_channel=JulienSimon
- "SageMaker Studio – AutoML with Amazon SageMaker AutoPilot(part 4)": https://www.youtube.com/watch?v=vRHyX3kDstI&ab_channel=JulienSimon

아마존 세이지메이커
오토파일럿으로 자동머신러닝
실행하기

"머신러닝의 가장 큰 이점 중 하나는 점점 더 많은
특성 공학 프로세스를 자동화하는 것이다."

– 페드로 도밍고스 Pedro Domingos

"자동머신러닝, 얇게 썬 빵 이후 가장 좋은 것이다!"

– 익명

하이퍼스케일러 즉 클라우드 공급자를 통한 자동머신러닝AutoML은 대중에게 AI 민주화를
가져올 잠재력이 있다. 6장에서는 세이지메이커에서 머신러닝 워크플로우를 생성하고
세이지메이커 오토파일럿의 내부도 배웠다.

7장에서는 아마존 세이지메이커^{Amazon SageMaker} 오토파일럿을 노트북과 함께 시각적 형식으로 사용하는 방법을 설명하는 몇 가지 예를 살펴본다.

7장에서는 다음 주제를 다룬다.

- 아마존 세이지메이커 오토파일럿의 작성 – 제한된 실험
- AutoML 실험 생성
- 세이지메이커 오토파일럿 실험의 수행과 모델의 배포
- 세이지메이커 오토파일럿 모델 호출 및 테스트
- 노트북으로부터 세이지메이커 오토파일럿 실험을 구축하고 실행하기

자, 이제 시작하자.

▍ 기술적 요구 조건

당신의 시스템에서 아마존 세이지메이커 스튜디오에 접근할 수 있어야 한다.

▍ 아마존 세이지메이커 오토파일럿의 작성 – 제한된 실험

세이지메이커 오토파일럿을 이용해 AutoML 적용을 직접 소개한다. AutoML을 다운로드해 오픈소스 데이터셋에 적용하겠다. 시작하자!

1. 아마존 세이지메이커 스튜디오에서 다음 스크린샷과 같이 Python 3 버튼을 클릭해 데이터 과학 노트북을 시작하라.

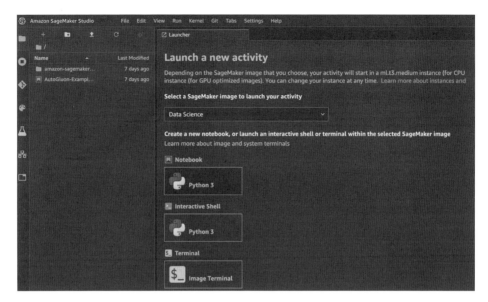

그림 7.1 아마존 세이지메이커 개시 메인 화면

메인 화면 UCI에서 다음 URL 검색 명령을 호출해 은행 마케팅 데이터셋을 다운 로드하고 노트북에 저장하라.

그림 7.2 아마존 세이지메이커 스튜디오 주피터 노트북 – 데이터셋 다운로드

이 은행 마케팅 데이터셋은 포르투갈의 한 은행 기관에서 제공하는 것으로 고 객의 예금 가입 예측(이진 특성, y)을 목표로 한다. 데이터셋은 Moro, Cortez 및 Rita가 발표한 "은행 텔레마케팅의 성공을 예측하는 데이터 기반 접근법. 의사 결정 지원 시스템(엘세비어 발간)"에서 발췌한 것이다. 데이터셋은 다음 스크린샷

과 같이 UCI 웹사이트(https://archive.ics.uci.edu/ml/datasets/Bank+Marketing)에서 다운로드할 수 있다.

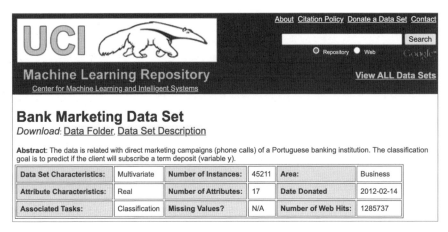

그림 7.3 은행 마케팅 데이터셋: "은행 텔레마케팅 의사 결정 지원 시스템의 성공을 예측하기 위한 데이터 기반 접근법", 엘세비어

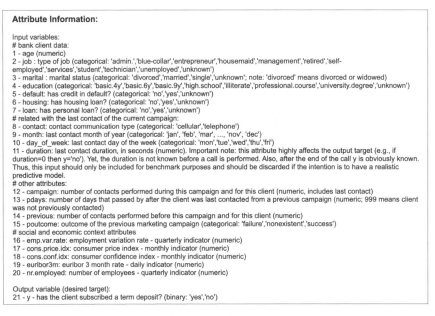

그림 7.4 은행 마케팅 데이터셋: "은행 텔레마케팅 의사 결정 지원 시스템의 성공을 예측하기 위한 데이터 기반 접근법", 엘세비어

데이터셋의 속성 정보는 앞의 스크린샷에서 확인할 수 있다.

데이터셋을 다운로드했으므로 다음 스크린샷에 표시된 명령을 사용해 파일 압축을 풀 수 있다.

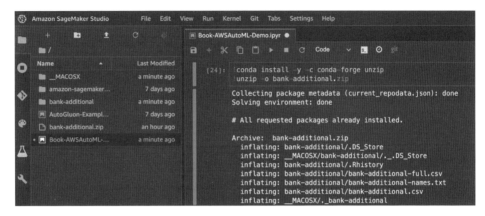

그림 7.5 아마존 세이지메이커 스튜디오 주피터 노트북 – 데이터셋 압축 풀기

압축 해제 추출된 아카이브에는 다음과 같은 세 개의 파일이 포함돼 있다.

- bank-additional.full.csv: 모든 예제(전체 데이터)와 함께 날짜별로 정렬됨 (2008년 5월부터 2010년 11월까지)

- bank-additional.cv: bank-additional.full.csv로부터 랜덤하게 선택한 예제의 10%(4,119개)

- bank-additional-names.txt: 스크린샷에 묘사된 필드 정보가 포함됨

다음 스크린샷에서 볼 수 있듯이 CSV 파일을 판다스 데이터프레임에 로딩한 후에는 판다스를 사용해 파일 내용을 볼 수 있다.

그림 7.6 아마존 세이지메이커 스튜디오 주피터 노트북 – 판다스 데이터프레임으로 데이터셋 로딩하고 시각화하기

NumPy를 사용해 데이터셋을 훈련 및 테스트 세그먼트로 분할하라. 이 경우 다음 스크린샷과 같이 데이터의 95%를 교육에, 5%를 테스트에 사용할 것이다. 이데이터는 훈련용 파일과 테스트용 파일의 두 개 파일에 저장된다.

```
automl-test.csv        seconds ago   [36]:  import numpy as np
automl-train.csv       seconds ago          train_data, test_data, _ = np.split(data.sample(frac=1, random_state=123),
bank-additional.zip    an hour ago                                                 [int(0.95 * len(data)), int(len(data))])
Book-AWSAutoML-Demo.ipynb  seconds ago
                                             train_data.to_csv(               , index=False, header=True, sep= )
                                             test_data.to_csv(                , index=False, header=True, sep= )
```

그림 7.7 아마존 세이지메이커 스튜디오 주피터 노트북 – 데이터셋을 훈련/테스트로 분리하고 S3에 파일 저장

세이지메이커 API를 사용해 세션을 생성하고 이전 단계에서 생성한 훈련 데이터를 S3에 저장한다.

```
[37]:  import sagemaker
       prefix = 'sagemaker/automlbook-bankds/input'
       sess = sagemaker.Session()
       uri = sess.upload_data(path=                         , key_prefix=prefix)
       print(uri)

       s3://sagemaker-us-east-1-385578370913/sagemaker/automlbook-bankds/input/automl-train.csv
```

그림 7.8 아마존 세이지메이커 스튜디오 주피터 노트북 – 데이터셋을 S3로 업로딩

6장에서는 노트북을 사용해 AutoML 실험을 만드는 방법을 배웠다. 이번에는 세이지메이커 UI를 통해 실험을 만들어보겠다. 왼쪽 창에서 실험 아이콘을 클릭하고, 다음 스크린샷과 같이 실험 이름과 S3 버킷 주소를 입력해 실험을 생성한다.

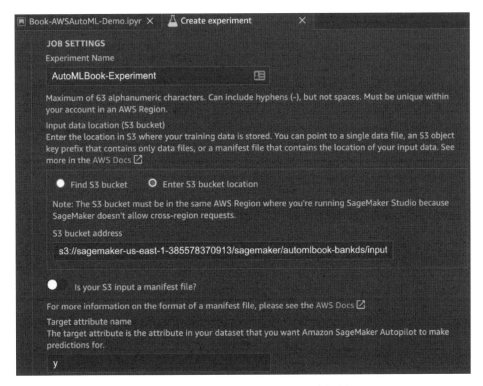

그림 7.9 아마존 세이지메이커 스튜디오 UI – 계정 생성

2. 타깃 속성을 y로 설정한다. 타깃 속성은 Output 변수(원하는 타깃)로서 데이터셋에 묘사된다. y — 고객이 정기예금을 가입했는가(이진: "예", "아니오").

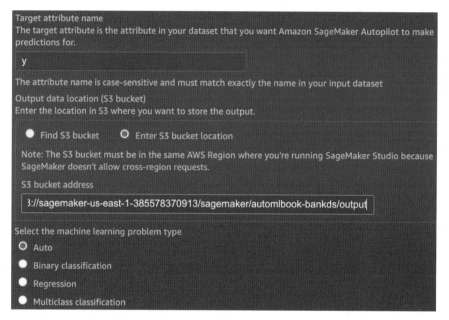

그림 7.10 아마존 세이지메이커 스튜디오 UI — 실험 생성

앞의 스크린샷에서와 같이 ML 문제를 직접 정의하거나(이 경우 이진 분류), 세이지메이커 AutoML 엔진이 자체적으로 결정하도록 할 수 있다. 이 경우 우리는 ML 문제를 Auto로 선택하면 되고, 세이지메이커가 자동적으로 이를 이진 분류 문제로 인식하는 것을 알 수 있다.

3. 전체 실험(즉 데이터 분석, 특성 공학, 모델링 튜닝)을 실행하거나 후보 정의를 볼 수 있는 노트북을 만들 수 있다. 이 데이터셋과 함께 각 접근법의 이점을 시연할 것이다.

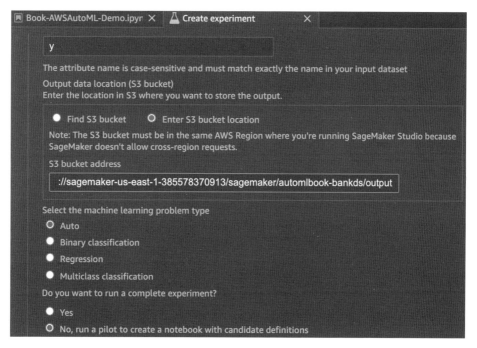

그림 7.11 아마존 세이지메이커 스튜디오 UI – 실험 완료 대 후보 정의를 위한 파일럿

마지막으로 사용자 지정 세이지메이커 역할, 암호화 키(만약 S3 데이터가 암호화돼 있다면) 그리고 가상 사적 클라우드로 작업하고 있다면 VPC 정보와 같은 고급 옵션 파라미터를 설정할 수 있다.

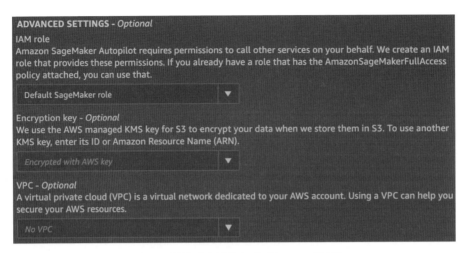

그림 7.12 아마존 세이지메이커 스튜디오 UI – 고급 설정

이를 통해 필요한 모든 정보를 입력하고 실험을 실행할 수 있다. 작업을 제출하면 다음 화면이 표시되며, 여기에는 두 단계(데이터 및 후보 정의 생성 분석)가 포함된다. 이는 전체 실험을 실행하지 않고 후보 정의만 생성하기로 선택했기 때문이다.

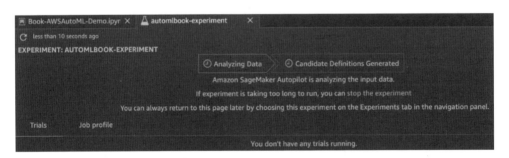

그림 7.13 아마존 세이지메이커 스튜디오 실험 생성 UI – 데이터 분석 화면

4. 일단 이 부분 실험이 완료되면 완료된 작업 정보, 시행 및 작업 프로파일을 보여주는 다음 화면을 볼 것이다. 이번에는 후보만 생성했기 때문에 실험은 그리 오래 걸리지 않았다. **후보 생성 노트북 열기**^{Open candidate generation notebook} 및 **데이터 탐색**

노트북 열기^{Open data exploration notebook} 버튼은 페이지 오른쪽 상단에 있다. 이 두 버튼을 누르면 각각의 노트북이 열린다.

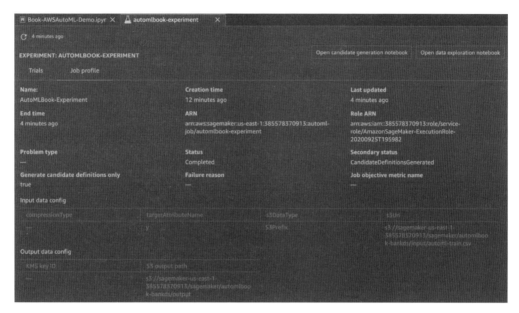

그림 7.14 아마존 세이지메이커 AutoML 실험 완료 뷰

세이지메이커 오토파일럿 후보 정의 노트북을 통해 데이터 과학자는 데이터셋, 데이터셋의 특성과 분류 문제 및 훈련된 모델의 품질 척도를 더욱 심도 있게 살펴볼 수 있다. 이는 기본적으로 세이지메이커 오토파일럿 파이프라인의 배후에서 일어나는 일을 심도 있게 보여주는 것이며, 데이터 과학자가 이것을 수동으로 실행하고, 필요에 따라 미세 조정하거나 변경할 수 있는 기회를 제공한다.

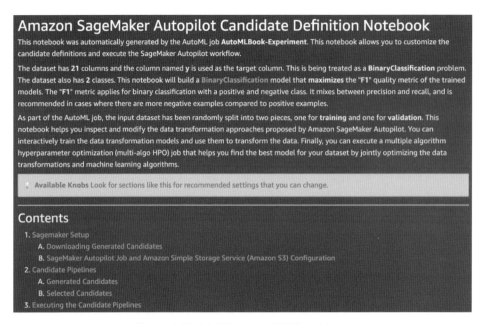

그림 7.15 아마존 세이지메이커 오토파일럿 후보 정의 노트북

이전 스크린샷에서 볼 수 있듯이 후보 정의 노트북은 상당히 큰 파일이며 목차가 포함돼 있다. 마찬가지로 데이터 탐색 노트북은 데이터셋에 관한 통찰력을 제공한다.

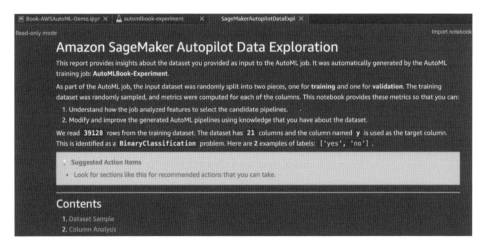

그림 7.16 아마존 세이지메이커 오토파일럿 데이터 탐구 노트북

이러한 통찰력에는 데이터 과학자가 일반적으로 기대하는 특성 및 데이터 유형, 범위, 평균, 중간값, 기술 통계, 결측 데이터 등이 포함된다. 일반적으로 제공되는 AutoML 기능에 대해 회의적인 경우에도 데이터 과학자가 데이터셋과 각 후보를 살펴보기에 매우 적합하다.

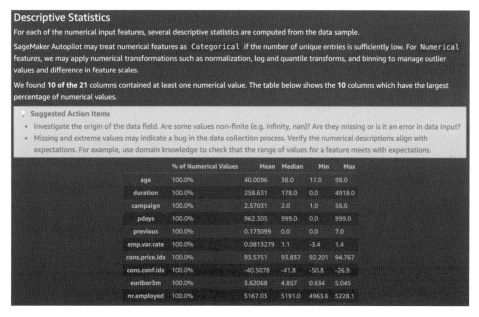

그림 7.17 아마존 세이지메이커 오토파일럿 데이터 탐구 노트북 – 기술 통계량

아마존 세이지메이커 오토파일럿 데이터 탐색 및 후보 정의 노트북은 사용자가 데이터를 분석하고 실험을 수행할 수 있는 투명한 뷰를 제공한다. 노트북에서 볼 수 있는 이러한 코드는 전처리, 하이퍼파라미터, 알고리듬, 하이퍼파라미터의 범위 및 최적의 후보를 식별하는 데 사용되는 모든 전처리 단계를 확인할 수 있는 실행 코드다.

다음 절에서는 전체 오토파일럿 실험을 구축하고 실행할 것이다.

AutoML 실험 생성

오토파일럿 데이터 탐색 및 후보 정의 노트북은 데이터셋에 대한 자세한 개요를 제공하므로 전체 실험은 실제로 이러한 단계를 실행하고 이러한 노트북에 설명된 단계를 기반으로 최종 튜닝된 모델을 제공한다. 이제 앞에서 살펴본 것과 동일한 UI를 사용해 전체 실험을 만들어보겠다.

1. 아마존 세이지메이커 스튜디오에서 데이터 과학 실험을 시작한다. 왼쪽 창에서 실험 아이콘을 클릭하고 다음 스크린샷과 같이 실험 이름과 S3 버킷 주소를 입력혜 실험을 생성한다.

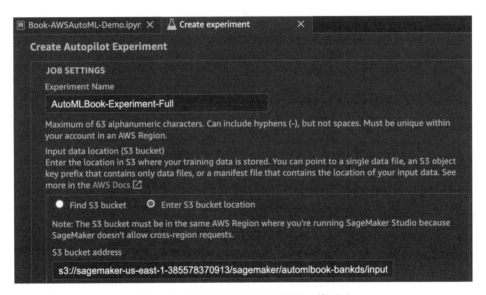

그림 7.18 아마존 세이지메이커 오토파일럿 – 실험 생성

이전의 "아마존 세이지메이커 오토파일럿의 작성 – 제한된 실험" 절에서 제한적 실행을 했다. 이 절에서는 전체 실험 기능을 사용한다.

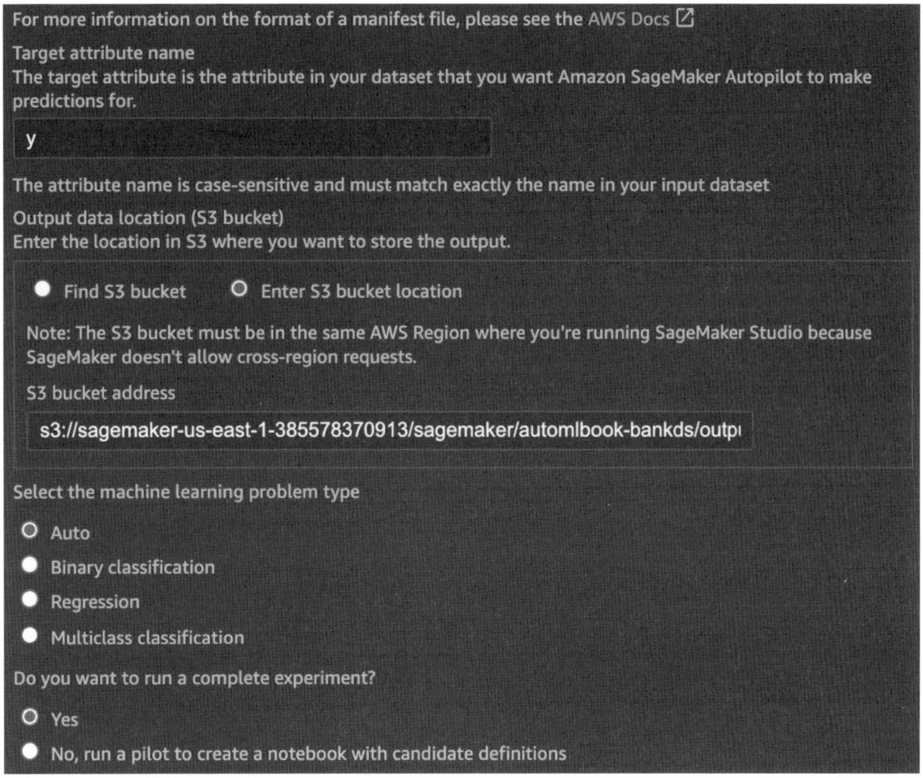

For more information on the format of a manifest file, please see the AWS Docs ☑

Target attribute name
The target attribute is the attribute in your dataset that you want Amazon SageMaker Autopilot to make predictions for.

y

The attribute name is case-sensitive and must match exactly the name in your input dataset

Output data location (S3 bucket)
Enter the location in S3 where you want to store the output.

○ Find S3 bucket   ⊙ Enter S3 bucket location

Note: The S3 bucket must be in the same AWS Region where you're running SageMaker Studio because SageMaker doesn't allow cross-region requests.

S3 bucket address

s3://sagemaker-us-east-1-385578370913/sagemaker/automlbook-bankds/outpu

Select the machine learning problem type

○ Auto
● Binary classification
● Regression
● Multiclass classification

Do you want to run a complete experiment?

○ Yes
● No, run a pilot to create a notebook with candidate definitions

그림 7.19 아마존 세이지메이커 오토파일럿 – 완료된 실험 생성

실험을 시작할 때, 이 완전한 실험이 더 오래 걸리고 전체 파이프라인을 구축 및
실행할 것이라는 점을 제외하고 이전의 후보 실험과 매우 유사하게 작동한다.
결과를 기다리는 동안 다음 화면을 볼 것이다.

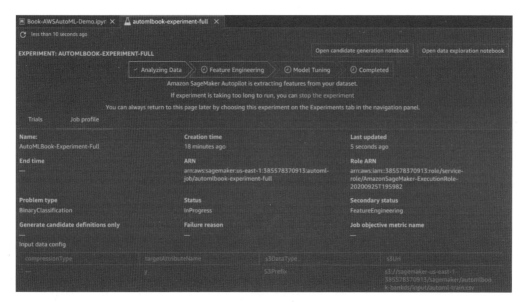

그림 7.20 아마존 세이지메이커 오토파일럿 – 전체 실험 실행

실험이 실행되는 동안 개별 실험을 살펴보고 **시행**^{Trials} 탭에서 귀중한 통찰력을 얻음으로써 진행 상황을 추적할 수 있다. 여기서 문제 유형이 올바르게 이진 분류로 분류됐음을 알 수 있다.

그림 7.21 아마존 세이지메이커 오토파일럿 – 전체 실험 실행

다음 스크린샷에 표시된 실험의 자세한 요약은 사용된 추론 컨테이너, 모델 데이터 URI 및 사용된 환경과 AWS 리소스를 고유하게 식별하는 각각의 아마존 리소스 이름[ARS, Amazon Resource Name]을 보여준다.

Summary			
Name	Status	Creation time	Last modified
tuning-job-1-b6a568e36c7241558c-212-4c80d306	Completed	34 minutes ago	22 minutes ago

Inference containers			
Image	Model Data URL	Environment - Transform mode	Environment - default invocations accept
683313688378.dkr.ecr.us-east-1.amazonaws.com/sagemaker-sklearn-automl:0.2-1-cpu-py3	s3://sagemaker-us-east-1-385578370913/sagemaker/automlbook-bankds/output-full/AutoMLBook-Experiment-Full/data-processor-models/AutoMLBook-dpp8-1-f1cfd1024b9f474ba0379f8c1ea99d224118134de50b4/output/model.tar.gz	feature-transform	application/x-recordio-protobuf
683313688378.dkr.ecr.us-east-1.amazonaws.com/sagemaker-xgboost:1.0-1-cpu-py3	s3://sagemaker-us-east-1-385578370913/sagemaker/automlbook-bankds/output-full/AutoMLBook-Experiment-Full/tuning/AutoMLBook-dpp8-xgb/tuning-job-1-b6a568e36c7241558c-212-4c80d306/output/model.tar.gz	—	text/csv
683313688378.dkr.ecr.us-east-1.amazonaws.com/sagemaker-sklearn-automl:0.2-1-cpu-py3	s3://sagemaker-us-east-1-385578370913/sagemaker/automlbook-bankds/output-full/AutoMLBook-Experiment-Full/data-processor-models/AutoMLBook-dpp8-1-f1cfd1024b9f474ba0379f8c1ea99d224118134de50b4/output/model.tar.gz	inverse-label-transform	text/csv

그림 7.22 아마존 세이지메이커 오토파일럿 추론 컨테이너 정보

시행[Trials] 탭은 다양한 시행 및 튜닝 작업을 보여주며, 목표 함수(F1 점수)가 시간의 흐름에 따라 어떻게 개선이 되는가를 시연한다.

Trial name	Status		Start time		Objective: F1	
★ *Best:* tuning-job-1-b6a568e36c72415...	Completed		38 minutes ago		0.8112099766731262	
tuning-job-1-b6a568e36c7241558c-221...	Completed		34 minutes ago		0.8111799955368042	
tuning-job-1-b6a568e36c7241558c-234...	Completed		31 minutes ago		0.8106300234794617	
tuning-job-1-b6a568e36c7241558c-248...	Completed		28 minutes ago		0.8099600076675415	
tuning-job-1-b6a568e36c7241558c-244...	Completed		29 minutes ago		0.8096200227737427	
tuning-job-1-b6a568e36c7241558c-179...	Completed		46 minutes ago		0.8094300031661987	
tuning-job-1-b6a568e36c7241558c-162...	Completed		50 minutes ago		0.8093400001525879	
tuning-job-1-b6a568e36c7241558c-173...	Completed		48 minutes ago		0.8092300295829773	
tuning-job-1-b6a568e36c7241558c-139...	Completed		57 minutes ago		0.8090400099754333	
tuning-job-1-b6a568e36c7241558c-218...	Completed		36 minutes ago		0.8089600205421448	
tuning-job-1-b6a568e36c7241558c-134...	Completed		58 minutes ago		0.8088799715042114	
tuning-job-1-b6a568e36c7241558c-233...	Completed		31 minutes ago		0.8083599805831909	
tuning-job-1-b6a568e36c7241558c-226...	Completed		33 minutes ago		0.808139979839325	
tuning-job-1-b6a568e36c7241558c-199...	Completed		40 minutes ago		0.808139979839325	
tuning-job-1-b6a568e36c7241558c-220...	Completed		35 minutes ago		0.8081200122833252	
tuning-job-1-b6a568e36c7241558c-079...	Completed		1 hour ago		0.8079900145530701	
tuning-job-1-b6a568e36c7241558c-235...	Completed		31 minutes ago		0.8079800009727478	
tuning-job-1-b6a568e36c7241558c-171...	Completed		49 minutes ago		0.8079800009727478	
tuning-job-1-b6a568e36c7241558c-223...	Completed		34 minutes ago		0.807919979095459	

그림 7.23 아마존 세이지메이커 오토파일럿 실험 실행 시행 – 최적 모델

6장에서 똑같은 반복 시행을 본 적이 있다. 다시 데자뷰다. OSS 툴에서 이러한 프로세스
가 진행되는 것을 봤으며, 여기서는 더욱 조직적인 엔드-투-엔드 방식으로 수행된다는
점에서 좀 다를 뿐이다. 전략, 데이터 분석 특성 공학, 모델 튜닝 및 하이퍼파라미터 최적
화 프로세스 등 전체 파이프라인이 하나로 통합돼 있다. 다음 스크린샷에서 튜닝 작업의
상세 내역을 볼 수 있다.

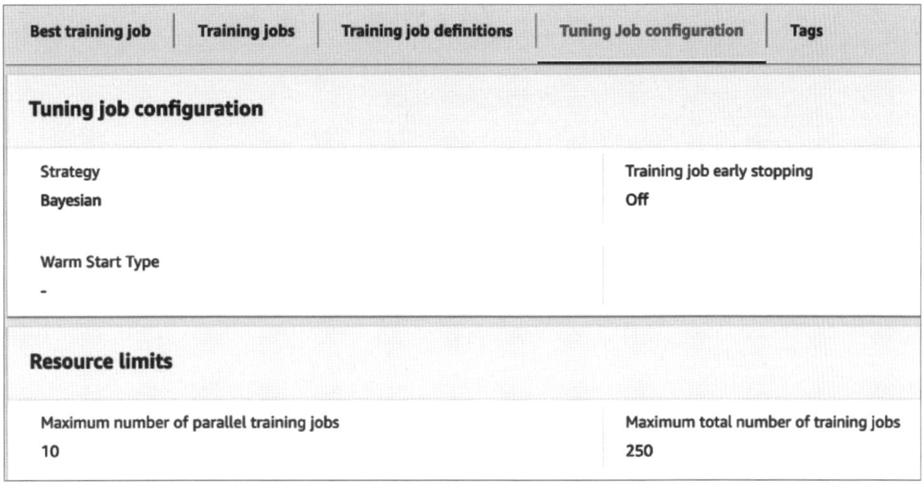
Best training job
Training jobs
Training job definitions
Tuning Job configuration
Tags
Tuning job configuration
Strategy
Bayesian
Training job early stopping
Off
Warm Start Type
-
Resource limits
Maximum number of parallel training jobs
10
Maximum total number of training jobs
250

그림 7.24 아마존 세이지메이커 오토파일럿 훈련 작업 세부 사항 – 베이지안 전략과 리소스 정보를 보인다.

이제 전체 실험을 실행하고 프로세스가 완료됐으므로, 최적 모델을 배포하자.

▍세이지메이커 오토파일럿 실험의 수행과 모델의 배포

아마존 세이지메이커 스튜디오 모델을 구축하면 머신러닝 모델을 쉽게 구축, 교육 및 배치할 수 있다. 즉, 데이터 과학 수명 주기를 가능하게 한다. 이전 절에서 구축한 모델을 구축하려면 특정 파라미터를 설정해야 한다. 이를 위해서는 요청 및 응답 정보를 포착하려는 경우 엔드포인트 이름, 인스턴스 유형, 인스턴스(개수) 및 제공해야 한다. 이제 시작하자.

1. 다음 스크린샷에 표시된 것처럼 **데이터 캡처**Data Capture 옵션을 선택하는 경우 저장을 위해 S3 버킷이 필요하다.

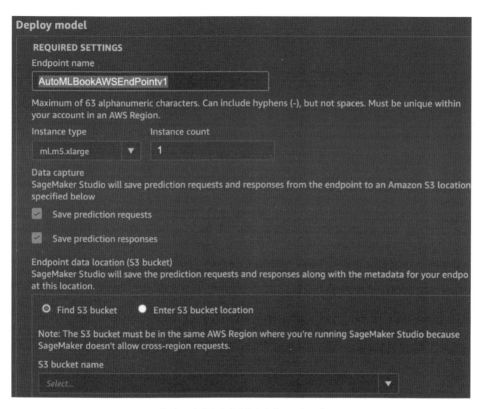

그림 7.25 아마존 세이지메이커 엔드포인트 배포

2. 배포^{Deploy}를 클릭하면 새 엔드포인트가 생성되는 진행률을 보여주는 다음 화면을 볼 것이다.

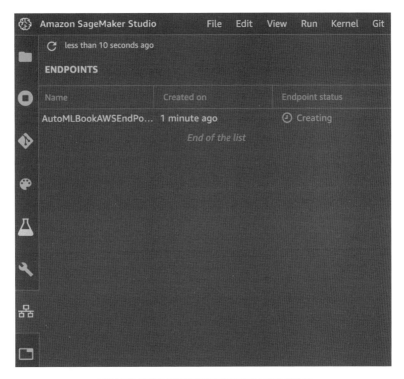

그림 7.26 아마존 세이지메이커 엔드포인트 배포 진행 중

배포가 완료되면 다음과 같은 InService 상태가 표시된다.

그림 7.27 아마존 세이지메이커 엔드포인트 배포 완료

3. 모델 엔드포인트는 모델의 품질을 보장하는 중요한 리소스다. 모델 모니터를 실행하면 데이터 드리프트를 탐지하고 프로덕션에서 모델의 품질을 모니터링할 수 있다. 이와 같이 모델의 품질을 사전 예방적으로 감지하면 머신러닝 서비스

가 운영 환경에서 잘못된 결과를 제공하지 않도록 보장할 수 있다. **모니터링 활성화**Enabling monitoring 버튼을 클릭해 아마존 세이지메이커 모델 모니터를 활성화한다.

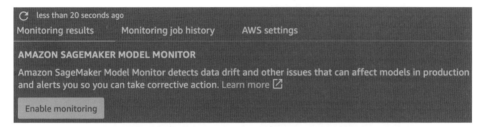

그림 7.28 아마존 세이지메이커 오토파일럿 모니터 시작 화면

모델 모니터링은 머신러닝 수명 주기 중 중요한 영역이다. 다음 스크린샷에 표시된 것처럼 아마존 세이지메이커 모델 모니터는 데이터를 캡처하고 베이스라인을 생성하며, 모니터링 작업을 스케줄링한 다음 SME(도메인 전문가)가 이상치 및 위반이 발생했을 때 결과를 해석할 수 있도록 한다.

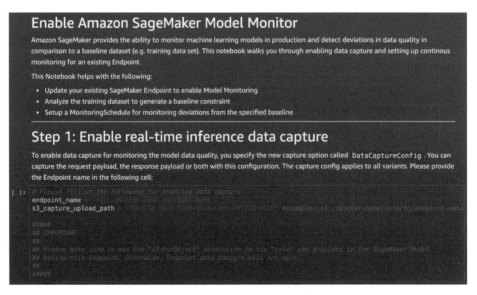

그림 7.29 아마존 세이지메이커 오토파일럿 모니터 허용 노트북

노트북 모델을 만들고 배포했으므로 이제 모델을 호출해 테스트해볼 때다. 웹 서비스를 통해 노출된 머신러닝 모델을 호출하는 작업을 일반적으로 추론inference 또는 평가evaluation 라고 한다.

세이지메이커 오토파일럿 모델 호출 및 테스트

아마존 세이지메이커 오토파일럿을 사용해 모델이 구축되고, 배포되면 테스트해볼 수 있다. 이전에 저장한 테스트 데이터를 이제 사용할 시간이다. 여기서는 반복적으로 automl-test.csv 파일을 통해 데이터 라인을 리퀘스트request로 전달해 엔드포인트를 호출하는 것을 볼 수 있다.

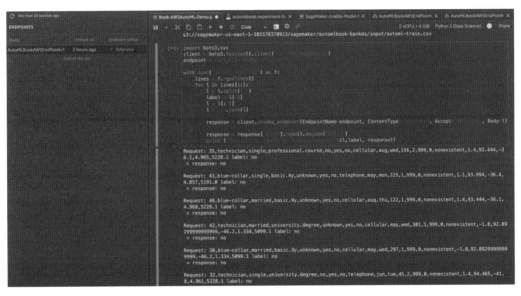

그림 7.30 아마존 세이지메이커 오토파일럿 – 노트북으로부터 모델 부르기

리퀘스트에는 대출 신청자에 대한 정보가 포함돼 있다. 리퀘스트에서 결과(레이블)를 제거하고 값을 보고 싶을 때 출력해서 비교했다. 앞의 스크린샷에서 웹 서비스의 리퀘스트,

레이블 및 해당 반응을 볼 수 있다. 이 정보를 사용해 서비스 결과의 정확성을 계산할 수 있다. 결과는 매우 정확하다.

```
Request: 32,technician,single,university.degree,no,yes,no,telephone,jun,tue,45,2,999,0,nonexistent,1.4,94.465,-41.
8,4.961,5228.1 label: no
= response: no

Request: 46,blue-collar,married,unknown,no,no,yes,cellular,jul,thu,36,1,999,0,nonexistent,1.4,93.91799999999999,-4
2.7,4.962,5228.1 label: no
= response: no

Request: 29,admin.,single,university.degree,no,yes,yes,cellular,nov,fri,1222,2,999,0,nonexistent,-0.1,93.2,-42.0,4.
021,5195.8 label: yes
= response: yes

Request: 24,blue-collar,single,basic.4y,no,yes,yes,cellular,jul,wed,132,1,999,0,nonexistent,1.4,93.91799999999999,-
42.7,4.963,5228.1 label: no
= response: no

Request: 23,entrepreneur,married,professional.course,no,no,no,cellular,jul,tue,58,1,999,0,nonexistent,1.4,93.917999
99999999,-42.7,4.962,5228.1 label: no
= response: no

Request: 45,management,single,basic.9y,no,yes,no,telephone,jun,thu,69,1,999,0,nonexistent,1.4,94.465,-41.8,4.961,52
28.1 label: no
= response: no

Request: 38,admin.,married,university.degree,no,no,no,cellular,oct,wed,180,2,999,1,failure,-3.4,92.431,-26.9,0.74,5
017.5 label: no
= response: yes

Request: 58,services,married,high.school,no,yes,no,cellular,jul,fri,72,30,999,0,nonexistent,1.4,93.91799999999999,-
42.7,4.962,5228.1 label: no
= response: no
```

그림 7.31 아마존 세이지메이커 오토파일럿 – 모델 부르기 반응

이제 아마존 세이지메이커 오토파일럿 UI에서 AutoML 실험 설정 방법을 배웠으므로 다음 절에서 노트북을 사용해 동일한 작업을 수행한다.

▍ 노트북으로부터 세이지메이커 오토파일럿 실험을 구축하고 실행하기

고객 이탈은 기업에게 현실적인 문제다. 이 예에서는 노트북으로 고객 이탈 예측 실험을 구축하기 위해 우리의 지식을 활용해 아마존 세이지메이커 오토파일럿에서 AutoML을 완료할 것이다. 이 실험에서는 대니얼 라로스^{Daniel Laros}가 그의 책 『Discovering Knowledge in Data^{데이터에서 지식의 발견}』에서 제공하는 미국 모바일 고객의 공개 데이터셋을 사용할 것이다. 샘플 노트북은 전 과정을 시연하기 위해 특성 공학을 수행하고, 모델 파

이프라인(최적 하이퍼파라미터와 함께)을 구축하며, 모델을 배포하는 오토파일럿 실험을 실행한다.

UI/API/CLI 패러다임의 진화는 동일한 인터페이스를 여러 형식으로 활용할 수 있도록 도와줬으며 이 경우 노트북에서 직접 아마존 세이지메이커 오토파일럿 기능을 활용할 예정이다.

1. 다음 스크린샷에 표시된 대로 amazone-sagemeker-examples/autopilot 폴더에서 autopilot_customer_churn 노트북을 연다.

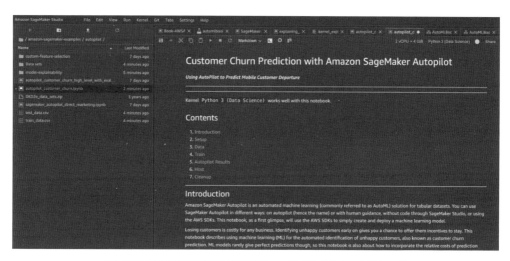

그림 7.32 아마존 세이지메이커 오토파일럿 – 고객 이탈 예측 오토파일럿 노트북

2. 이전 'AutoML 실험 생성' 절에서와 같이 S3 버킷과 IAM(ID 및 액세스 관리) 역할을 지정해 설치를 실행한다. 다음 스크린샷에 표시된 대로 데이터셋을 다운로드한다.

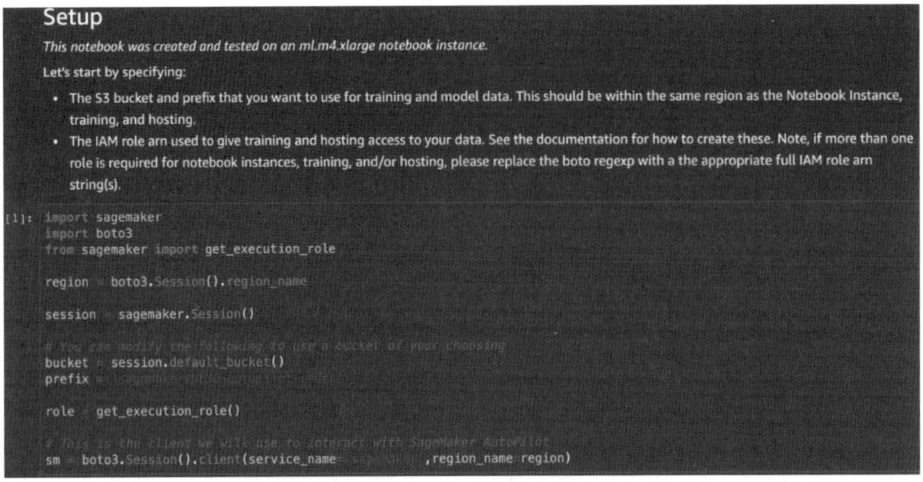

Setup

This notebook was created and tested on an ml.m4.xlarge notebook instance.

Let's start by specifying:

- The S3 bucket and prefix that you want to use for training and model data. This should be within the same region as the Notebook Instance, training, and hosting.
- The IAM role arn used to give training and hosting access to your data. See the documentation for how to create these. Note, if more than one role is required for notebook instances, training, and/or hosting, please replace the boto regexp with a the appropriate full IAM role arn string(s).

```
[1]: import sagemaker
     import boto3
     from sagemaker import get_execution_role

     region = boto3.Session().region_name

     session = sagemaker.Session()

     # You can modify the following to use a bucket of your choosing
     bucket = session.default_bucket()
     prefix =

     role = get_execution_role()

     # This is the client we will use to interact with SageMaker AutoPilot
     sm = boto3.Session().client(service_name=            ,region_name=region)
```

그림 7.33 아마존 세이지메이커 오토파일럿 – 기본 버킷 설정하는 노트북 실행하고 세션을 생성

3. 이때 다음 스크린샷과 같이 사전 요구 사항을 설치하고 데이터셋을 다운로드해야 한다.

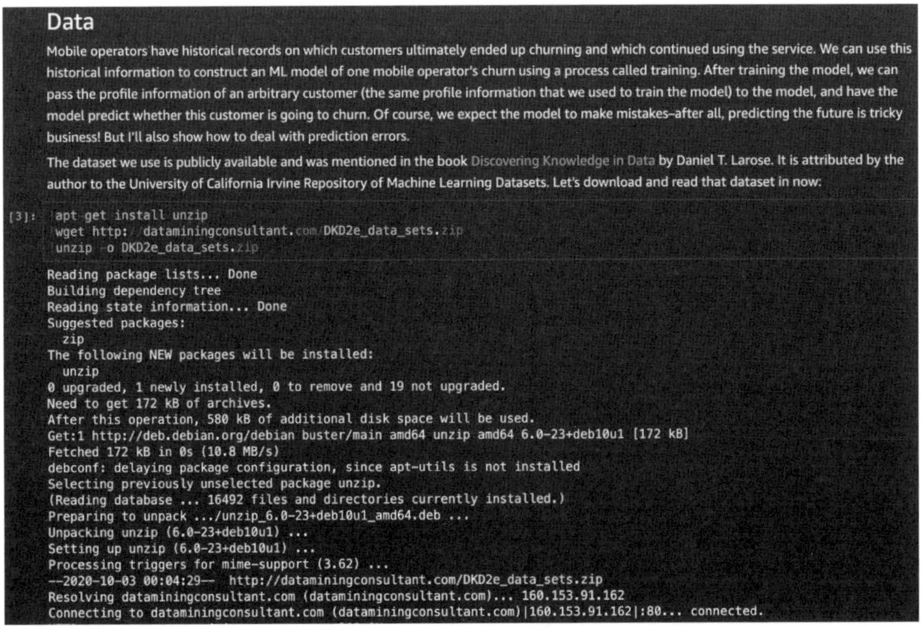

Data

Mobile operators have historical records on which customers ultimately ended up churning and which continued using the service. We can use this historical information to construct an ML model of one mobile operator's churn using a process called training. After training the model, we can pass the profile information of an arbitrary customer (the same profile information that we used to train the model) to the model, and have the model predict whether this customer is going to churn. Of course, we expect the model to make mistakes–after all, predicting the future is tricky business! But I'll also show how to deal with prediction errors.

The dataset we use is publicly available and was mentioned in the book Discovering Knowledge in Data by Daniel T. Larose. It is attributed by the author to the University of California Irvine Repository of Machine Learning Datasets. Let's download and read that dataset in now:

```
[3]: !apt-get install unzip
     !wget http://dataminingconsultant.com/DKD2e_data_sets.zip
     !unzip -o DKD2e_data_sets.zip

Reading package lists... Done
Building dependency tree
Reading state information... Done
Suggested packages:
  zip
The following NEW packages will be installed:
  unzip
0 upgraded, 1 newly installed, 0 to remove and 19 not upgraded.
Need to get 172 kB of archives.
After this operation, 580 kB of additional disk space will be used.
Get:1 http://deb.debian.org/debian buster/main amd64 unzip amd64 6.0-23+deb10u1 [172 kB]
Fetched 172 kB in 0s (10.8 MB/s)
debconf: delaying package configuration, since apt-utils is not installed
Selecting previously unselected package unzip.
(Reading database ... 16492 files and directories currently installed.)
Preparing to unpack .../unzip_6.0-23+deb10u1_amd64.deb ...
Unpacking unzip (6.0-23+deb10u1) ...
Setting up unzip (6.0-23+deb10u1) ...
Processing triggers for mime-support (3.62) ...
--2020-10-03 00:04:29--  http://dataminingconsultant.com/DKD2e_data_sets.zip
Resolving dataminingconsultant.com (dataminingconsultant.com)... 160.153.91.162
Connecting to dataminingconsultant.com (dataminingconsultant.com)|160.153.91.162|:80... connected.
```

그림 7.34 아마존 세이지메이커 오토파일럿 – 데이터셋 다운로딩과 파일 압축 풀기

4. 일단 데이터셋을 다운로드하고 압축을 푼 후 판다스 데이터프레임에 추가해볼 수 있다. 다음 스크린샷에 표시된 것처럼 고객에 대한 정보(예: 통화 속성)를 보여 준다.

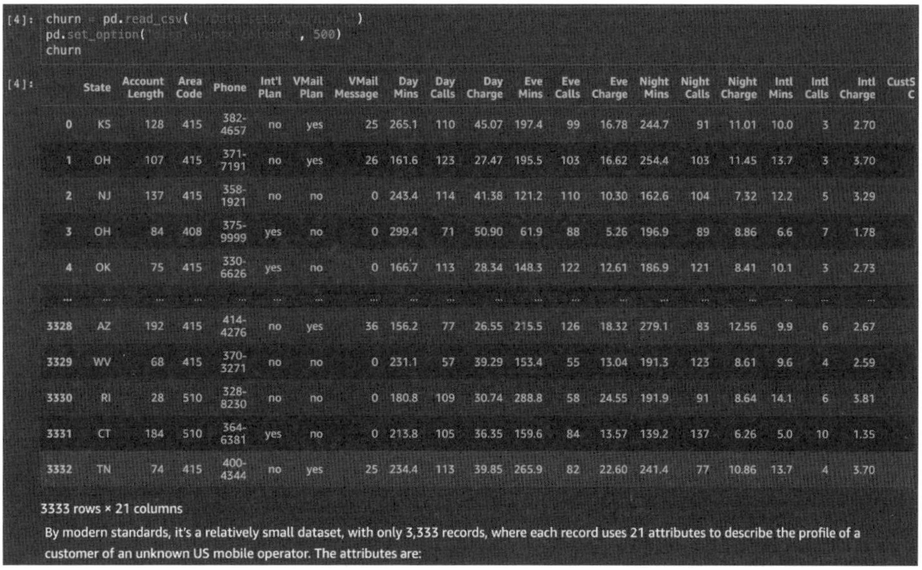

그림 7.35 아마존 세이지메이커 노트북 – 데이터셋 정보를 보인다.

5. 이제 테스트 및 훈련 버킷으로 데이터셋을 샘플링한 후 나중에 사용할 수 있도 록 이러한 파일을 S3에 업로드할 수 있다. 업로드가 완료되면 다음 스크린샷에 표시된 S3 버킷의 이름을 받게 된다.

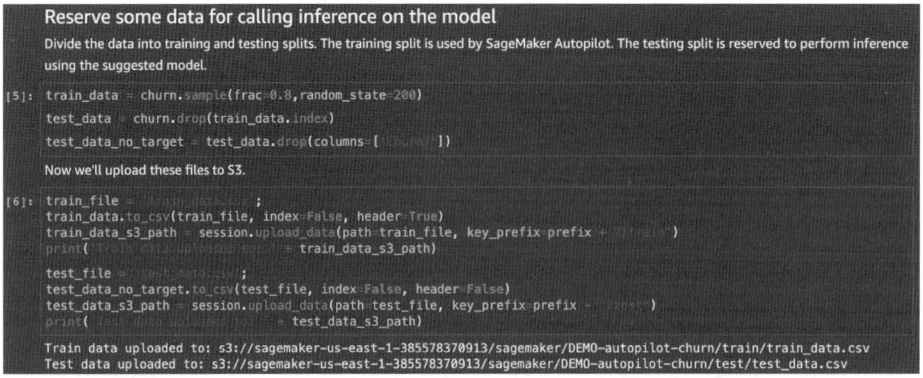

그림 7.36 아마존 세이지메이커 오토파일럿 – 테스트와 훈련을 위한 샘플 데이터셋과 파일을 S3로 업로딩

지금까지 수행한 모든 작업은 기존의 노트북 작업이다. 이제 오토파일럿 작업을 설정한다.

6. 다음 스크린샷에 표시된 대로 설정을 정의하겠다.

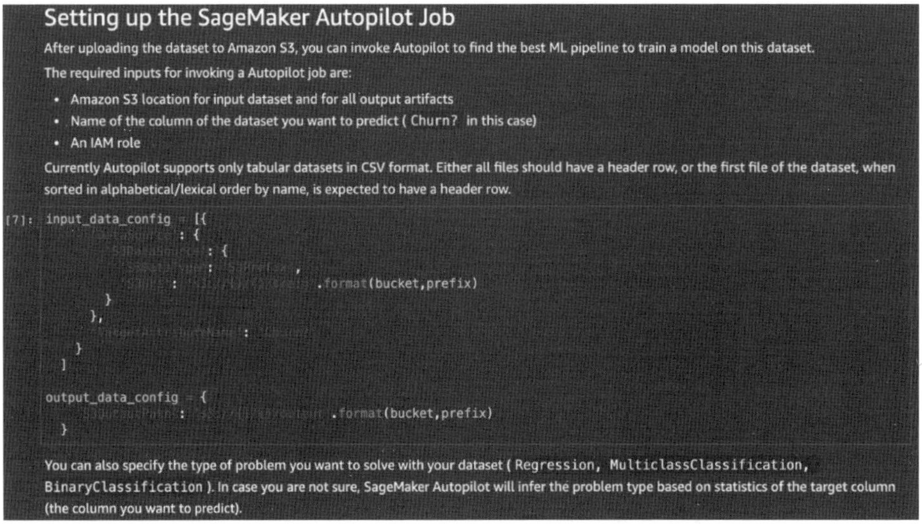

그림 7.37 아마존 세이지메이커 오토파일럿 – 오토파일럿 작업 설정의 구성

7. 이제 create_auto_ml_job API 호출을 호출해 세이지메이커 오토파일럿 작업을 시작한다.

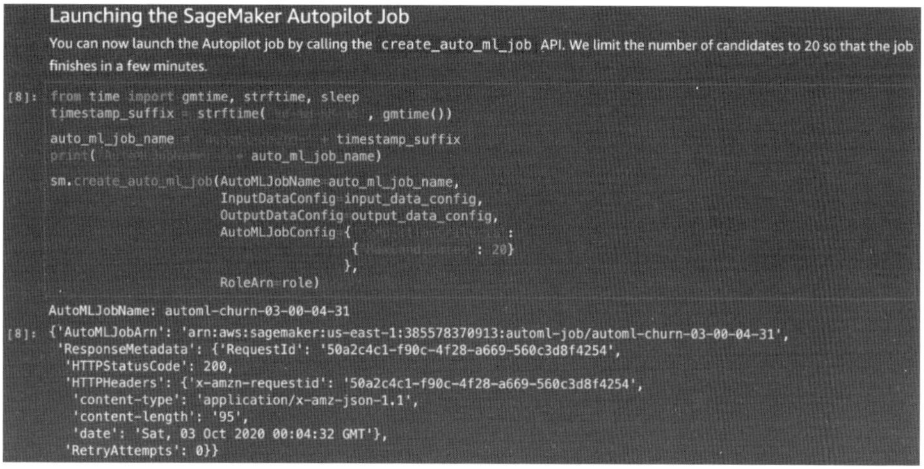

그림 7.38 아마존 세이지메이커 오토파일럿 – 오토파일럿 작업 설정

이 작업은 다음 스크린샷에서와 같이 각 실험의 구성 요소를 포함하는 여러 번의 테스트로 실행된다.

그림 7.39 아마존 세이지메이커 오토파일럿 – 오토파일럿 작업 노트북의 시행 구성 요소

아마존 세이지메이커 오토파일럿 작업의 진행 상황을 추적하면서 다음 스크린 샷과 같이 상태를 인쇄할 수 있다. 그러나 개별 시행 실행에 대한 상세 내역을 시각적으로 보기 위해 사용자 인터페이스를 사용할 수 있다.

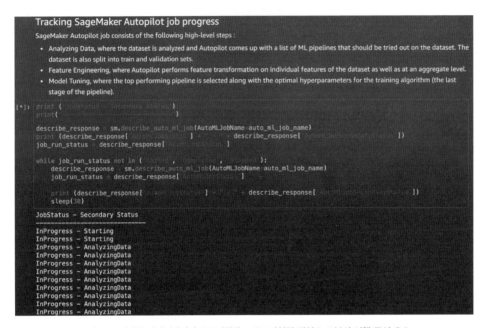

그림 7.40 아마존 세이지메이커 오토파일럿 – 오토파일럿 작업 노트북의 시행 구성 요소

8. 시행의 특성 공학 및 모델 튜닝 작업이 완료되면 descript_auto_ml_job을 실행해 최적의 후보 정보를 얻을 수 있다. 그런 뒤 다음 스크린샷에 표시된 것처럼 best_candidate 객체로 이동해 기본 점수 및 척도에 대한 정보를 얻을 수 있다.

244

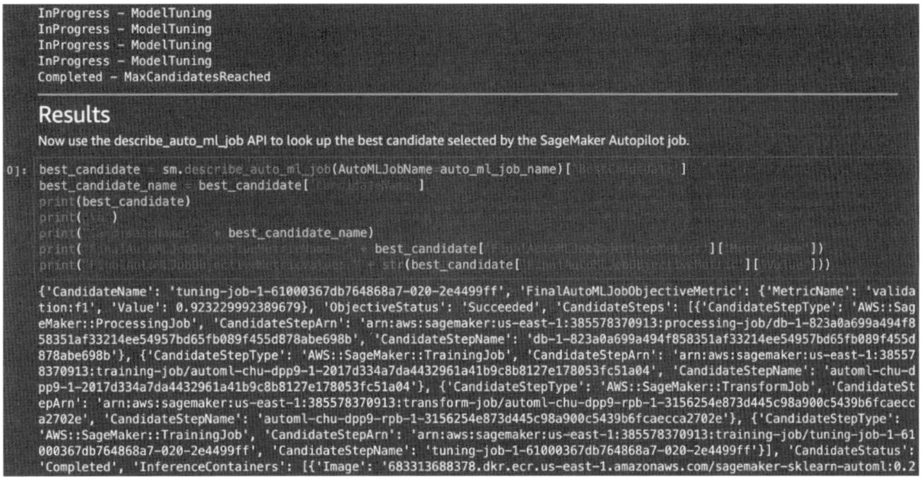

그림 7.41 아마존 세이지메이커 오토파일럿 – 오토파일럿 작업 노트북의 시행 구성 요소

일단 작업이 완료되면 후보 모델, 최종 척도(이 경우 F1 점수) 및 관련 값을 확인할 수 있다.

그림 7.42 아마존 세이지메이커 오토파일럿 작업 결과

아마존 세이지메이커 오토파일럿 작업 결과 F1 점수가 93%인 최적의 후보 모델을 다음 절에서 배포하고 호출하겠다.

모델 호스트와 호출

앞서 Experiment UI를 사용해 구축한 모델과 유사하게 노트북에 구축한 모델을 호스팅하고 호출한다. 차이점은 첫 번째 경우 코드를 거의 사용하지 않았지만 여기서는 코드를 사용한다.

1. 서비스를 호스팅하려면 모델 객체, 엔드포인트 설정 및 최종적으로 엔드포인트를 생성해야 한다. 이전에는 UI를 사용해 수행됐지만 여기서는 아마존 세이지메이커 파이썬 인스턴스를 사용해 동일한 작업을 수행할 예정이다. 이는 다음 스크린샷에서 확인할 수 있다.

그림 7.43 아마존 세이지메이커 노트북 – 모델 호스팅

get_waiter 메서드는 AWS용 Python SDK인 Boto3의 일부이다. 다른 웨이터와 마찬가지로 성공적인 상태에 도달할 때까지 폴링[1]한다. 오류는 일반적으로 60번의 검사 실패 후 반환된다. 메서드에 대한 내용은 다음에서 발견할 수 있는 API 설명서를 참조하라. https://boto3.amazonaws.com/v1/documentation/

---

1 폴링(polling)이란 하나의 장치(또는 프로그램)가 충돌 회피 또는 동기화 처리 등을 목적으로 다른 장치(또는 프로그램)의 상태를 주기적으로 검사해 일정한 조건을 만족할 때 송수신 등의 자료 처리를 하는 방식을 말한다. – 옮긴이

api/latest/reference/services/sagemaker.html#SageMaker.Client.create_endpoint

이제 엔드포인트가 생성되고 모델이 호스팅됐으므로 서비스를 호출할 수 있다. 모델을 평가하기 위해 예측변수 인스턴스를 생성하고 예측 파라미터와 함께 예측 변수의 정보를 전달해야 한다. 엔드포인트를 한 줄씩 호출하는 대신 전체 테스트 데이터 CSV 파일을 전달하고 그 결과를 실제 정보와 비교해 대량 예측을 수행할 수 있다. 다음 스크린샷에서 정확도 수치를 확인할 수 있다.

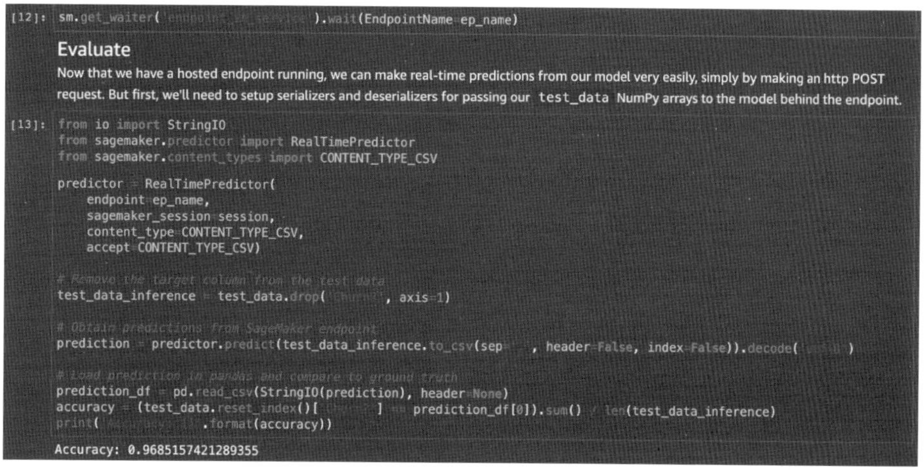

그림 7.44 아마존 세이지메이커 정확도를 위한 모델 평가

2. 일단 엔드포인트 테스트를 마치면 정리clean up해야 한다. 클라우드 환경에서는 직접 정리해야 하므로 이 항목을 우선순위 체크리스트 항목으로 지정한다. 이렇게 하지 않으면 요금 청구서에서 가상이든 아니든 서버가 실행돼 그 비용이 합해진 것을 보게 될 것이다.

   UI를 정리할 때 컴퓨팅 인스턴스와 엔드포인트를 끄고 삭제한다. 수동 정리를 수행 중이므로 엔드포인트와 엔드포인트 설정 및 모델을 삭제해야 한다.

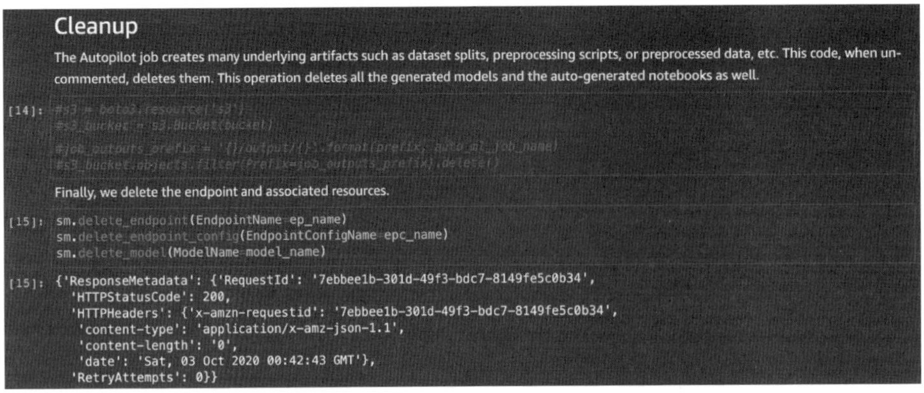

그림 7.45 아마존 세이지메이커 오토파일럿 – 결과 반응을 정제하는 코드

AWS AutoML을 통해 특성 공학, 모델 튜닝 및 하이퍼파라미터 최적화를 수행하는 방법을 보여줬더라도 AWS에서 제공하는 알고리듬만으로 제한되지 않는다. 다음에 나와 있는 것처럼 자신만의 데이터 처리 코드를 세이지메이커 오토파일럿으로 가져올 수 있다. https://github.com/aws/amazon-sage maker-examples/blob/master/autopilot/custom-feature-selection/ Feature_selection_autopilot.ipynb

▌ 요약

AI를 처음부터 민주화하기 위한 AutoML 시스템을 구축하는 것은 상당한 노력이 든다. 따라서 클라우드 하이퍼스케일러가 이러한 전환을 신속하게 시작할 수 있는 지원자 및 가속기 역할을 한다. 7장에서는 노트북과 실험 사용자 인터페이스를 통해 아마존 세이지메이커 오토파일럿을 사용하는 방법을 배웠다. 또한 대규모 AWS 머신러닝 생태계와 세이지메이커의 기능을 알게 됐다.

8장에서는 또 다른 주요 클라우드 컴퓨팅 플랫폼인 구글 클라우드 플랫폼과 제공되는 AutoML 제품을 알아보겠다. 즐거운 코딩!

▍ 참고문헌

7장에서 다룬 주제에 관한 자세한 내용을 보려면 다음 링크와 리소스를 참조하라.

- 『Mastering Machine Learning on AWS』(Packt, 2019)
- 『Learn Amazon SageMaker』(Packt, 2020)

08

구글 클라우드 플랫폼을
이용한 머신러닝

"인공지능을 작동시키는 유일한 방법은 인간의 뇌와 유사한 방식으로
연산을 수행하는 것이라고 항상 확신해왔다. 그것이 내가 추구하는 목표다.
우리는 진보하고 있지만 아직 어떻게 뇌가 실제로 작동하는지 배울 것이 많다."

– 제프리 힌튼Geoffrey Hinton

7장에서는 주요 하이퍼스케일러인 AWS 플랫폼, AWS 세이지메이커 및 AWS 세이지메이커 오토파일럿을 통한 자동머신러닝 기능을 소개했다.

가트너Gartner는 2020 「Magic Quadrant for Cloud Infrastructure and Platform Services」보고서에서 구글을 선두 기업으로 선정했다. 구글 클라우드 컴퓨팅 서비스는 구글의 자체 제품과 서비스를 강화하는 동일한 인프라를 사용하는 기업을 지원하기 위한 컴퓨팅

기술, 도구 및 서비스 제품군을 제공한다. 8장에서는 구글 클라우드 컴퓨팅 서비스와 그 인공지능 및 ML 제품, 특히 클라우드 AutoML Tables의 자동ML 기능에 관해 검토한다.

8장에서는 다음 주제를 다룬다.

- 구글 클라우드 플랫폼 서비스로 시작하기
- 구글 클라우드 플랫폼을 이용한 AI와 ML
- 구글 클라우드 AI 플랫폼과 AI 허브
- 구글 클라우드 AI 플랫폼으로 시작하기
- 구글 클라우드를 이용한 자동ML

▌ 구글 클라우드 플랫폼 서비스로 시작하기

다른 하이퍼스케일러와 클라우드 컴퓨팅 플랫폼과 같이 구글 클라우드 컴퓨팅 서비스는 또한 광범위한 범용 컴퓨팅, 분석, 스토리지 및 보안 서비스를 제공한다. 유명한 앱 엔진, 클라우드 실행, 컴퓨팅 엔진, 클라우드 기능, 스토리지, 보안, 네트워킹 및 IoT 제품 외에도 구글 클라우드 플랫폼GCP, Google Cloud Platform 제품 페이지에 100개 이상의 제품이 나열돼 있다. GCP 콘솔은 다음 그림과 같이 console.cloud.google.com을 입력해 방문할 수 있다.

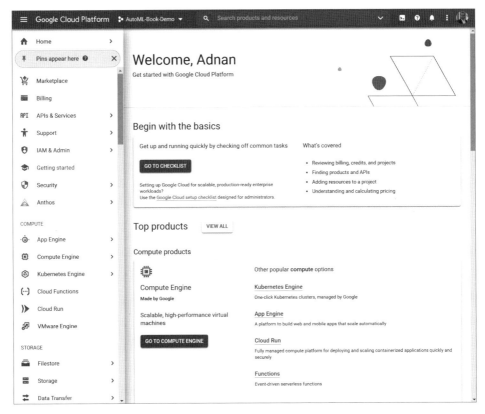

그림 8.1 GCP 콘솔

주요 제품 및 오퍼링은 컴퓨팅, 스토리지, 데이터베이스, 네트워킹, 운영, 빅데이터, AI, 일반 개발 툴 등의 범주로 구분된다. GCP 서비스 요약(https://cloud.google.com/terms/services)은 GCP의 모든 서비스 및 서비스에 대한 최신 목록을 제공한다. 이러한 각 서비스의 범위는 매우 방대해 본 문서의 범위를 벗어난다. 그러나 간략한 개요는 다음과 같다

- **컴퓨팅**: 이 범주에서 GCP는 App Engine, Compute Engine, Kubernetes Engine, Cloud Functions, Cloud Run 및 VMware Engine과 같은 서비스를 제공한다. 이러한 서비스는 CPU, GPU 또는 클라우드 TPU와 같은 다양한 형식의 컴퓨팅 기능을 다룬다.

- **스토리지**: GCP는 클라우드 스토리지, 클라우드 파일 저장소, 영구 Disk, 클라우드 스토리지 for Firebase 및 고급 데이터 전송 기능을 통해 다른 클라우드 스토리지 공급업체와 동등한 기능을 제공한다. 필요에 따라 Compute Engine에서 이러한 스토리지 저장소에 액세스할 수 있다.

- **데이터베이스**: 데이터베이스 영역에서 GCP 오퍼링에는 Cloud Bigtable, Datastore, Firestore(NoSQL 문서 데이터베이스), 메모리 저장소(Redis 및 Memcached용), Cloud Spanner(관계형 데이터베이스) 및 Cloud SQL이 포함된다. 대규모 마켓플레이스 오퍼링으로 클라우드 SQL을 통해 컴퓨팅 엔진에서 마이크로소프트 SQL 서버를 마이그레이션하고 실행할 수 있다. GCP Cloud SQL 오퍼링은 MySQL, Postgre 관계형 데이터베이스와 GCP의 SQL 서버를 마이그레이션, 유지 보수, 관리할 수 있도록 지원한다.

- **네트워킹**: GCP 네트워킹 서비스는 다른 하이퍼스케일러와 어깨를 나란히 한다. 클라우드 로드 밸런싱, 클라우드 DNS, 클라우드 VPN(가상 프라이빗 클라우드), 클라우드 CDN(콘텐츠 제공 네트워크 줄임말), 클라우드 라우터, 클라우드 아머(정책 프레임워크), 클라우드 NAT(네트워크 주소 변환의 줄임말), 서비스 디렉터리, 트래픽 디렉터 및 Virtual Private Cloud 등이 인기 네트워킹 서비스다. GCP가 제공하는 네트워킹 서비스는 하이브리드 연결, 네트워크 보안 및 인텔리전스 서비스를 제공한다.

- **운영**: 작업 영역에서 GCP는 느슨하지 않다. 모니터링, 디버깅, 오류 보고, 로깅, 프로파일링 또는 추적에 관계없이 Cloud Debugger, Cloud Logging, Cloud Monitoring, Cloud Profiler 및 Cloud Trace와 같은 도구는 가동 시간 확인을 위한 대시보드 및 경고를 제공해 시스템이 안정적으로 실행되도록 보장한다.

- **개발자 도구**: 이러한 툴에는 아티팩트 레지스트리(컨테이너 관리용), Cloud SDK, Container Registry, Cloud Build(GitHub 및 Bitbucket을 사용해 도커 컨테이너 또는 Java 아카이브와 같은 아티팩트를 생성하는 CI/CD용), 클라우드 소스 저장소,

Firebase Test Lab(모바일 애플리케이션 테스트) 및 Test Lab이 포함된다. 다른 도구로는 빌드 관리를 위한 클라우드 빌드, 클라우드 작업, 컨테이너 레지스트리, 아티팩트 레지스트리, 클라우드 스케줄러, 배포 관리자, API 게이트웨이, 끝점, ID 플랫폼, 소스 저장소, 워크플로우 및 개인 카탈로그가 있다.

- **데이터 분석**: GCP의 오퍼링에는 BigQuery와 같은 관리형 데이터 분석 서비스^{managed data analysis service}와 Cloud Composer, Cloud Data Fusion(통합 서비스), Dataflow(데이터 처리 파이프라인), Datalab(탐색 데이터 분석^{EDA} 및 시각화), Dataproc(관리형 스파크 및 하둡), Pub/Sub(비동기형 메시징), 데이터 카탈로그(메타데이터 관리)를 포함한 관리형 워크플로우 통합 조정 서비스^{managed workflow orchestration service} 및 생명과학 데이터 작업을 위한 Cloud Life Science를 포함한다.

  전체 수명 주기 API 관리를 포함한 API 관리 서비스가 Apigee와 함께 제공된다. 기타 툴로는 하이브리드 및 멀티 클라우드 관리를 위한 클라우드 엔드포인트 및 Anthos 제품이 있다. Google Kubernetes Engine^{GKE}은 오픈소스 컨테이너 스케줄러이며 Connect 및 Hub는 고객 등록 클러스터의 기능과 서비스를 관리하는 데 사용된다.

- **마이그레이션 및 데이터 전송**: 마이그레이션 툴에는 Amazon Simple Storage Service(Amazon S3) 및 구글 클라우드 제품을 비롯해 HTTP/S 도달 가능 위치에서 데이터를 전송할 수 있는 BigQuery Data Transfer Service가 포함돼 있다. Transfer Appliance는 하드웨어와 소프트웨어를 사용해 GCP로 데이터를 전송하는 솔루션이다.

- **보안 및 ID**: 여기에 제공되는 서비스에는 공간, 액세스 투명성, 정부용 보장 워크로드, 바이너리 인증, 인증 기관 서비스, 클라우드 자산 인벤토리, 클라우드 데이터 손실 방지, 클라우드 외부 키 관리자^{Cloud EKM}, 클라우드 하드웨어 보안 모듈^{Cloud Hardware Security Module}, 클라우드 키 관리 이벤트, 클라우드 키 관리 및 이벤트 위협, 보안 위협, 보안 명령 센터, VPC 서비스 제어, Secret Manager 및 취약성

스캔을 위한 Web Security 스캐너가 포함된다.

- **ID 및 액세스**: 제공되는 서비스 및 툴에는 액세스 승인, 액세스 컨텍스트 관리자, 클라우드 ID 서비스, Firebase 인증, 구글 클라우드 ID 인식 프록시, IAM^{Identity-}^{Aware Proxy}, ID 플랫폼, 마이크로소프트 AD^{Managed Service for Microsoft Active Directory}, GCP를 프로그래밍 방식으로 관리하기 위한 리소스 관리자 API가 포함된다. *reCAPTCHA 및 Web Risk API와 같은 사용자 보호 서비스도 제공된다.

- **서버리스 컴퓨팅**: 서버 없는 컴퓨팅 분야에서 GCP는 Cloud Run(상태 비저장 컨테이너), Cloud Functions for Firebase, Cloud Scheduler 및 분산 작업 관리를 위한 Cloud Tasks를 제공한다. 완전한 관리형 서비스로 제공되는 IoT^{Internet of} ^{Things} Core도 있다.

- **관리 툴**: 이러한 툴에는 Cloud Console 앱(기본 모바일 앱), Cloud Deployment Manager, Cloud Shell 및 권장 사항(사용 권장 및 예측용)이 포함된다. 서비스 관리 API, 서비스 소비자 관리 API, 서비스 제어 API 등 기반 플랫폼으로 구축된 서비스 인프라 구성 요소도 있다.

GCP 오퍼링의 일부로 제공되는 다양한 파트너 솔루션과 수직 서비스도 있다. 의료 및 생명과학 분야의 수직 서비스에는 Cloud Healthcare가 포함되며, 미디어 및 게임 산업의 경우 GCP가 Game Server를 제공한다. GCP 프리미엄 소프트웨어 및 파트너 솔루션에는 Redis Enterprise, Apache Kafka on Confluent, DataStax Astra, Elastic Search Service, MongoDB Atlas 및 Cloud Volumes가 포함된다.

이는 상이한 범주의 정보 시스템에의 GCP 오퍼링에 대한 간략한 설명이다.

구글 클라우드 플랫폼을 이용한 AI와 ML

초기 AI 중심 기업 중 첨단 AI 플랫폼, 액셀러레이터, AI 빌딩 블록 구축 및 유지에 있어 구글이 선도 업체다. 구글 클라우드 AI 플랫폼은 모델 및 노트북 구축, 데이터 레이블링 수행, ML 작업 및 파이프라인 액세스, AI Hub 접속이 가능한 매우 포괄적인 클라우드 기반 인지 컴퓨팅 오퍼링이다.

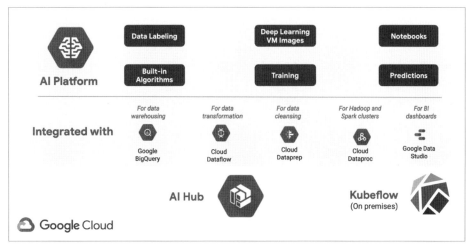

그림 8.2 구글 클라우드 AI 플랫폼 기능

AI 플랫폼과 Accelerator에는 ML 파이프라인 구축, 배포 등의 기능이 포함돼 있다. 여기에는 데이터 레이블링 기능, 플랫폼 노트북, 신경망 구조 탐색, 훈련 및 예측 기능이 포함돼 있다.

또한 자동ML은 AutoML 자연어$^{Natural Language}$, AutoML Tables^{Tables}, AutoML 번역^{Translation}, AutoML 비디오^{Video}, AutoML 비전^{Vision} 및 추천^{Recommendation} AI로 구성된 주요 빌딩 블록 중 하나다. 기타 AI 제품으로는 클라우드 자연어$^{Cloud Natural Language}$ API, 클라우드 번역$^{Cloud Translation}$, 클라우드 비전$^{Cloud Vision}$, Dialogflow(Essentials 및 Customer Experience Edition 모두 제공), 문서^{Document} AI, 미디어 번역$^{Media Translation}$ API, 음성 대 텍

스트^{Speech-to-Text} 및 텍스트 대 음성^{Text-to-Speech} 서비스, 비디오 지능^{Video Intelligence}API 등이 있다.

AI Platform이 탑재된 AI 및 ML은 다음 그림과 같이 https://console.cloud.google.com/ai−platform/patforms에서 액세스할 수 있다.

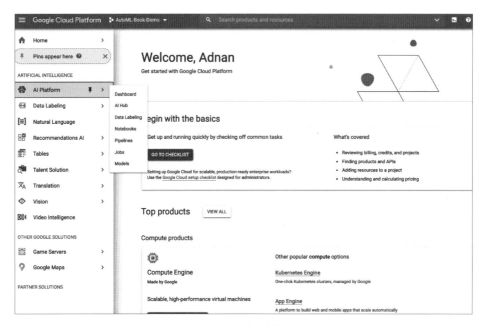

그림 8.3 AI 플랫폼 메인 화면

AI 플랫폼은 개발자를 위한 원스톱 샵으로, 데이터 레이블링, 자연어 처리, 추천, 번역 및 기타 기능을 위한 다른 영역으로 이동할 수 있는 포털 역할을 한다. 자동ML의 핵심 영역은 비전, 언어, 대화 및 구조화된 데이터에 초점을 맞춘다.

Making AI easier for developers

Sight	Language	Conversation	Structured Data
Vision	Translation	Dialogflow Enterprise Edition	**AutoML Tables**
Video Intelligence	Natural Language	Text-to-Speech	**BigQuery ML**
AutoML Vision	AutoML Translation	Speech-to-Text	Recommendation AI
AutoML Video Intelligence	AutoML Natural Language		

그림 8.4 AutoML을 포함한 AI 플랫폼의 구성 요소

이 책의 목적을 위해 구조화된 데이터, 특히 AutoML Tables 내에서 AutoML 기능을 중점적으로 다룰 것이다.

구글 클라우드 AI 플랫폼과 AI 허브

더 큰 AI 플랫폼 제품 중 하나인 구글 클라우드 AI 허브는 AI의 모든 것을 위한 원스톱 숍이다. 심지어 홈페이지에도 그렇게 나와 있다. AI Hub는 작성 당시 베타 버전이다. 그러나 여전히 놀라운 원클릭 구현 기능을 사용해볼 수 있다. AI Hub와 AI Platform은 혼동될 수 있다. 차이점은 GCP가 문제를 프레임으로 만드는 방식에 있다. AI Hub는 개인 협업과 호스팅을 지원하는 엔터프라이즈급 공유 기능에 중점을 두고 있으며 AI Platform 은 노트북, 작업, 플랫폼 등 AI의 모든 것을 아우르는 대규모 생태계다. 이러한 기능이 서로 겹치지 않는다는 것은 아니며, GCP 마케팅 팀은 언젠가 응집력 있는 전략을 내놓을 것이다. 하지만 그때까지 이중성은 계속된다.

다음 스크린샷은 AI Hub 홈페이지를 보여준다. https://console.cloud.google.com/ ai-platform/dashboard의 AI Platform 페이지에서 AI Hub 링크를 클릭하거나, 브라우저에서 직접 https://aihub.cloud.google.com/을 입력해 이 페이지로 이동한다.

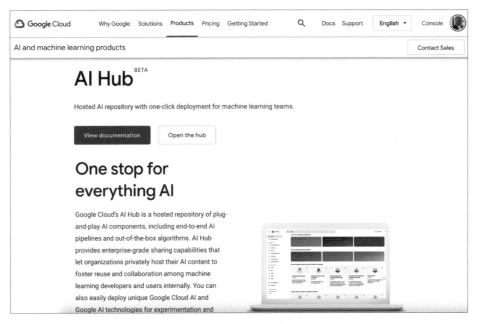

그림 8.5 AI Hub의 메인 화면

AI Hub 홈페이지는 가장 간단한 형태로 문제 설명의 프레임을 구성한다. 스타터 키트, ML 사용 사례에 대한 최신 뉴스, 최첨단 ML 기술 및 튜토리얼을 제공한다. 여기에서 Kubeflow 파이프라인 및 ML 컨테이너를 구축하고 VM(가상 시스템) 이미지를 시작하며 훈련된 모델을 사용하고 다른 사람이 만든 레시피를 탐색하고 공유할 수 있다.

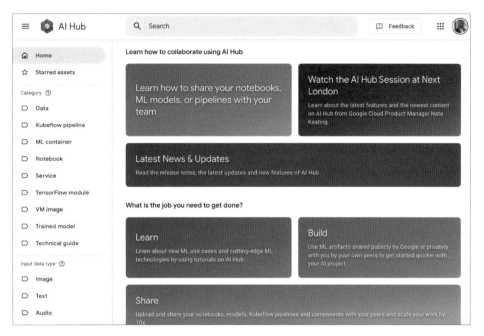

그림 8.6 AI Hub의 메인 화면 – 협업, 학습, 구축 및 공유를 다룬다.

구글 클라우드 AI Hub는 세계에서 가장 강력한 알고리듬과 구글의 딥마인드^{DeepMind}에서 제공하는 최첨단 AI 연구를 통해 이를 최적화하는 방법을 포괄적으로 이해하는 것을 목표로 한다. 여기서 딥마인드는 인공지능에게 '학습'을 가르치던 알파고의 딥마인드를 떠올릴 것이다. 딥마인드는 AI 허브의 일부로 활용할 수 있는 시계열 예측, 적대적 생성 신경망, 컴퓨터 비전, 텍스트 분석 및 자동ML에 대한 최첨단 연구 및 사용 가능한 모델을 제공한다.

구글 클라우드 플랫폼을 통한 머신러닝 AI Hub에 나와 있는 몇 가지 오퍼링을 다음 스크린샷에서 볼 수 있다.

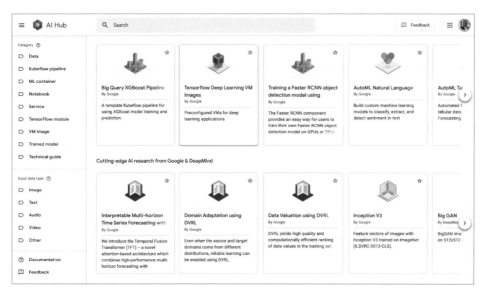

그림 8.7 AI Hub – 사전 구축된 모델을 사용할 수 있으며, 딥마인드로부터 새로운 연구를 탐구할 수 있다.

이 AI Hub 및 AI Platform에 대한 예비 소개로 클라우드 AI 플랫폼을 사용해 매우 친숙한 툴인 간단한 노트북을 만드는 방법에 관해 살펴본다.

▍구글 클라우드 AI 플랫폼으로 시작하기

구글 클라우드 AI 플랫폼으로 노트북 및 Kubflow 파이프라인 생성, 사전 설치된 VM 시작 등 몇 가지 작업을 수행할 수 있다. Kubernetes용 ML 프레임워크인 Kubeflow는 ML 파이프라인 구축 시 탁월한 성능을 제공하는 간편한 워크플로우 관리 시스템이다. 이 내용은 다음 그림에 표시된 클라우드 AI 플랫폼 시작하기^{Get started with Cloud AI Platform} 홈페이지에서 확인할 수 있다.

262

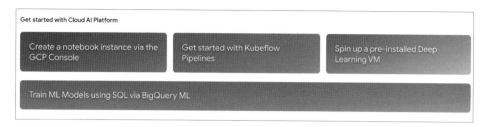

그림 8.8 클라우드 AI 플랫폼 시작하기

AI Platform 노트북으로 시작하기 위해 http://cloud.google.com/ai-platform-notebooks로 이동한다. 여기서 그림 8.9의 화면을 볼 것이다.

이것이 AI Platform 노트북을 구축하기 위한 시작점이다. 다음 그림에 나온 것처럼 **콘솔로 이동**[Go to console] 버튼을 클릭해 플랫폼 콘솔로 이동한다.

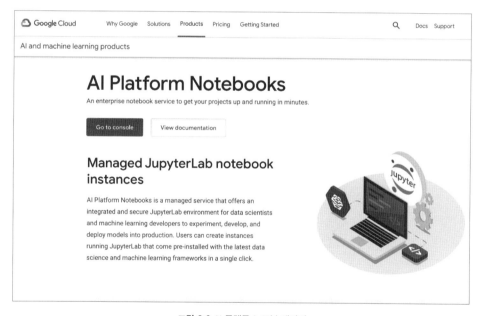

그림 8.9 AI 플랫폼 노트북 페이지

다음 그림과 같이 AI 플랫폼 홈페이지의 왼쪽 창에 있는 노트북 링크를 클릭할 수 있다.

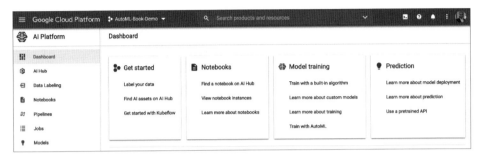

그림 8.10 구글 클라우드 AI 플랫폼 시작하기

다음 그림에 표시된 것처럼 두 작업 중 하나를 수행하면 **노트북 인스턴스**^{Notebook instance} 페이지로 이동한다.

이제 노트북을 만들려면 필요에 따라 사용자 지정할 수 있는 새 인스턴스를 만들어야한다. 다음 그림에 표시된 것처럼 특정 언어(Python 2 또는 3)와 프레임워크(TensorFlow 또

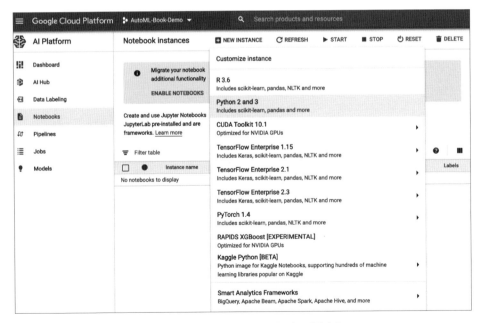

그림 8.11 AI 플랫폼에서 노트북 인스턴스 생성하기

는 PyTorch 등)를 선택할 수 있다. 이 데모의 목적을 위해 간단한 Python 노트북을 만들 것이다. 다음 그림에 표시된 드롭다운에서 Python 2 및 3 옵션을 선택하고 **다음**Next을 클릭한다.

이제 노트북 인스턴스의 매개변수를 선택하라는 메시지가 나타난다. 여기에는 노트북을 배포할 지역과 구역이 포함된다. 일반적으로 가장 가까운 것을 선택할 것이다. 다음은 운영체제 및 환경 옵션이다. 우리의 경우 Debian Linux Distro와 Intel 프로세서를 사용할 것이다. 이 프로세서는 Hello World 메시지를 인쇄하는 데 매우 효과적이다. 다음과 같은 환경 정보가 화면에 표시된다.

그림 8.12 AI 플랫폼 노트북 인스턴스 생성 – 환경 설정

일단 환경 변수를 선택하면 노트북 인스턴스를 실행하기 위해 지출할 예상 비용을 확인할 수 있다. 비용과 관련해 클라우드에서 유휴 리소스를 실행하지 않도록 주의해야 한다. 이는 재정적으로 문제가 될 수 있다.

그림 8.12에 표시된 대로 **생성**CREATE을 클릭해 앞으로 이동하면 GCP가 지정된 파라미터로 노트북을 인스턴스화한다. 다음 그림에 표시된 대로 기본 **노트북 인스턴스**Notebook instance 페이지에서 모든 노트북 인스턴스를 볼 수 있다.

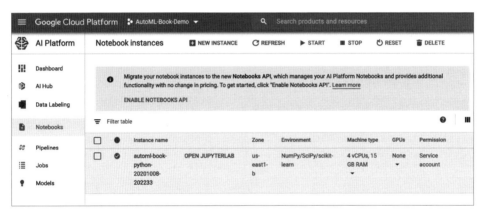

그림 8.13 AI 플랫폼 노트북 인스턴스 열거

노트북 및 관련 컴퓨팅 리소스가 준비됐다. 이제 앞 스크린샷에 표시된 OPEN JUPITER LAB 링크를 클릭해 다음과 같이 친숙한 주피터 환경을 시작한다. 다음 스크린샷의 노트북Notebook 제목 아래에 표시된 Python 3 아이콘을 클릭한다.

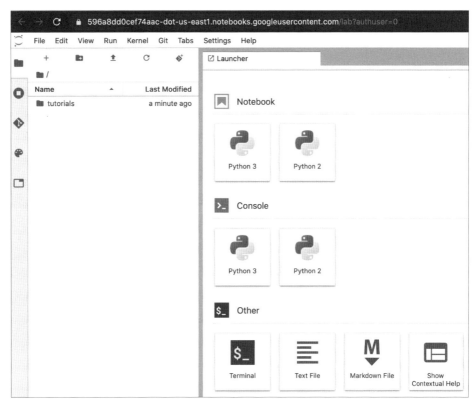

그림 8.14 AI 플랫폼 노트북 옵션 – 주피터 노트북 환경

일단 Python 3 노트북을 선택하면 익숙한 새 주피터 노트북으로 이동한다. 여기서는 파이썬 코드를 작성하고, 라이브러리를 가져오고, 모든 종류의 데이터 과학 작업을 수행할 수 있다. 물론 이 데모에서는 단순성을 유지하기 위해 Hello World를 인쇄하기로 결정했다. 이 데모는 다음 그림에서 볼 수 있다.

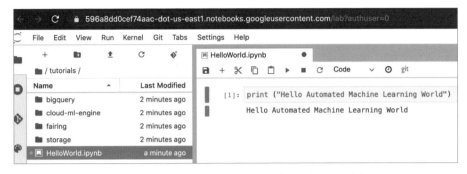

그림 8.15 AI 플랫폼 노트북 인스턴스 – 간단한 주피터 노트북 실행

이로써 AI Hub를 시작하고 놀라운 GCP 세계로 들어가는 첫 단계인 간단한 노트북을 실행하는 방법에 관한 기본 소개를 마친다. AI Platform은 놀라운 도구들로 가득하며, 다음 절에서 자동ML 부분에 관해 알아본다.

구글 클라우드를 이용한 자동ML

자동ML은 구글 클라우드 AI 플랫폼의 핵심 구성 요소 중 하나다. 자동ML 제품군은 다음 다이어그램에 표시된 대로 AutoML 자연어Natural Language, AutoML TablesTables, AutoML 번역Translation, AutoML 비디오Video 및 AutoML 비전Vision을 포함한다.

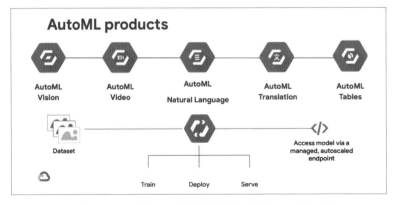

그림 8.16 구글 클라우드 AI 플랫폼의 부분으로 제공되는 AutoML 제품

구글 클라우드의 자동ML 제품의 기본 구성 요소는 신경망 구조 탐색 및 하이퍼파라미터 최적화 접근법을 포함한다. 그러나 모든 복잡함을 제거하고 소비자가 사용하기 용이하게 만들었다.

구글 클라우드 AutoML Vision은 사용자 지정 레이블에 ML 모델을 훈련하는 데 도움이 되는 컴퓨터 비전 기반 기능이다. 또한 AutoML Vision Edge 서비스를 사용해 Edge 디바이스에서도 동일한 작업을 수행할 수 있다.

AutoML Video Intelligence 제품군은 분류 및 객체 추적 기능을 제공한다. 현재 PreGA(베타)에서는 이러한 서비스를 사용해 사용자가 정의한 레이블 정의에 따라 비디오 내에서 특정 객체, 사진 및 세그먼트를 식별할 수 있다. 이러한 결과는 비디오의 나머지 부분에 걸쳐 추론해 유사한 레이블을 발견, 감지 및 추적할 수 있다.

AutoML Natural Language는 텍스트 파일 및 문서를 다루는 모델을 관리 및 구축하는 데 도움이 되는 비정형 텍스트 분석 서비스다. 자연어 처리는 업계 전문가와 연구자 모두에게 큰 관심 분야이며, 단일 또는 다중 레이블 분류 엔티티 추출 또는 사용자가 지정한 레이블을 사용해 감성 분석과 같은 작업을 수행할 계획이라면 AutoML을 통해 이를 매우 쉽게 수행할 수 있다.

AutoML Translation은 자동ML 접근법이 Google Neural Machine Translation(NMT, 신경망 기계 번역)을 충족하는 곳이다. Google Cloud AutoML Translation을 사용하면 자체 데이터셋을 업로드하고 번역을 증강시킬 수 있다. BLEU, 기본-BLE$^{Ubase-BLEU}$ 및 BLEU 이득$^{BLUE\ gain}$을 계산해 맞춤형 모델 개발 및 테스트를 위한 정교한 환경을 제공한다.

AutoML Tables는 자동ML에 대해 지금까지 읽은 내용 모두를 그대로 보여준다. 즉, 구글에서 전투 테스트를 거친 행성 규모의 신경망 알고리듬을 활용해 이를 비정형 데이터에 적용한다. 구글 클라우드 AutoML Tables 워크플로우 다음 그림에 나와 있다.

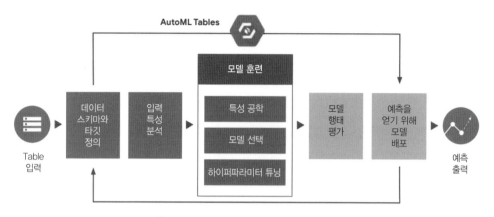

그림 8.17 구글 클라우드 AutoML Tables 워크플로우

구글 클라우드 AutoML Tables 워크플로우 요약 227 구조화된 데이터(테이블 입력)를 가져오면 AutoML Tables는 입력 특성을 분석해 (특성 공학) 바로 실행하며, 모델을 선택하고(신경망 구조 탐색), 하이퍼파라미터 튜닝을 수행하고, 모델 행태를 반복적으로 평가해 일관성, 정확성, 및 신뢰성을 보장한다. 구글 AutoML Tables는 매출 극대화부터 재무 포트폴리오 최적화, 고객 이탈 파악에 이르기까지 다양한 시나리오에서 널리 사용된다. AutoML Tables는 구조화된 데이터에 최첨단 ML 모델을 구축 및 배포한다는 약속을 이행하며 구글 클라우드 AutoML 제품군의 셀프 서비스 섹션에서 가장 중요한 보석 같은 역할crown jewel을 한다.

▌요약

8장에서는 구글 클라우드 플랫폼GCP을 시작하는 방법과 AI Hub, 노트북 인스턴스 구축, 간단한 프로그램 실행 방법을 배웠다. 또한 GCP에서 제공하는 AutoML Natural Language, AutoML Tables, AutoML Translation, AutoML Video, AutoML Vision 등 다양한 종류의 자동화 ML에 대해서도 배웠다. GCP 오퍼링, 기능 및 서비스의 다양성으로 인해 압도됐다면 당신은 좋은 상태에 있는 것이다.

9장에서는 구글 클라우드 AutoML Tables에 관해 자세히 알아본다. 모델을 구축하고 AutoML Tables에서 자동화된 ML 기능이 어떻게 작동하는지 설명하겠다. 즉, 비정형 데이터를 수집하고 입력 특성(특성 공학), 모델 선택(신경망 구조 탐색) 및 하이퍼파라미터 튜닝을 수행하는 자동ML 작업을 수행할 수 있는지 설명한다. 이러한 모델을 GCP에 배포하고 웹 서비스를 통해 테스트해 이러한 기능의 운영성을 입증할 것이다.

▌ 참고문헌

다음 항목에 관한 자세한 내용을 보려면 해당 링크를 방문하라.

- "Using Machine Learning to Explore Neural Network Architecture": https://ai.googleblog.com/2017/05/using-machine-learning-to-explore.html
- Cloud AutoML – 최소 노력과 머신러닝 전문성으로 고품질 맞춤형 머신러닝 모델의 훈련: https://cloud.google.com/automl

09

구글 클라우드 플랫폼을
이용한 자동머신러닝

"비즈니스에서 사용되는 모든 기술의 첫 번째 규칙은
효율적인 운영을 위해 자동화를 적용하면 효율성이 증대된다는 것이다.
두 번째는 비효율적인 운영에 자동화를 적용하면 비효율성이 확대된다는 것이다."

– 빌 게이츠Bill Gates

주요 하이퍼스케일과 각 플랫폼에서 자동머신러닝을 구현하는 방법에 대해 배우는 길고도 보람 있는 여정이었다. 8장에서는 구글 클라우드 AI 플랫폼을 시작하는 방법과 AI Hub에 대해, GCP에서 노트북 인스턴스를 구축하는 방법을 배웠다. 또한 AutoML Natural Language, AutoML Tables, AutoML Translation, AutoML Video, AutoML Vision 등 GCP에서 제공하는 다양한 자동머신러닝 기능에 대해 배웠다.

다양한 GCP 제품, 기능 및 서비스로 이어 이번에는 Cloud AutoML Table에 관해 자세히 알아본다. 모델을 구축하고 자동 머신 학습이 AutoML Tables와 어떻게 작동하는지 설명하겠다. 즉, 입력 특성(특성 공학) 분석, 모델 선택(신경망 구조 탐색) 및 하이퍼파라미터 튜닝을 통해 비정형 데이터를 수집하고 자동머신러닝 작업을 수행하는 방법에 대해 설명한다. 이러한 모델을 GCP에 배포하고 웹 서비스를 통해 테스트해 운영성을 시연할 것이다.

9장에서는 다음 주제를 다룬다.

- 구글 클라우드 AutoML Tables로 시작하기
- AutoML Tables 실험 생성
- AutoML Tables 모델 배포 이해
- BigQuery 공용 데이터셋을 사용한 AutoML Tables
- 가격 예측을 위한 자동머신러닝

▌구글 클라우드 AutoML Tables로 시작하기

AutoML Tables는 구조화된 데이터의 통찰력을 활용할 수 있도록 지원한다. 모든 대기업의 경우 정형, 비정형 및 준정형 데이터를 비롯한 다양한 차원의 데이터가 있다. 데이터베이스와 트랜잭션을 처리하는 대부분의 조직에는 실제로 정형화된 데이터가 많다. 이 데이터는 고급 분석에 매우 적합하며, GCP의 AutoML Tables는 정형 데이터를 기반으로 머신러닝 모델을 자동으로 구축 및 배포하는 데 도움이 되는 툴이다.

AutoML Tables를 통해 머신러닝 엔지니어와 데이터 과학자는 구조화된 데이터에 최첨단 머신러닝 모델을 수작업보다 빠르게 자동으로 구축 및 배포할 수 있다. 숫자 및 클래스에서 문자열, 타임스탬프, 목록 및 중첩된 필드에 이르기까지 광범위한 데이터 유형에 대한 모델링을 자동화한다. 구글 클라우드 AutoML Tables는 최소 코드로 이를 실현

한다. 9장에서는 내보낸 CSV 파일을 가져와 버튼 몇 개를 클릭하고 잠시 기다린 후 다른 쪽 끝에서 매우 잘 튜닝된 모델을 가져오는 방법에 관해 알아보겠다.

구글의 자동머신러닝 팀은 툴이 다양한 데이터 유형에 적합하도록 열심히 일해왔다. 구글의 AutoML Tables는 사용자를 대신해 작업을 최적화하고 시도할 수 있도록 가능한 방대한 모델과 하이퍼파라미터 공간을 탐색한다. 9장의 예를 살펴보면서 첫 번째 단계는 **가져오기**Import 탭을 통해 훈련 데이터를 가져오고 이름을 지정한 다음 소스(BigQuery의 테이블, 컴퓨터에 있는 파일 또는 구글 Cloud Storage의 파일)를 선택하는 것이다. 시스템이 데이터셋의 열을 분석할 때 이 첫 번째 단계는 약간의 시간이 소요된다. 이 작업을 마치면 자동 생성된 스키마를 편집하고 예측에 사용할 열을 선택할 수 있다. 여기서 열 유형 및 열의 null 가능 여부도 업데이트할 수 있다.

또한 열이 많은 데이터셋을 보고 데이터에 대한 자세한 개요를 얻을 수 있다. 상이한 열 이름을 클릭하면 열에 대한 일부 통계를 볼 수 있다. 데이터 분석이 끝나면 훈련 과정을 시작할 수 있다. 이곳이 바로 AutoML이 빛을 발하는 곳이다. **훈련**Train을 클릭하기만 하면 되기 때문이다.

최대 훈련 시간 예산을 포함해 설정할 수 있는 몇 가지 옵션이 있다. 따라서 원하는 경우 자체 데이터로 실험할 수 있으며, 전체 장기 훈련 실행을 시행하기 이전에 훈련 시간을 제한할 수 있다. 표시된 훈련 시간은 다소 긴 편이라는 것을 알 수 있다. 이는 모델 튜닝뿐만 아니라 애초에 사용할 모델을 선택하는 작업이기 때문이다. 그 결과, 훈련 중에 많은 일이 발생한다. 하지만 우린 여기서 아무것도 할 필요가 없다.

일단 훈련이 완료되면 모델을 평가하고 배포해야 한다. 훈련 과정과 모델 성과에 대한 척도를 확인할 수 있다. 마지막으로 예측값을 얻기 위해 모델을 구축한다. 브라우저에는 엔드포인트에 요청을 하는 편집기도 있으므로, 이를 시도하고 테스트하기 위해 이러한 호출을 하기 위해 로컬 환경을 설정할 필요가 없다.

지금까지 AutoML Tables의 작동법을 살펴봤으니, 실제로 사용해보겠다.

AutoML Tables 실험 생성

AutoML Tables를 생성하면 정형화된 데이터에 대한 최첨단 머신러닝 모델이 자동으로 구축 및 배포된다. 이 지식을 실행에 옮기기 위한 첫 번째 실험부터 시작하겠다.

1. https://console.cloud.google.com/home/에서 Google 클라우드 AI 플랫폼 홈페이지에 액세스하라. 왼쪽 창에서 Datasets 링크를 클릭하면 다음 화면이 나타난다.

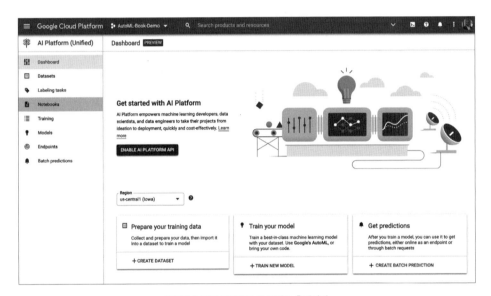

그림 9.1 구글 클라우드 AI 플랫폼 홈페이지

2. Google AutoML Tables 메인 화면에서 새 데이터셋을 생성해 프로세스를 시작한다. 새 데이터셋을 생성하고 이름을 IrisAutoML로 지정하기 위해 **새 데이터셋** NEW DATASET 버튼을 클릭하라.

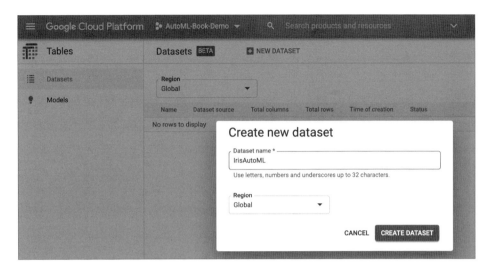

그림 9.2 AutoML Tables – 새로운 데이터셋 화면 생성

3. 이 실험에서는 Iris 데이터 세트부터 시작한다. 다음 단계에서 사용할 수 있도록 https://www.kaggle.com/uciml/iris에서 CSV 파일을 다운로드한다. 데이터 셋이 너무 작아서 자동머신러닝에 사용할 수 없지만, 곧 이 과정이 어떻게 진행되는지 알게 될 것이다.

4. 이제 데이터(CSV) 파일을 Google AutoML Tables로 가져와야 한다. 파일을 스토리지 버킷에 업로드해야 한다. 다음 스크린샷과 같이 컴퓨터에서 파일을 선택하고 BROWSE를 클릭해 GCP에 스토리지 대상을 생성한다.

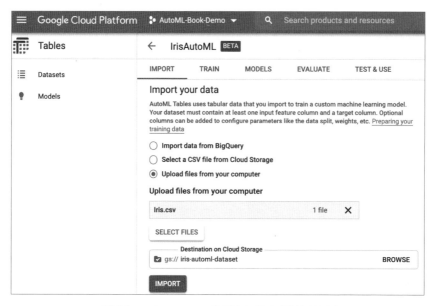

그림 9.3 AutoML Tables – 로컬 컴퓨터로부터 파일 불러들이기

스토리지 버킷을 생성하려면 다음 단계를 수행해야 한다.

1. 먼저 스토리지 버킷의 이름을 지정한다.

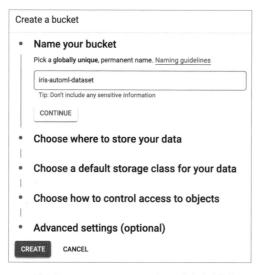

그림 9.4 AutoML Tables – GCP의 스토리지 버킷 생성

2. 그런 다음 데이터를 저장할 위치를 선택한다. 옵션은 지역(단일 지역), 고가용성 HA, High Availability이 포함된 이중 지역 또는 여러 위치에서 고가용성을 제공하는 다중 지역이다. 이 예에서는 us-central1을 단일 지역으로 선택하겠다. 그러나 지리적으로 더 적합할 경우 다른 지역을 선택할 수 있다.

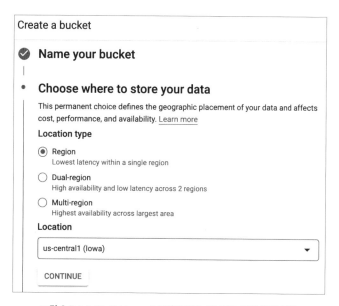

그림 9.5 AutoML Tables – 스토리지 버킷 생성하기 위한 위치 선택

3. 그런 다음 데이터에 대한 기본 저장소 클래스를 선택한다. 선택할 수 있는 스토리지 클래스는 Standard, Nearline(백업), Coldline(재해 복구) 및 Archive(아카이브용)이다. 다음 스크린샷에서 볼 수 있듯이 이 구현을 위해서는 Standard 클래스를 선택하라.

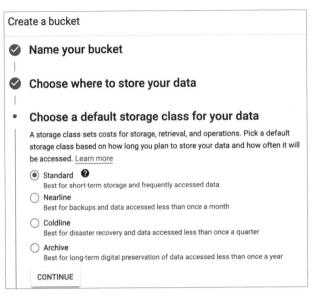

그림 9.6 AutoML Tables – GCP상의 데이터를 위한 스토리지 클래스 선택

4. 마지막으로 암호화 설정을 구성해야 한다. 여기에서 사용자 고유의 키를 제공하
   거나 구글의 관리 키를 사용하는 기본 설정을 사용할 수 있다. CREATE를 클릭해
   버킷 만들기 프로세스를 완료한다.

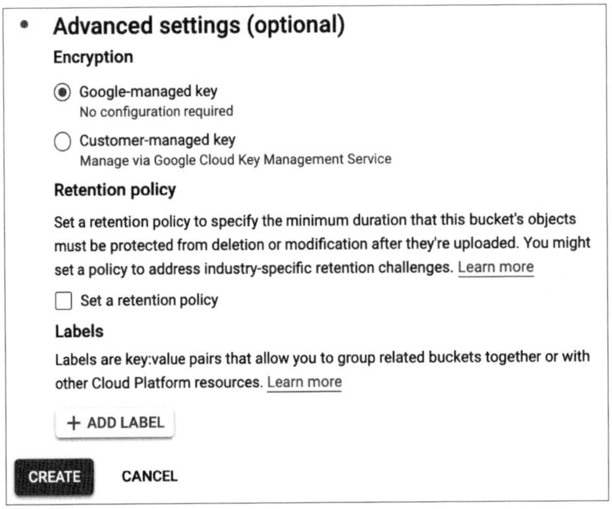

그림 9.7 AutoML Tables – 암호화 설정 선택

이는 버킷 생성 및 데이터 가져오기를 트리거시킨다. 다음 화면을 볼 것이다.

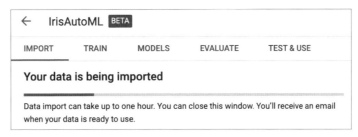

그림 9.8 AutoML Tables – GCP 버킷으로 데이터 불러오기

여기서 중요한 교훈을 얻을 수 있다. 모든 데이터가 자동머신러닝에 적합한 것은 아니다. 불러오기import 프로세스가 완료되면 다음 오류 메시지가 표시된다.

Error details	
Operation ID:	projects/262569142203/locations/us-central1/operations/TBL993971155893223424
Error Messages:	Too few rows: 150. Minimum number is: 1000

그림 9.9 AutoML Tables – 너무 작은 행 오류

다른 툴로 이 실험을 수행할 수 있더라도 클라우드 자동머신러닝 플랫폼은 알고리듬의 품질이 저하되지 않도록 최소 기준을 설정한다. 이 예에서는 모든 문제가 자동머신러닝에 적합하지 않다는 중요한 교훈을 제공한다.

21개 필드와 1,000개 인스턴스가 포함된 더 큰 데이터셋(대출 위험 데이터셋)에서도 동일한 실험을 반복해보겠다. BigML에서 다운로드할 수 있다(http://bml.io./W2SpyF, BigML., Inc. Corvallis, Oregon, USA, 2011) 이 데이터셋은 Dr. Hans Hofmann(Institut für Statistik und Ökonometrie, Universität Hamburg)에 의해 생성됐고, 당좌 확인 상태, 기간, 신용 이력, 목적, 신용 금액 및 저축 상태와 같은 필드를 포함한다. 이들은 대출 신청의 위험 수준을 예측하는 모델을 만드는 데 사용될 수 있다.

버킷을 생성해 대출 위험 데이터셋에 대해 앞서 언급한 단계를 수행하겠다.

1. http://bml.io/W2SpyF에서 데이터셋을 다운로드하라. CREATE DATASET 버튼을 클릭하고 대출 위험 데이터 세트를 가져온다.

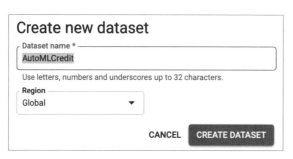

그림 9.10 AutoML Tables – 새로운 데이터 버킷 선택

2. 불러오기 프로세스가 시작되면 이전 스텝에서 다운로드한 데이터셋에서 추출한 csv 파일을 업로드하고, **SELECT FILES** 버튼을 클릭해 이를 클라우드 스토리지를 향하게 한다.

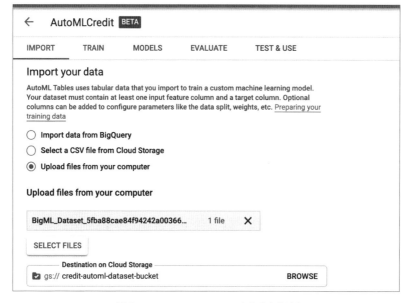

그림 9.11 AutoML Tables – 스토리지 데이터 선택

대출 데이터셋이 필요한 크기 제한을 충족하므로 성공적으로 가져오면 다음 훈련 화면이 보여진다. 여기서 자동 생성된 스키마를 편집하고 예측 대상 열을 선택할 수 있다. 열 유형 및 열의 null 가능 여부도 업데이트할 수 있다.

이 화면은 데이터셋에 대한 자세한 개요를 제공한다. 여러 열 이름을 클릭하면 열에 대한 몇 가지 통계를 볼 수 있다.

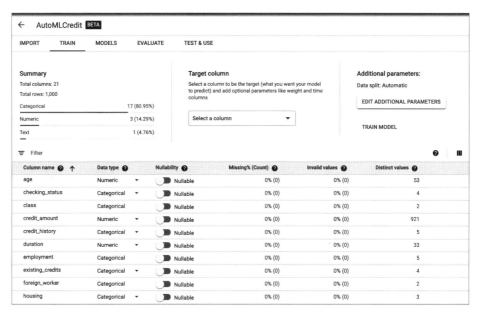

그림 9.12 AutoML Tables – 훈련 화면

3. 이제 타깃 열, 즉 예측할 열인 클래스를 선택한다. 클래스는 신용 우량 또는 신용 불량이라는 두 가지 가능한 값을 가진 범주형 필드다. 이 특정 개인에게 대출 자격이 있는지 여부를 결정한다. 클래스를 선택한 후 **TRAIN MODEL**을 클릭한다.

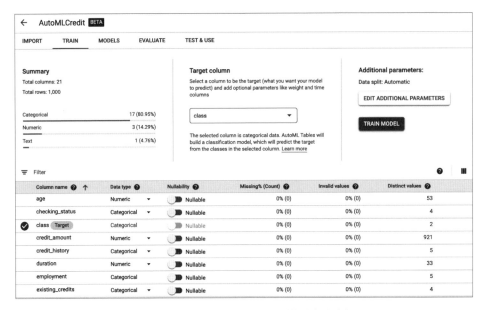

그림 9.13 AutoML Tables − 훈련을 위한 타깃 열 선택

TRAIN MODEL 버튼을 클릭하면 오른쪽에 fluid 메뉴가 나타난다. 메뉴는 다음 스크린샷에서 볼 수 있다. 여기서는 실험 파라미터를 설정할 수 있으며 AutoML이 실제로 빛을 발한다. **훈련**^{Train}을 클릭하기만 하면 되기 때문이다. 훈련 시간에 대한 최대 예산을 포함해 설정할 수 있는 몇 가지 옵션이 있다. 따라서 원하는 경우 데이터를 실험하고 훈련 시간을 제한한 후 전체 장기 훈련 실행할 수 있다. 표시된 훈련 시간은 다소 긴 편이라는 것을 알 수 있다. 이는 모델 튜닝뿐만 아니라 애초에 사용할 모델을 선택하는 작업이기 때문이다.

284

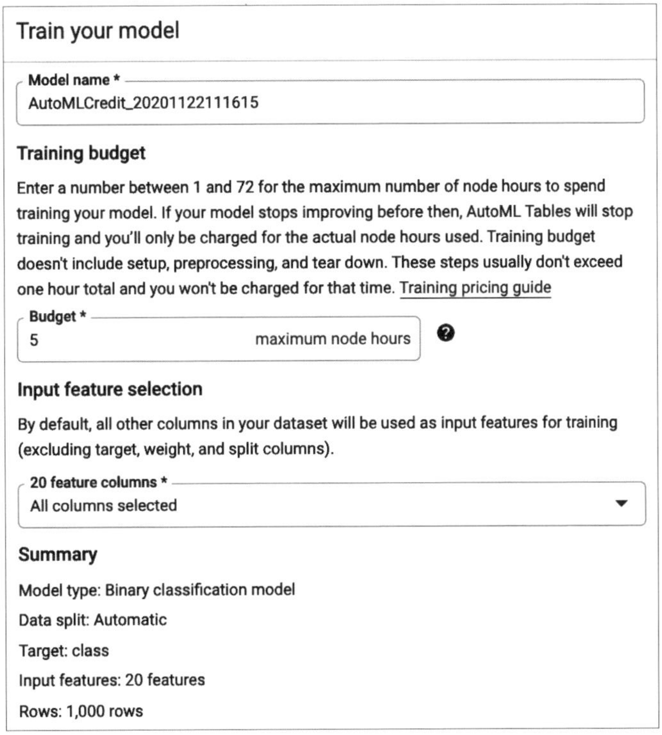

그림 9.14 AutoML Tables – GCP 상의 데이터를 위한 스토리지 클래스 선택

모델을 훈련하는 기간은 얼마나 할 것인가? GCP의 권장 훈련 시간은 다음 스크린샷에 표시된 대로 https://cloud.google.com/automl-tables/docs/train에 정의돼 있다.

Rows	Suggested training time
Less than 100,000	1-3 hours
100,000 - 1,000,000	1-6 hours
1,000,000 - 10,000,000	1-12 hours
More than 10,000,000	3 - 24 hours

그림 9.15 AutoML Tables – 제시된 훈련 시간

https://cloud.google.com/automl-tables/pricing에서 각 가격 가이드를 확인할 수 있다.

실험에 대한 최적화 목표를 확인할 수 있는 고급 옵션도 검토할 수 있다. 분류 실험이기 때문에 나열된 목표는 ROC 곡선아래면적AUC ROC, 로그 손실log loss, 정밀도-재현율 곡선 아래면적AUC PR, 정밀도Precision, 재현율Recall을 포함한다. 조기 종료 토글Early stoping toggle 은 더 이상 개선할 수 없음을 감지하면 프로세스를 중단한다. 그렇지 않으면 AutoML Tables는 예산이 충족될 때까지 훈련을 계속한다.

TRAIN MODEL을 클릭해 이 작업을 시작한다.

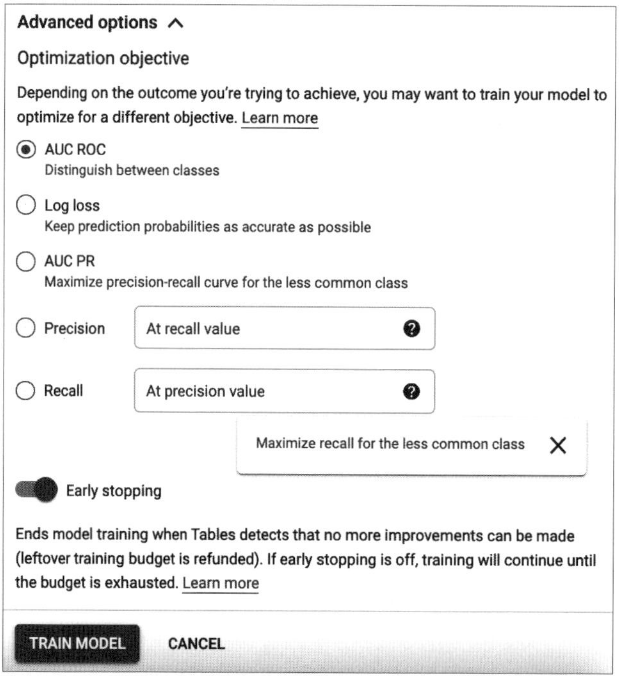

그림 9.16 AutoML Tables – 훈련을 위한 고급 옵션

자동머신러닝 훈련을 위한 고급 옵션 실험을 시작하면 다음 화면을 볼 수 있다. 인프라가 설정되고 모델이 최종적으로 훈련될 때 개시된다.

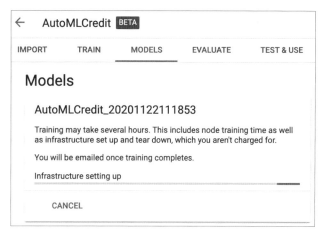

그림 9.17 AutoML Tables – AutoML Tables 실험 시작

훈련이 완료되면 모델을 평가 및 배포해야 한다. 이 단계에서는 훈련이 어떻게 이뤄졌는 지와 모델 성능에 대한 모든 척도를 확인할 수 있다. 마지막으로 모델을 배포해 신용 여 부에 대한 예측을 얻을 수 있다.

그림 9.18 AutoML Tables – GCP상의 데이터를 위한 스토리지 클래스 선택

백분율로 측정되며 PR(정밀도-재현율) 곡선 아래의 면적은 0부터 1까지다. 훈련 비용(기간)이 다른 모델을 훈련하면 더 높은 가치를 얻을 수 있으며, 이는 더 높은 품질의 모델을 의미한다.

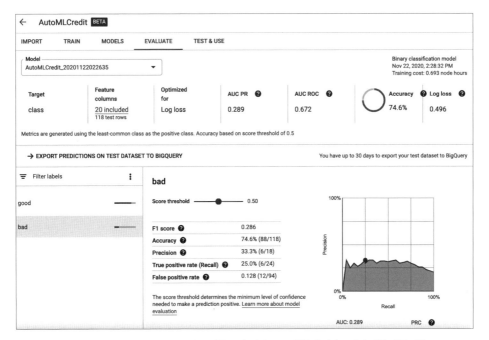

그림 9.19 AutoML Tables – F1 점수, 정확도 및 정밀도를 포함한 훈련된 모델에 관한 세부 사항

다음 페이지는 또한 혼동 행렬을 보여준다. 이 척도는 데이터의 모델 품질, 즉 부정확하게 예측한 데이터 포인트 수 대비 정확하게 예측된 데이터 포인트 수를 보여준다.

그림 9.20 AutoML Tables - 혼동 행렬

특성 중요도, 즉 결과 모델에 가장 큰 영향을 미치는 특성도 보여준다. 이 경우 당좌 확인 상태, 신용 기간 및 목적이 신용 결정에 가장 큰 영향을 미치는 것으로 보인다.

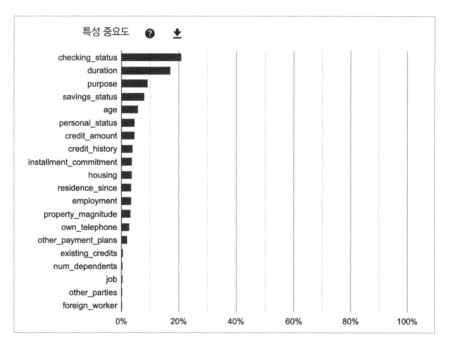

그림 9.21 AutoML Tables - 특성 중요도 표

이제 모델을 훈련했으니, 배포를 진행한다.

AutoML Tables 모델 배포 이해

이전 절에서 훈련한 모델을 배포하기 위해 다음 단계를 수행한다.

1. 모델을 배포하려면 TEST & USE 탭을 클릭해야 한다. 훈련받은 모델을 테스
   트하는 방법에는 여러 가지가 있다. 배치 예측(파일 기반), 온라인 예측(API)으로
   테스트하거나 도커 컨테이너로 내보낼 수 있다. 페이지 상단의 옵션을 사용하
   면, REST API를 통해 온라인 예측과 배치 예측 간에 전환할 수 있다. 이를 통해
   CSV 파일 또는 BigQuery 테이블을 가리키고 전체 파일 또는 테이블에 대한 예
   측 결과를 가져올 수 있다. AutoML Tables는 사용 시간을 고려할 때, 수동으로
   얻을 수 있는 것보다 훨씬 더 높은 수준의 모델 성능을 제공한다. 이 절에서는
   온라인 API 기반 예측을 수행하겠다.

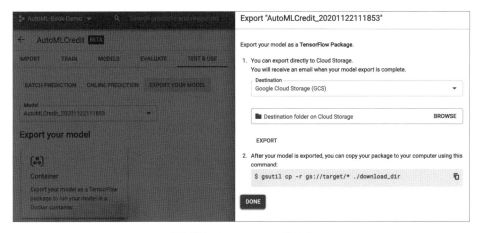

그림 9.22 AutoML Tables – 모델 보내기

2. ONLINE PREDICTION(온라인 예측) 탭을 클릭한다. 다음 화면을 볼 것이다. 여기서
   콘솔에서 바로 API를 호출할 수 있다.

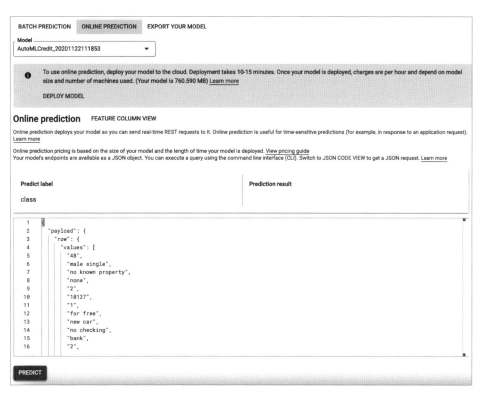

그림 9.23 AutoML Tables – 훈련된 모델로 온라인 예측

3. 그러나 PREDICT를 클릭하기만 하면 다음 스크린샷에 표시된 오류를 볼 것이다.
   그 이유는? 모델이 아직 구축되지 않았기 때문이다. 즉, 호출할 엔드포인트가
   없다는 뜻이다.

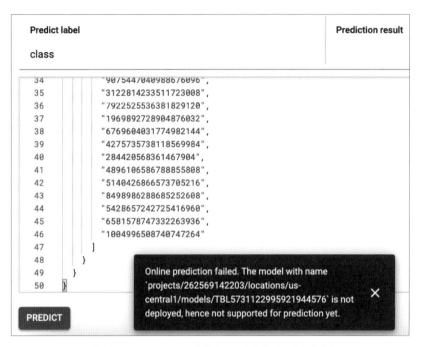

Predict label	Prediction result
class	

```
34          "9075447040988676096",
35          "3122814233511723008",
36          "7922525536381829120",
37          "1969892728904876032",
38          "6769604031774982144",
39          "4275735738118569984",
40          "284420568361467904",
41          "4896106586788855808",
42          "5140426866573705216",
43          "8498986288685252608",
44          "5428657242725416960",
45          "6581578747332263936",
46          "1004996508740747264"
47        ]
48      }
49    }
50  }
```

Online prediction failed. The model with name `projects/262569142203/locations/us-central1/models/TBL5731122995921944576` is not deployed, hence not supported for prediction yet. ✕

PREDICT

그림 9.24 AutoML Tables – 훈련된 모델 오차에 대한 온라인 예측

4. **모델 배포**^{Deploy model} 버튼을 클릭한다. 다음 팝업이 나타나며, 배포 세부 정보를 확인할 수 있다.

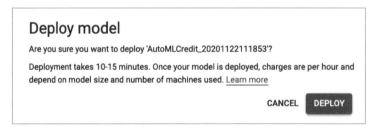

Deploy model

Are you sure you want to deploy 'AutoMLCredit_20201122111853'?

Deployment takes 10-15 minutes. Once your model is deployed, charges are per hour and depend on model size and number of machines used. Learn more

CANCEL **DEPLOY**

그림 9.25 AutoML Tables – 훈련된 모델 팝업 배포

모델 배포 프로세스가 시작된다. 일단 완료되면 모델이 성공적으로 배포됐으며 차지하는 크기와 함께 요청에 사용할 수 있다는 메시지를 다음 화면에서 볼 수 있다. 모델이 현재 서버에서 실행 중이므로 모델 실행과 관련된 컴퓨팅 및 스토리지 비용을 지출해야 한다. 이것이 사전 경고[prior warning]의 내용이다.

5. 이 시점에 PREDICT 버튼을 클릭하면 된다.

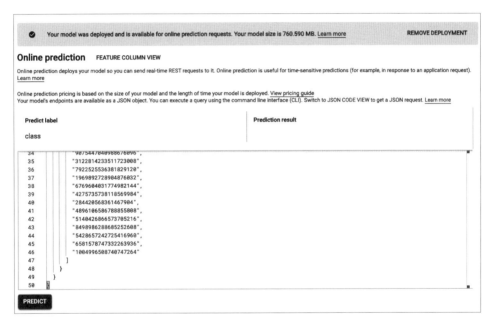

그림 9.26 AutoML Tables – 예측 API 호출

그러면, JSON 요청을 API로 전달하고 예측함수를 호출한다. 이 기능은 다음 스크린샷에 표시된 것처럼 예측 신뢰도 점수와 함께 반응을 반환한다.

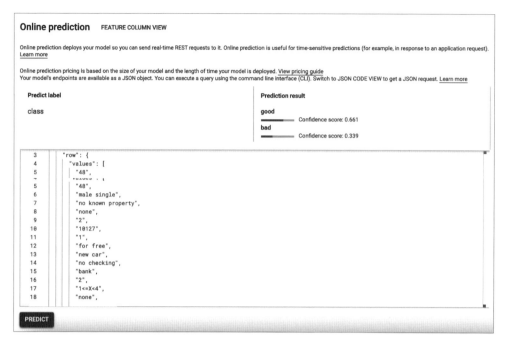

그림 9.27 AutoML Tables – 온라인 예측 API로부터의 반응

앞의 스크린샷은 모델의 결과를 보여준다. 신뢰 점수가 0.661점이어서 신용 우량이다. 이때 특성 열 보기로 전환하고 일부 파라미터를 편집할 수 있다. 우리는 나이와 신용의 기간이 우리의 신용 결과에 중요한 영향을 미친다는 것을 직관적으로 알았다. 편집 가능한 형태에서 연령을 48세에서 18세로 낮추고 신용 기간을 60으로 늘리면 이 신용 우량 결정이 신용 불량으로 바뀐다.

6. 이들 값을 변경하고 API를 다시 호출하자. 다음 스크린샷에서 볼 수 있듯이 결과가 불량으로 변경됐음을 알 수 있다.

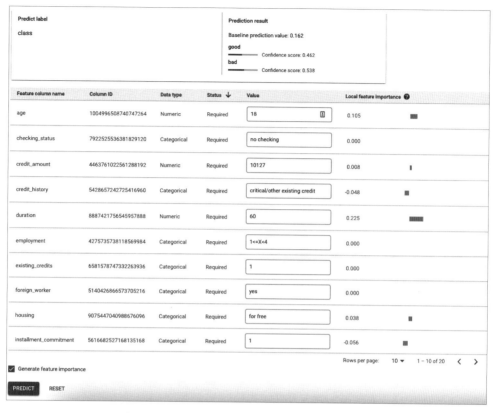

Predict label

class

Prediction result

Baseline prediction value: 0.162

good
———————— Confidence score: 0.462
bad
———————— Confidence score: 0.538

Feature column name	Column ID	Data type	Status ↓	Value	Local feature importance ❓	
age	1004996508740747264	Numeric	Required	18	0.105	▬
checking_status	7922525536381829120	Categorical	Required	no checking	0.000	
credit_amount	4463761022561288192	Numeric	Required	10127	0.008	▪
credit_history	5428657242725416960	Categorical	Required	critical/other existing credit	-0.048	▪
duration	8887421756545957888	Numeric	Required	60	0.225	▰▰▰▰
employment	4275735738118569984	Categorical	Required	1<=X<4	0.000	
existing_credits	6581578747332263936	Categorical	Required	1	0.000	
foreign_worker	5140426866573705216	Categorical	Required	yes	0.000	
housing	9075447040988676096	Categorical	Required	for free	0.038	▪
installment_commitment	5616682527168135168	Categorical	Required	1	-0.056	▪

☑ Generate feature importance

Rows per page: 10 ▼   1 – 10 of 20   ‹ ›

[PREDICT] RESET

그림 9.28 AutoML Tables – 수정된 연령과 신용기간을 가진 모델 호출

앞의 실험에서 모델을 훈련, 배포 및 테스트하는 방법을 보였다. 이제 BigQuery 기반 공공 데이터셋을 AutoML Table과 함께 사용하는 방법을 살펴보겠다.

BigQuery 공용 데이터셋을 이용한 AutoML Tables

데이터는 디지털 경제의 새로운 오일이라고 부른다. 이와 같은 비유를 더하면, 자동머신러닝은 매번 맞춤형 수동 배관 없이 고급 분석을 제공하는 엔진이다. 머신러닝 실험을 수행하기 위한 실제 데이터는 다양한 조직에서 제공하지만, 다른 조직에서는 실험을 수행하고 가설을 시험해보기 위해 필요하다. 이러한 데이터 저장소는 구글 BigQuery 클라우드 데이터 웨어하우스, 특히 공공 데이터셋의 대규모 컬렉션이다. 이 예에서는 AutoML Tables의 데이터 수집 프로세스에 지정된 세 가지 방법 중 하나인 BigQuery를 실험에 사용할 것이다.

앞서 사용한 대출 데이터셋과 마찬가지로, 성인 소득 데이터셋은 1994년 미국 인구조사국에서 도출한 공공 데이터셋으로, 두 계층의 소득을 예측하기 위해 인구통계학적 정보를 사용한다(연간 50,000달러 이상 또는 미만). 데이터셋에는 14개의 속성이 포함돼 있으며 대상 필드는 소득 및 속성 개수다. 데이터는 https://www.kaggle.com/wenruliu/adult-income- dataset?select=adult.csv에서 다운로드할 수 있다. 하지만 BigQuery에는 널리 사용되는 공공 데이터셋 저장소가 포함돼 있으므로 이 저장소를 대신 사용한다. 이제 시작하자.

1. 앞서 살펴본 것처럼 Tables 탭에서 Create new dataset을 클릭하고 CREATE DATASET 버튼을 클릭한다.

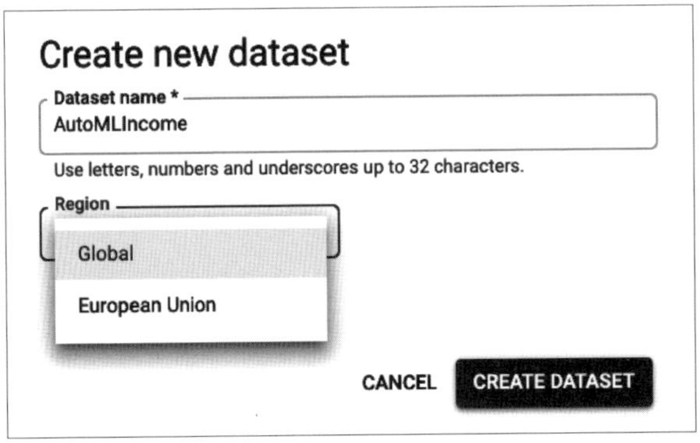

그림 9.29 AutoML Tables – 새로운 데이터셋 프롬프트 생성

2. 이제 데이터셋에 추가하기 위해 다음 스크린샷과 같이 세 번째 옵션(즉, BigQuery 에서 테이블 또는 보기 선택)을 선택한다.

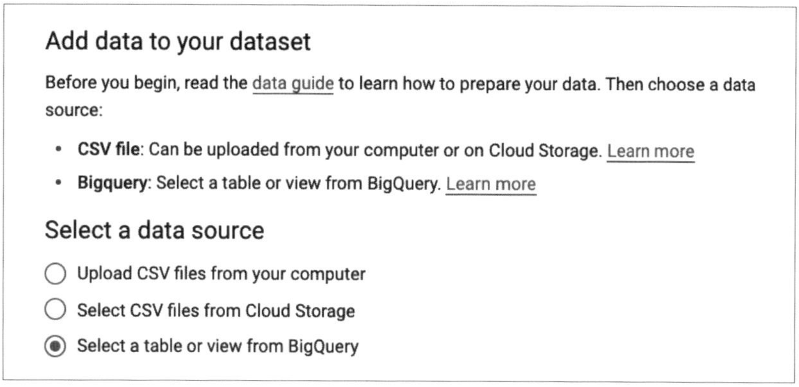

Add data to your dataset

Before you begin, read the data guide to learn how to prepare your data. Then choose a data source:

- **CSV file**: Can be uploaded from your computer or on Cloud Storage. Learn more
- **Bigquery**: Select a table or view from BigQuery. Learn more

Select a data source

○ Upload CSV files from your computer
○ Select CSV files from Cloud Storage
◉ Select a table or view from BigQuery

그림 9.30 AutoML Tables – BigQuery 데이터 선택

3. BigQuery는 https://console.cloud.google.com/bigquery에서 액세스할 수 있다. 여기에서 포함된 데이터셋을 볼 수 있다. 다음 쿼리를 호출해 이 작업을 수행할 수 있다.

```
SELECT * FROM `bigquery-public-data.ml_datasets.census_
adult_income`
```

다음 출력을 볼 것이다. 우리의 목표는 이 데이터를 실험에 사용할 수 있는 버킷으로 내보내는 것이다. 쿼리 결과의 종착 테이블^{destination table}을 데이터셋으로 설정하고 **실행**^{Run}을 클릭한다.

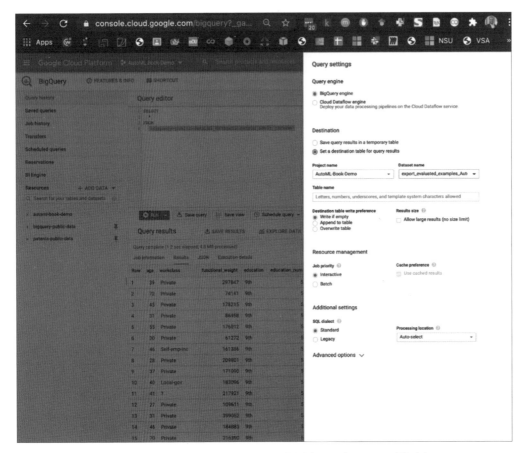

그림 9.31 AutoML Tables – 센서스 성인 소득 데이터셋으로부터 BigQuery 검색 결과

다음은 BigQuery 공공 데이터셋의 간략한 리스트다. 따라서 전체 GCP 제품군에서 이러한 큐레이션된 데이터셋을 쉽게 액세스하고 사용할 수 있다.

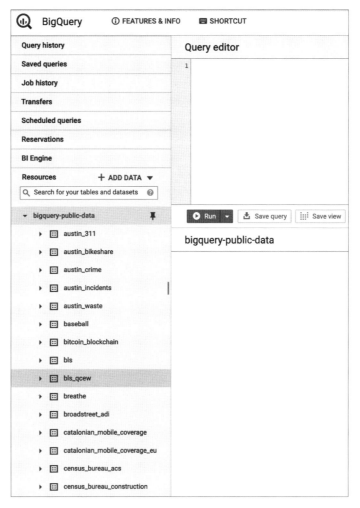

그림 9.32 AutoML Tables – BigQuery 공공 데이터셋

이전 단계에서 쿼리를 실행했고 다음 스크린샷에 표시된 것처럼 데이터셋을 생성했다.

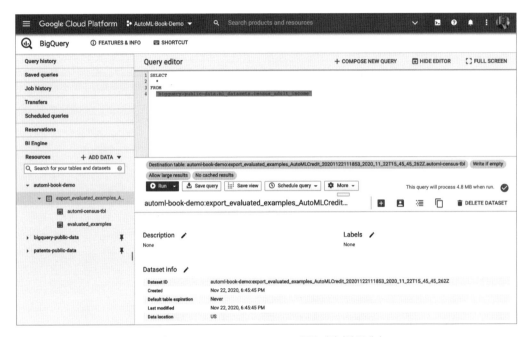

그림 9.33 AutoML Tables – BigQuery 공공 데이터셋 보내기

이제 데이터를 버킷으로 내보내면 AutoML Tables에서 실험할 수 있다.

▌ 가격 예측을 위한 자동머신러닝

지금까지 AutoML Tables을 사용해 분류 문제를 해결하는 방법, 즉 데이터셋에서 클래스를 찾는 방법을 살펴봤다. 이제 회귀 분석, 즉 가격 예측을 실행한다. 이를 위해 주택 판매 예측 데이터셋을 사용할 것이다. 킹 카운티^{King County} 주택 판매 데이터셋에는 시애틀을 포함한 킹 카운티의 가격이 포함돼 있다. 데이터셋은 캐글^{Kaggle}(https://www.kaggle.com/harlfoxem/housesalesprediction)에서 다운로드할 수 있다.

이 실험을 위해 우리의 목표는 21개의 특성과 21,613개의 관찰 또는 데이터 포인트를 사용해 주책 판매 가치(가격)를 예측하는 것이다.

1. AI Platform에서 메인 페이지의 **CREATE DATASET** 버튼을 클릭해 시작하겠다.

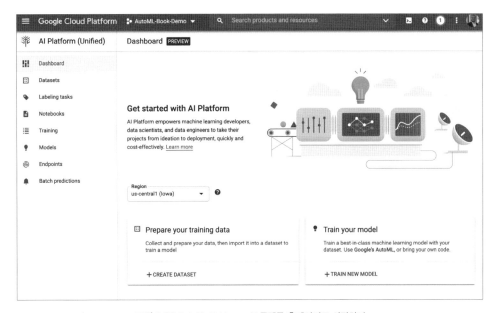

그림 9.34 AutoML Tables – AI 플랫폼 홈페이지로 시작하기

다음 스크린샷과 같이 데이터셋 이름과 지역을 선택해야 한다. 데이터셋에 현재 분류 및 회귀 자동머신러닝 기능이 있으므로 데이터셋 유형을 테이블로 설정하고 CREATE를 클릭한다.

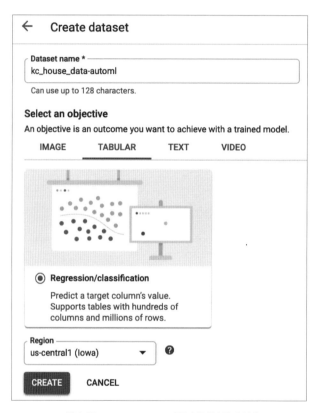

그림 9.35 AutoML Tables – 자동머신러닝 목적 선택

2. CREATE를 클릭하면 다음 화면이 나타난다. **컴퓨터에서 CSV 파일 업로드**^{Upload CSV} files from your computer 옵션을 선택하고 **계속**^{CONTINUE}을 눌러 클라우드 스토리지에 업로드한다.

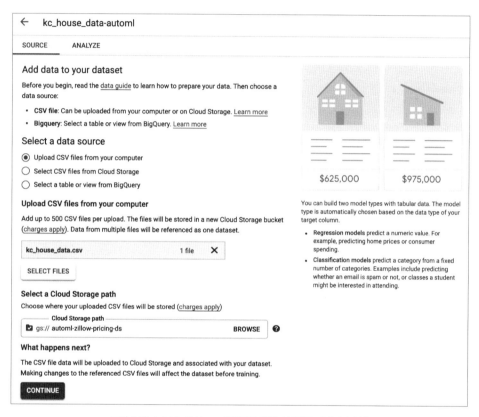

그림 9.36 AutoML Tables – 데이터를 위한 스토리지 파라미터 선택

3. **계속**^{Continue}을 클릭하면 데이터셋이 업로드되고 다음 화면이 나타난다. 이 화면
에는 데이터에 대한 설명이 표시된다. TRAIN NEW MODEL을 클릭한다.

그림 9.37 AutoML Tables – 업로드가 완료된 후 데이터 묘사 세부 사항

4. 이 시점에서 새 모델 워크플로우를 훈련하고자 한다. 여기서 목적을 회귀
^{Regression}로, 방법을 AutoML로 설정한다. 그러고 나서 CONTINUE를 누른다.

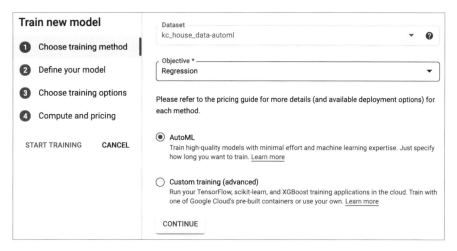

그림 9.38 AutoML Tables – 새로운 모델 스텝 훈련

5. 다음으로 모델 정의를 편집해야 한다. 여기서 목표 열(예측할 가격)과 데이터 분할
을 선택한다. 즉, 테스트 및 훈련 데이터를 분할할 방법을 선택한다. 수동 또는
시간에 따른 층화^{chronological stratification}를 수행해야 하는 특별한 경우가 아니라면
랜덤 할당의 기본 옵션이 좋다. 계속 진행하기 위해 CONTINUE를 클릭한다.

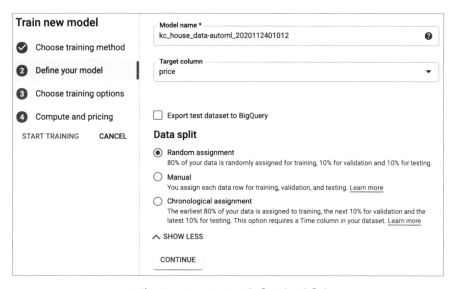

그림 9.39 AutoML Tables – 새로운 모델 스텝 훈련

다음 스크린샷에서는 열 제거 또는 필터링, 변환 적용 등과 같은 세부적인 작업을 수행할 수 있는 옵션을 제공한다.

그림 9.40 AutoML Tables – 업로드된 후 데이터셋 묘사

6. 최적화 목적을 선택할 수도 있다. 평균제곱근오차^{RMSE, Root Mean Square Error}, 평균절대오차^{MAE, Mean Absolute Error} 또는 이상치에 대해 강건한 평균제곱근절대오차^{RMSLE, root mean square error} 중에서 선택할 수 있다. 이 중에서 RMSE(기본값)를 선택하고 계속 진행하기 위해 CONTINUE를 클릭한다.

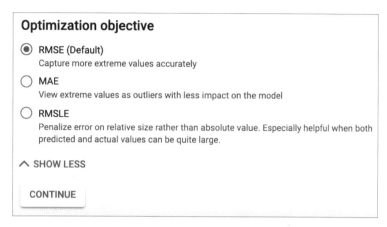

그림 9.41 AutoML Tables – 최적화 목적의 묘사

7. 훈련을 시작하기 전에 마지막으로 살펴봐야 할 것은 훈련 예산이다. 이 단계는 이전 실험으로부터 익숙할 것이다. 예산을 5시간으로 설정하고 **교육 시작**START TRAINING을 클릭한다. 조기 종료 활성화Enable early stopping를 켜는 것을 잊지 마라. 결과가 더 일찍 나온다면 예산을 소진하고 싶지 않을 것이다.

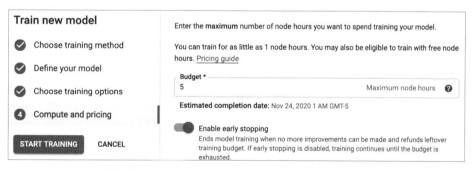

그림 9.42 AutoML Tables – 새로운 모델의 컴퓨팅과 가격 결정 스텝 훈련

모델이 훈련을 시작한다. 훈련 작업 및 모델Training jobs and models 측면 패널에서 진행 상황을 확인할 수 있다.

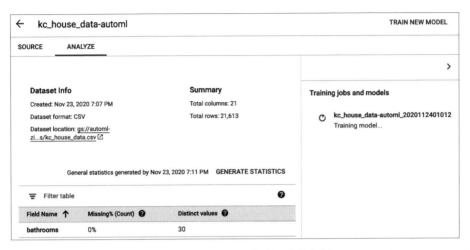

그림 9.43 AutoML Tables – 새로운 모델 훈련 시작

이 특정 모델을 훈련하는 데 1시간 35분이 소요됐다. 완료되면 다음 화면이 나타난다. 이 화면에는 모델의 상태 속성 및 훈련 성과가 표시된다.

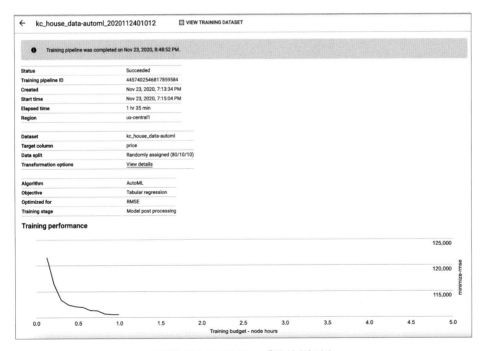

그림 9.44 AutoML Tables – 훈련 성과와 결과

훈련 성과 및 결과 페이지^{Training performance and results}를 스크롤 다운해 이 모델에 대한 특성 중요도 차트를 본다. 이 차트는 부동산의 오래된 격언(위치, 위치, 위치)이 정확함을 증명한다. 또한 부동산 가격과 생활 공간 평방피트^{square feet of living space}는 밀접한 관련이 있다.

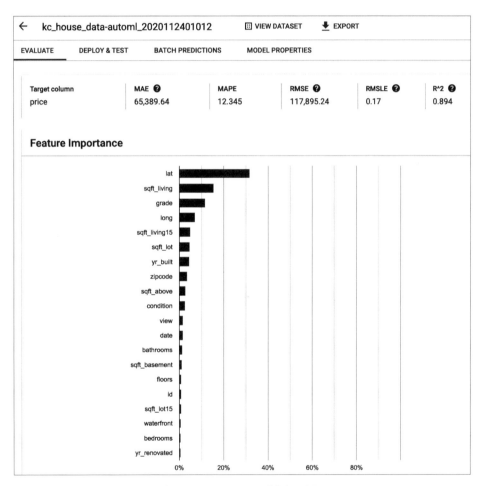

그림 9.45 AutoML Tables – 결과와 특성 중요도

8. 이때 다음 스크린샷에 표시된 대로 DEPLOY & TEST를 클릭해 모델을 배포하고 테스트할 수 있다.

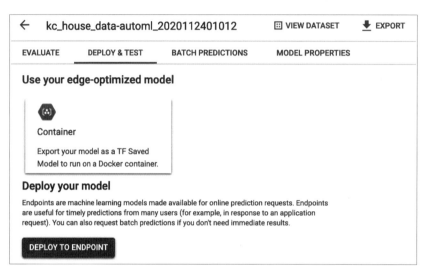

그림 9.41 AutoML Tables – 모델을 엔드포인트로 배포

이 절에서 수행한 몇 가지 실험에서 데이터 크기가 정확도 향상에 중요한 요소임을 알게 됐다. 데이터셋의 관찰 수가 증가함에 따라 자동머신러닝은 더 나은 신경망 구조 탐색 및 하이퍼파라미터 최적화를 수행해 최상의 결과를 얻을 수 있다.

▌ 요약

9장에서는 AutoML Tables를 사용해 자동머신러닝을 수행하는 방법을 배웠다. 먼저 Cloud AutoML Tables 기반 실험을 설정한 다음 AutoML Tables 모델이 어떻게 훈련되고 구현되는지 시연했다. 여러 데이터 소스를 사용해 BigQuery 공공 데이터셋이 포함된 AutoML Tables과 분류 및 회귀 분석 모두를 살펴봤다. 9장에서 GCP AutoML을 사용하는 방법을 숙지했기를 바라며, 이를 자동머신러닝 실험에 적용할 수 있기를 바란다.

10장에서는 자동머신러닝을 위한 엔터프라이즈 사용 사례를 살펴보겠다.

9장에서 다룬 내용에 관한 추가 정보는 다음 링크를 참조하라.

- AutoML Tables 입문 가이드: https://cloud.google.com/automl-tables/docs/beginners-guide
- AutoML Tables 노트북: https://cloud.google.com/automl-tables/docs/notebooks

▌ 참고문헌

9장에서 다룬 것에 대한 추가 정보를 얻기 위해 다음 링크를 참조하라.

- AutoML Tables beginner's guide: https://cloud.google.com/automl-tables/docs/beginners-guide
- AutoML Tables notebooks: https://cloud.google.com/automl-tables/docs/notebooks

3부

자동머신러닝 응용

3부에서는 문제점과 사례 연구를 검토하면서 자동머신러닝의 실제 사용 시나리오를 다룬다. 아울러 기업의 데이터 정제, 특성 공학 및 자동화에 대한 요구 사항을 AutoML의 투명성 및 설명 가능성 오퍼링과 함께 자세히 설명한다.

3부는 다음 장으로 구성돼 있다.

- 10장, '엔터프라이즈 AutoML'

10

엔터프라이즈 자동ML

> "AutoML의 AutoML 머신러닝을 효율적으로 활용하는 것은 혁신적일 수 있지만,
> 성공하려면 상위 기업의 리더십이 필요하다. 이는 머신러닝이 비즈니스의 한 부분을
> 변경할 때 다른 부분도 변경된다(예: 제품 믹스)는 것을 이해해야 한다는 것을 의미한다.
> 여기에는 마케팅, 프로덕션에서 공급망, 고용 및 인센티브 시스템에 이르기까지
> 모든 것이 포함될 수 있다."
>
> – 에릭 브린졸프슨Erik Brynjolfsson, MIT Initiative on the Digital Economy 책임자

자동머신러닝은 데이터 과학자의 병목현상 없이 조직이 분석 수명 주기를 단축할 수 있도록 지원하는 지원자이자 가속기다. 이전 장들에서는 오픈소스 툴, AWS, Azure 및 GCP를 비롯한 여러 하이퍼스케일러를 사용해 자동ML을 수행하는 방법을 배웠다.

그러나 10장에서는 엔터프라이즈에서 자동화된 ML을 사용하는 방법을 살펴보겠다. 자동ML을 실제 애플리케이션에 적용하는 방법을 살펴보고 이러한 접근 방식의 장단점에 관해 논의할 것이다. 모델 해석 가능성과 투명성은 자동화된 ML에 큰 관심을 보이는 영역이다. 기업에 자동ML을 적용하기 위한 플레이북을 제공하는 ML에 대한 신뢰 모델을 살펴볼 것이다.

10장, '엔터프라이즈 AutoML'에서는 다음 주제를 다룬다.

- 조직이 자동ML을 필요로 하는가?
- 자동ML – 엔터프라이즈 고급 분석을 위한 가속기
- 자동ML 도전 과제와 기회
- 신뢰 구축 – 자동ML의 모델 해석 가능성과 자동ML의 투명성
- 조직에 자동ML의 도입
- 활용 방안 – 다음 단계는 무엇인가?

조직이 자동ML을 필요로 하는가?

기술 의사 결정권자와 이해당사자들은 일시적 유행을 좋아하지 않으며, 아마 당신도 마찬가지일 것이다. 기술만을 위한 기술 구축 및 사용은 수직적 기업에서 비즈니스 가치를 제한한다. 관련성을 가지려면 기술이 비즈니스 문제를 해결하거나 혁신적인 차별화를 제공해야 한다. 따라서 이 질문들은 매우 중요하다. 조직에 정말로 자동ML이 필요한 것인가? 아니면 AI와 ML 성숙도 주기에서 없어도 되는 단계 중 하나인가? 이에 대한 투자가 투자 수익률^{ROI}로 귀결될까? 아니면 그 당시에는 좋은 아이디어로 들렸지만 사용되지 않는 플랫폼 중 하나가 되지 않을까?

자동ML의 가치 제안을 살펴보고 당신의 기업에 적합한지 알아보자. 기술 이해 관계자로서, 엔터프라이즈 AI 플레이북을 구축하기 위해 노력하는 사람으로서 자동ML의 효용에 투자를 할지 여부와 활용할지 또는 무시할지 여부를 결정해야 한다.

타이탄의 충돌 – 자동ML 대 데이터 과학자

크거나 작거나 조직에서 먼저 데이터 과학 팀에 이 아이디어를 전달해야 한다. 박사, ML 엔지니어 및 데이터 과학자가 혼합된 대규모 그룹일 수도 있고, 또는 시스템에 주피터 노트북을 설치한 엔지니어가 리드 데이터 과학 전문가인 긴밀한 스타트업 부트스트래퍼 그룹일 수도 있다. 어느 경우든 자동화 ML에 대한 사례를 제시하려면 설득력 있는 논거가 필요하다.

전에도 언급했지만 다시 한 번 이야기하면 자동ML로 인해 데이터 과학자의 작업이 곧 중단되지는 않을 것이다. 그렇다고 하더라도 자동ML을 사용한 특성 공학, 하이퍼파라미터 최적화 또는 신경망 구조 탐색의 효율성을 인정하는 데이터 과학자를 찾기란 어려울 것이다. 데이터 과학자로써 우리는 데이터 과학이 무차별 대입으로 해결할 수 없는 예술 형태라고 생각하는 경향이 있다. 모델 튜닝에는 많은 주제별 전문성과 지식이 들어가므로 자신이 무엇을 하는지 알고 있는 사람에게 맡기는 것이 좋다. 문제는 이런 모델은 확장성이 없다는 것이다.

그림 10.1 데이터 과학자의 생활

규모에 맞는 모델을 구축, 튜닝, 모니터링 및 배포할 수 있는 자격을 갖춘 데이터 과학자와 기타 유자격자가 지속적으로 부족하다. 우리의 조직은 데이터는 풍부하지만 통찰력을 갈망한다. 여러 중요한 비즈니스 인텔리전스, 실험 및 통찰력 프로젝트가 매출 중심 프로그램의 우선 순위 스택을 하향 조정하는 것을 봐왔다. 조직은 SME(주제 전문가)와 시민 데이터 과학자가 ML 박사 과정 없이도 데이터 실험을 수행하고 가설을 테스트할 수 있도록 자동ML이 필요하다. 일이 분명 잘못될 수도 있다. 그러나 이들은 적어도 자동ML을 통해 고급 ML 모델을 구축하고 가설을 테스트할 수 있다.

그러므로 우리는 AI의 민주화를 지원해야 한다. 그렇다고 자동ML을 통해 교육받은 미션 크리티컬 신용 리스크 모델을 적절한 실사 및 테스트 없이 프로덕션 환경으로 롤아웃해야 한다는 말은 아니다. 수동 모델에서도 마찬가지다. 조직은 성과, 강건성, 모델 붕괴, 적대적 공격, 이상치 파라미터, 정확도 척도 및 KPI를 모든 모델에 동일하게 적용해야 한다.

간단히 말해 기업의 ML 진행 속도는 느리다. 확장하기가 어렵고 자동화 상태가 좋지 않다. 비즈니스 팀과 데이터 과학자의 협업은 어렵고 비즈니스 가치를 제공하는 실제 운영 모델은 거의 없다. 자동ML은 이러한 문제를 해결할 수 있는 가능성을 제공하고 데이터 과학자들에게 특성 공학, 하이퍼파라미터 최적화 및 신경망 구조 탐색의 수작업을 덜어줄 수 있는 추가 도구를 제공한다.

▌ 자동ML – 엔터프라이즈 고급 분석을 위한 가속기

AI 플레이북을 구축하고 조직의 AI 인재 전략을 다시 구상하는 동안 자동ML을 가속기Accelerator로 고려해야 한다. 조직에 자동ML을 사용하려는 몇 가지 이유는 다음과 같다.

인간 친숙한 통찰력을 가진 AI의 민주화

자동ML은 모든 주요 ML 및 딥러닝 플랫폼의 본질적인 부분이 돼 가고 있으며 고급 분석을 민주화하는 데 중요한 역할을 할 것이다. 모든 주요 플랫폼은 이러한 기능을 자랑하지만, 기업의 가속기가 되기 위해서는 자동ML이 AI의 민주화에 중요한 역할을 해야 한다. 이 툴셋을 통해 시민 데이터 과학자는 쉬운 ML 작업을 수행하고 인간 친화적인 통찰력을 얻을 수 있어야 한다. 설명 가능하고, 투명하며, 반복 가능한 AI와 자동ML이 없다면 어떤 것도 기대했던 고급 분석 가속기가 아닐 것이다.

증강된 지능

자동ML은 대부분의 현대 데이터 과학 플랫폼에 스며들고 있으며, 따라서 MLOps 수명 주기의 일부로 상용화될 것이다. 데이터 과학자의 가장 큰 가치 제안은 특성 공학, 데이터 전처리, 알고리듬 선택 및 하이퍼파라미터 튜닝의 용이성, 즉 데이터 과학자의 기술 향상이다. 자동ML이 내장된 MLOps 플랫폼은 A/B 테스트를 위한 훈련 및 튜닝, 모델 모니터링 및 관리, 일대일 모델 비교 기능도 제공한다. 이 우수한 툴 제품군은 데이터 과학자의 기술을 강화하는 데 큰 도움이 된다. 따라서 자동화된 ML은 데이터 과학자와 도메인 SME 모두를 위한 증강된 지능 플랫폼임이 입증됐다.

▌ 자동ML 도전 과제와 기회

자동ML의 이점에 대해 설명했지만, 이러한 모든 이점에 대해 상당한 도전 과제의 몫이 없는 것은 아니다. 자동ML은 실질적인 해결책이 아니며, 작동하지 않는 여러 가지 시나리오가 있다. 다음은 자동ML이 최적이지 않을 수 있는 몇 가지 도전 과제와 시나리오다.

불충분한 데이터

데이터셋의 크기는 자동ML이 제대로 작동하기 위한 중요한 구성 요소다. 소규모 데이터셋에서 특성 공학, 하이퍼파라미터 최적화 및 신경망 구조 탐색을 사용하면 좋은 결과를 얻지 못한다. 자동ML 툴이 효과적으로 작업을 수행하려면 데이터셋이 상당히 커야 한다. 데이터셋이 그렇지 않은 경우 모델을 수동으로 구축하는 대체 접근법을 시도해볼 수 있다.

모델 성능

소수의 경우 기본 제공 모델에서 얻을 수 있는 성능이 작동하지 않을 수 있다. 성능 향상을 위해 모델을 직접 튜닝하거나 맞춤형 휴리스틱을 적용할 필요가 있다.

도메인 전문가와 특수 용도 사례

모델이 상당한 주제 전문 지식과 내장된 규칙을 요구하는 경우, 자동ML 모델이 좋은 수익을 제공하지 못할 수 있다.

컴퓨팅 비용

자동ML은 본질적으로 컴퓨팅 비용이 많이 든다. 데이터셋이 매우 큰 경우 클라우드 시스템 사용과 관련된 값비싼 비용을 피하기 위해 (확실히 저렴한) 로컬 계산 리소스를 사용할 수 있다. 이 경우 모델에 소요되는 비용이 최적화 이점보다 클 수 있다(사용자 위험 부담 원칙).

학습 곡선의 수용

운동이나 ML과 같은 가치 있는 일은 결코 쉽지 않다. 자동ML은 반복적이고 지루한 작업

320

의 부담을 덜어주지만 여전히 학습 곡선이 있다. 대부분의 플랫폼에서는 자동ML 제품을 제로 코드, 로우 코드low code 또는 노 코드no code 접근법으로 부르지만 여전히 툴에 익숙해져야 한다. 수년 간의 주제별 전문 지식을 바탕으로 결과가 직감이나 가설과 일치하지 않으면 어떻게 될까? 식별된 중요 특성에 따라 모델을 미세 조정하려면 어떻게 해야 할까? 훈련 데이터에서는 성능이 우수하지만 프로덕션 데이터셋에서는 성능이 저조한 모델은 무엇이고, 그 이유는 무엇일까? 이들은 시민 데이터 과학자와 이해관계자가 학습 곡선의 일부로 수행해야 할 실질적인 고려 사항이다. 이러한 학습 및 적응의 대부분은 선택하는 도구와 이 도구를 통해 얼마나 쉽게 삶을 영위할 수 있는지에 따라 달라진다.

이해관계자의 적응

모든 신기술은 적응adaptation이라는 과제에 직면해 있으며, 자동ML은 도입되자마자 중단될 수 있다. 엔터프라이즈 AI 전략은 교육을 포함해야 하며, 자동ML과 같은 신기술 도입과 관련된 학습 곡선과 잠재적 혼란을 병합해야 한다. 예제 템플릿 및 스타터 키트를 구축하면 이해관계자의 작업 속도를 높일 수 있다. 우리는 실제로 하위 데이터 과학자와 개발자를 참여시키는 것이 새로운 기술을 사회화하는 데 도움이 된다는 것을 보아 왔다.

다음 절로 넘어가보겠다. 여기서는 자동ML로 훈련된 모델에 대한 신뢰를 구축하는 데 도움이 될 수 있는 다양한 기술에 대해 살펴보겠다.

▍ 신뢰 구축 – 모델 해석 가능성과 자동ML의 투명성

자동ML에 의해 훈련된 모델에 대한 신뢰를 확립하는 것은 어려운 가치 제안으로 보일 수 있다. 자동화된 의사 결정 관리를 담당하는 비즈니스 리더, 감사자 및 이해관계자에게 잠재적으로 미션 크리티컬한 시스템에 사용될 모델을 훈련하고 구축하는 알고리듬을 신뢰할 수 있다는 점을 설명하기 위해 이 알고리듬을 "사람이 만든" ML 모델과 다르게 취급

하지 않아도 된다. 모델 모니터링 및 관찰 요구 사항은 모델 구축에 사용된 기술에 따라 변경되지 않는다. ML 개발 수명 주기의 일부로 데이터, 구성 요소 통합, 모델 품질, 편향 및 공정성 검증과 같은 재현 가능한 모델 훈련 및 품질 측정도 필요하다.

자동ML 모델에 대한 신뢰를 구축하고 거버넌스 조치를 보장하기 위해 사용할 수 있는 몇 가지 접근법과 기법을 살펴보겠다.

특성 중요도

특성 중요도 또는 특정 속성이 긍정적 또는 부정적 예측 결과에 얼마나 기여하는가는 모든 것은 아닐지 몰라도 대부분의 자동ML 프레임워크에서 제공하는 모델 검사 기법이다. 이전 장들에서는 AWS, GCP 및 Azure가 모두 훈련된 모델의 특성 중요도 점수를 어떻게 제공하는지 살펴봤다. 이 정보는 도메인 전문가와 시민 데이터 과학자가 모델이 정확한지 확인하는 데 사용할 수 있다.

특성 중요도는 가설을 검증하는 데 도움이 될 뿐만 아니라 이전에는 알려지지 않았던 데이터에 대한 통찰력을 제공할 수 있다. 데이터 과학자는 도메인 전문가의 도움을 받아 특성 중요도를 사용해 보호되는 계층에 대해 편견을 보이지 않도록 하고 선호 사항이 법률에 위반되는지 여부를 확인할 수 있다. 예를 들어 대출 결정 알고리듬이 특정 성별, 민족 또는 인종에 대한 편향을 가지고 있다면, 대부분의 시나리오에서 불법적이고 비윤리적일 것이다. 반대로 유방암 데이터베이스가 유의한 성별 편향을 보이는 경우 이는 생물학적 구조에 기인하며 따라서 완화하거나 다뤄야 할 사회적 또는 암묵적 편향이 아니다. 자동ML 모델 또는 해당 모델에 대해 작은 교란을 부과해 특성 중요도를 테스트하면 정확성, 강건성 및 편향을 확인할 수 있다.

반사실 분석

알고리듬 설명 가능성에서 반사실 분석counterfactual analysis은 예제 기반 설명example -based explanation 클래스에 속한다. 간단히 말해서 사건이 발생했거나 발생하지 않았을 때 어떤 일이 일어났는지를 보여주기 위해 인과 분석을 사용한다. 일례로 편향된 대출 모델에서 반사실 분석은 다른 모든 요소들은 그대로 유지하면서도 대출 신청자의 우편번호를 수정하는 것이 결과에 영향을 미친다는 것을 밝혀낼 것이다. 이것은 특정 지역의 사람들에 대한 모델의 편견을 보여주며, 아마도 우편번호에 나타난 잠재적인 인종 편견의 신호를 대리할 것이다. 편견 외에도 반사실적 분석은 모델 가정의 오류를 발견할 수 있다. 이는 상당히 유익할 수 있다.

데이터 과학 모델 정확도 척도

성능 추정, 모델 선택 및 알고리듬 비교를 위한 표준 ML 접근법은 훈련된 모델의 정확성과 강건성을 보장하기 위해 적용해야 한다. ML 모델을 검증하는 몇 가지 표준 방법은 다음 그림에 나와 있다.

그림 10.2 데이터 과학의 표준 척도

대규모 데이터 세트에서 성능 추정을 위해 권장되는 접근법에는 정규 근사 및 훈련/테스트 분할을 통한 신뢰 구간 점검이 포함된다. 소규모 데이터셋의 경우 k폴드 교차 검증, 리브-원-아웃^{leave-one-out} 교차 검증 및 신뢰 구간 테스트를 반복하면 우수한 성능 추정 치를 보장할 수 있다. 대규모 데이터셋을 사용한 모델 선택의 경우, 독립적인 테스트 셋을 사용한 3방향 홀드아웃 방식의 훈련 검증, 테스트 분할 및 반복 K-폴드 교차 검증이 효과적이다. 독립적인 훈련과 테스트 세트를 적용해 모델과 알고리듬을 비교하기 위해 McNemar의 테스트, Cochran의 테스트가 선행적으로 규정돼 있는 반면 소규모 데이터 셋의 경우 중첩된 교차 검증은 매우 효과적으로 작동한다.

자동ML 기반 모델이 정확하고 강건하려면 전체 수명 주기에 걸쳐 설명 가능성 측정을 수행해야 한다.

사전 모델 설명 가능성

사전 모델링 설명 가능성은 탐색 데이터 분석 및 데이터셋 통계 묘사와 정제 즉 변수, 메타데이터, 근거, 통계, 변수 사이의 설명(쌍 플롯과 히트맵), 진실 상관관계 및 합성 데이터를 생성하는 확률론적 모델로부터 시작한다. 이러한 설명 가능성은 설명 가능한 특성 공학에 이어 해석 가능한 프로토타입 선택 및 의미 있는 이상치 식별로 확대된다.

실행 중 모델 설명 가능성

자동ML 알고리듬을 사용할 경우 옵션이 주어졌을 때, 좀 더 설명 가능한 모델군을 채택하도록 선택한다. 선형 모델, 의사 결정 트리, 의사 결정 세트, 일반화 가법 모델, 사례 기반 추론 방법이 복잡한 블랙박스 모델보다 설명 가능하다. 설명 가능한 하이브리드 모델은 또한 딥 K-근접 이웃^{DKNN, Deep K-Nearest neighbors}, 딥 가중 평균 분류기^{DWAC, Deep Weighted Averaging Classifier}, 자체 설명 신경망^{SENN, Self-Explaining Neural network}, 맥락 설명 네트워크^{CENs, Contextual Explanation Netowrks}, 특성 주머니 네트워크^{BagNets, Bag-of-features Networks}와 같은 설명

가능한 모델 구조와 알고리듬을 설계하는 데 사용된다. 의사 결정을 위한 지도 설명[TED, Teaching Explanation for Decisions], 멀티모달 설명, 신경망 예측의 합리화 등의 모델을 사용해 예측과 설명을 결합하는 접근법은 모델을 설명하는 데 큰 도움이 된다. 시각적 설명은 물론, 그림이 천 단어의 가치가 있기 때문에 꽤 효과적이다. 아주 고차원에 있지 않다면, 포스트모던 미술처럼 꽤 혼란스러워지기 때문이다.

구조 조정 및 규제화을 사용하는 설명가능성은 자연어 처리, 시계열 분석 및 컴퓨터 비전에 사용되는 설명 가능한 CNN[Convolutional Neural Networks], 설명 가능한 딥구조와 어텐션 기반 모델을 사용한다.

사후 모델 설명 가능성

자동ML 툴킷 및 하이퍼스케일러의 일부인 사후 모델링 설명성을 위한 다양한 내장 툴이 있다. 이러한 도구에는 매크로 설명과 입력 기반 설명 또는 입력 조작이 출력에 잠재적으로 어떻게 영향을 미칠 수 있는지 확인하는 섭동[perturbation]이 포함된다. 중요도 점수, 의사 결정 규칙, 의사 결정 트리, 의존성 플롯, 구두 설명 및 반사실적 설명과 같은 거시적 설명 기반 접근법은 도메인 전문가가 훈련된 모델의 결과를 이해할 수 있는 훌륭한 자원이다.

또한 섭동 기반 훈련[LIME], 역전파, 대리 모델, 활성화 최적화 및 SHAP를 포함해 유명한 블랙박스를 조사하려는 설명 추정 방법들이 존재한다.

이전에 설명한 것처럼 ML 모델이 수동으로 교육받았든 자동화된 ML 툴킷을 통해 구축됐든 간에 ML 모델에 대한 신뢰를 확립할 수 있는 특별한 방법은 없다. 이를 달성하는 유일한 방법은 엔지니어링 모범 사례를 따르는 것이다. 검증, 재현성, 실험 감사 추적 및 설명 가능성은 검증 및 작동 여부를 확인하는 가장 잘 알려진 방법이다. 이러한 모든 접근법이 ML 워크플로우의 일부로 필요한 것은 아니지만 전체 수명 주기 동안 모델을 검증하고 모니터링하기 위한 이러한 접근법과 다양한 다른 접근법이 엔터프라이즈 ML 운영의 성공을 보장하는 데 매우 중요하다.

조직에의 자동ML 도입

자동ML 플랫폼과 오픈소스 생태계를 검토하고 그 작동법을 이해했으므로 조직에 자동화된 ML을 도입하고 싶지 않은가? 그렇다면 어떻게 할까? 다음은 프로세스를 안내하는 몇 가지 지침이다.

충격 흡수

앤드류 응Andrew Ng은 Landing AI의 설립자이자 CEO이며 전 Google Brain 설립자이자 공동 창립자인 Coursera의 공동 창립자이자 스탠퍼드대학교의 겸임 교수다. AI와 ML에 대해 폭넓게 글을 썼고 ML과 딥러닝을 시작하는 모든 사람들에게 매우 중요한 강의를 했다. 기업 내 AI에 대한 HBR(하버드 비즈니스 리뷰) 기사에서 그는 AI 프로젝트의 성공 여부를 검증하기 위해 5가지 핵심 질문을 던진다. 이는 자동ML 프로젝트에도 동일하게 적용된다.

질문 사항은 다음과 같다.

- 이 프로젝트를 통해 성공을 거둘 수 있을까?
- 프로젝트의 규모가 너무 작거나 너무 무리인가?
- 귀사의 프로젝트가 해당 업종에만 한정돼 있는가?
- 신뢰할 수 있는 파트너와 함께 파일럿 프로젝트를 가속화하고 있는가?
- 프로젝트가 가치를 창출하고 있는가?

이러한 질문은 의미 있는 프로젝트를 선택하는 데 도움이 될 뿐만 아니라 비즈니스 가치와 기술적 충실성을 모색하는 데에도 도움이 된다. 소규모 팀을 구성하고 자동ML 챔피언으로 리더를 선정하는 것이 명분을 높이는 데 도움이 될 것이다.

올바른 자동ML 플랫폼 선택

오픈소스, AWS, GCP, Azure 또는 기타 기능 – 어떤 자동ML 플랫폼을 사용해야 하는 가? 자동ML 플랫폼을 선택할 때 고려해야 할 몇 가지 사항이 있다. 먼저 클라우드 네이티브cloud-native인 경우, 즉 데이터와 컴퓨팅이 클라우드에 상주하는 경우 해당 클라우드 공급업체가 제공하는 자동ML을 모든 실용적인 용도로 사용하는 것이 훨씬 더 타당할 것이다. 하이브리드 모델이 있는 경우, 자동ML 컴퓨팅이 어디에 있든 사용하려는 데이터에 근접하도록 하라. 기능 패리티feature parity는 그렇게 큰 차이가 없을 수 있지만 올바른 데이터에 액세스하지 못할 수도 있다.

일반적으로 자동ML을 위한 클라우드 컴퓨팅 및 스토리지 리소스는 큰 모델로 작업하고 여러 동시 실험을 수행할 경우 빠르게 비용이 소요될 수 있다. 사내 시나리오에서 사용할 수 있는 컴퓨팅 리소스와 데이터가 있다면 하이퍼스케일러의 비용을 늘리지 않고도 이상적인 환경을 구축할 수 있다. 그러나 여기에는 인프라를 설치하고 온프레미스 툴킷을 설정해야 하는 책임이 따른다. 따라서 비용이 큰 문제가 아니며 자동ML이 귀사에 어떤 도움이 될 수 있는지 신속하게 알아보려면 클라우드 기반 툴킷이 이상적인 동반자가 될 것이다. 클라우드 공급자와의 관계에 따라 할인을 받을 수도 있다.

데이터의 중요성

9장에서 살펴본 사례를 보면 데이터 및 많은 데이터가 성공적인 자동ML 프로젝트를 위해 필요한 가장 중요한 요소라는 것이 고통스러울 정도로 명백해졌을 것이다. 데이터셋이 작을 경우 정확도가 높지 않고 자동ML에 적합하지 않다. 작업할 수 있을 만큼 큰 데이터 세트가 없거나 사용 사례가 자동ML에 적합하지 않은 경우 작업에 적합한 도구가 아닐 수 있다.

청중의 올바른 메시지

자동ML은 데이터 과학자와 주제 전문가 모두에게 엄청난 가치를 제공할 것을 약속하므로, 신중하게 피치를 다듬어야 한다.

비즈니스 리더와 이해당사자들에게는 시민 데이터 과학자가 신속하게 개발할 수 있도록 지원하는 비즈니스 지원 도구다. 비즈니스 사용자는 자신의 가설을 테스트하고 실험을 보다 빠르게 실행할 수 있다.

데이터 과학 제휴업체의 경우, 일상적인 업무에서 반복적이고 일상적인 작업을 제거해 역량을 강화할 수 있는 툴로 자동ML을 도입해야 한다. 무엇보다도, 자동ML은 중요한 특성을 위해 데이터셋을 체로 걸러내는 번거로움을 덜어줄 수 있으며, 넓은 탐색 공간을 통해 올바른 파라미터와 모델을 식별하는 데 도움이 될 수 있다. 새로운 데이터 과학자의 훈련을 촉진하고, 데이터 과학 실험에 참여하고자 하는 다른 엔지니어들이 이를 통해 기초에 대한 확실한 이해를 얻을 수 있도록 지원한다. 동료 데이터 과학자와 ML 엔지니어가 이 기술의 가치를 인식하고 위협을 느끼지 않는다면 기꺼이 적응할 것이다. 이 놀라운 기술에 대해 들은 것은 이번이 처음이 아닐 것이며 비록 건전한 회의론도 있겠지만 이 기술을 사용하고 싶어 할 것이다.

▎ 활용 방안 – 다음 단계는 무엇인가?

모든 좋은 일은 끝나야 하고, 이 책도 끝나야 한다. 그동안 많은 내용을 다뤘다. 자동ML은 연구 및 개발의 활발한 영역이며 이 책에서는 기본 원리, 주요 이점 및 플랫폼에 대한 폭넓은 우선적 개요를 제공하고자 했다. 오픈소스 툴킷과 클라우드 플랫폼의 자동 특성 공학, 모델 및 하이퍼파라미터 학습, 신경망 구조 탐색의 기본 기술을 설명했다. 마이크로소프트 Azure, AWS, GCP 등 3대 클라우드 플랫폼에 관한 자세한 설명을 다뤘다. 단계별로 살펴본 결과 ML 모델을 제작하고 사용해봄으로써 각 플랫폼에서 제공되는 자동 ML 기능 세트를 확인할 수 있었다.

학습 여정은 여기서 끝나지 않는다. 이 책에는 주제에 대해 더 자세히 알아보기 위해 심층적으로 살펴볼 수 있는 몇 가지 훌륭한 참고 자료가 나와 있다. 자동ML 플랫폼, 특히 클라우드 플랫폼은 항상 유동적이므로, 이 내용을 읽을 때 이미 일부 화면과 기능이 변경됐을 수 있다. 이러한 하이퍼스케일러를 따라잡는 가장 좋은 방법은 변화에 보조를 맞추는 것이다. 유일한 일정이다.

리차드 브랜슨 경이 말한 "규칙을 지켜서 걷는 법을 배우지 않는다. 하면서 배우고 넘어져서 배우게 된다"고 말한 것을 굳게 믿는다. 무언가를 배우는 가장 좋은 방법은 실천하는 것이다. 실행은 적용되지 않는 지식보다 우선한다. 한 번 사용해보라. 그러면 여러분은 기쁘게 (은유적인) 코딩 전투 흉터를 갖게 될 것이다. 행복한 코딩을 즐겨라!

▌ 참고문헌

10장에서 다루는 항목에 관한 자세한 내용은 다음 링크를 참조하라.

- 앤드류 응의 "당신의 첫째 AI 프로젝트를 선택하는 법How to Choose Your First AI Project": https://hbr.org/2019/02/how-to-choose-your-first-ai-project
- "신경 감각을 위한 설명 가능한 인공지능: 행동 신경 자극Explainable Artificial Intelligence for Neuroscience: Behavioral Neurostimulation", 2019년 12월, Frontiers in Neuroscience, 13:1346, DOI: 10.3389/fnins.2019.01346
- 크리스토프 몰나르Christoph Molnar의 "해석 가능한 ML - 블랙박스 모델을 설명 가능하게 하는 가이드Interpretable ML - A Guide for Making Black Box Models Explainable": https://christophm.github.io/interpretable-ml-book/

찾아보기

실전 자동머신러닝

Azure, AWS와 GCP에서 구현하는 다양한 AutoML

발 행 | 2022년 1월 25일

지은이 | 아드난 마수드
옮긴이 | 이 기 홍

펴낸이 | 권 성 준
편집장 | 황 영 주
편 집 | 조 유 나
디자인 | 송 서 연

에이콘출판주식회사
서울특별시 양천구 국회대로 287 (목동)
전화 02-2653-7600, 팩스 02-2653-0433
www.acornpub.co.kr / editor@acornpub.co.kr